国际邮轮乘务管理专业系列教材

中国高等院校邮轮人才培养联盟
国际邮轮乘务专业教学协作中心

组织
编写

邮轮服务心理学 （第2版）

主　编 / 杨光明

副主编 / 张　蕊　谷云华　张成宽
　　　　　赵　明　吴静激　马　盟

主　审 / 程爵浩

大连海事大学出版社
DALIAN MARITIME UNIVERSITY PRESS

图书在版编目(CIP)数据

邮轮服务心理学／杨光明主编 . — 2 版. — 大连：
大连海事大学出版社，2024. 12. — (国际邮轮乘务管理
专业系列教材). — ISBN 978-7-5632-4622-9

Ⅰ. F590.7

中国国家版本馆 CIP 数据核字第 20244KF024 号

大连海事大学出版社出版

地址：大连市黄浦路523号 邮编：116026 电话：0411-84729665(营销部) 84729480(总编室)

http://press. dlmu. edu. cn E-mail：dmupress@ dlmu. edu. cn

大连金华光彩色印刷有限公司印装　　　　　　**大连海事大学出版社发行**

2018 年 6 月第 1 版　　　2024 年 12 月第 2 版　2024 年 12 月第 1 次印刷

幅面尺寸：184 mm×260 mm　　　　　　　　　印张：13. 75

字数：328 千　　　　　　　　　　　　　印数：1～3000 册

出版人：刘明凯

责任编辑：史云霞　　　　　　　　　　　责任校对：陈青丽

封面设计：解瑶瑶　　　　　　　　　　　版式设计：解瑶瑶

ISBN 978-7-5632-4622-9　　定价：45. 00 元

序

当今,邮轮旅游作为一种时尚和热门产业,正在向着现代社会的每个角落渗透,改变着人们传统的旅游观念。随着中国经济的高速发展,中国的邮轮旅游业顺天时、应地利、聚人和,进入持续发展的快车道。乘坐邮轮出境游这一新兴旅游方式,在中国受到越来越多人的青睐,从 2005 年仅有几千人,到 2014 年已经突破 70 万人,2015 年预计突破 100 万人。未来中国将成为全球最大的邮轮市场之一,增长空间巨大。

受国家旅游局委托,中国交通运输协会邮轮游艇分会(CCYIA)编制的《中国邮轮旅游发展总体规划》(简称《规划》)出台,《规划》提出的发展要点之一是邮轮人才培养教育体系的建立与完善。2014 年 8 月 23 日,"美国皇家加勒比邮轮公司人才培训中心"在位于天津海河教育园区内的天津海运职业学院正式揭牌。在这一背景下,为规范邮轮专业人才的教育培养,在中国交通运输协会邮轮游艇分会指导下,全国交通运输职业教育教学指导委员会航海类专业指导委员会与中国高等院校邮轮人才培养联盟和国际邮轮乘务专业教学协作中心共同组织相关院校专门为国际邮轮与旅游管理专业学生编写了"国际邮轮乘务管理专业"系列教材。

系列教材共计 24 种,具体为《邮轮餐饮服务管理》《邮轮休闲娱乐服务管理》《邮轮英语视听说教程》《邮轮客舱服务管理》《邮轮服务礼仪》《邮轮服务英语》《邮轮烹饪英语》《邮轮面试英语》《邮轮基础英语》《邮轮乘务员职业道德与素养》《邮轮服务心理学》《邮轮概论》《邮轮旅游市场营销》《邮轮酒吧服务管理》《邮轮旅游地理》《邮轮卫生与健康》《邮轮旅游业法律基础及案例分析》《邮轮英语词汇手册》《邮轮休闲娱乐服务双语实训指导》《邮轮客舱服务双语实训指导》《邮轮宾客服务双语实训指导》《鸡尾酒调制双语实训指导》《邮轮餐饮服务双语实训指导》《邮轮购物服务双语实训指导》。

系列教材的编写汲取了学术界相关知识、理论和研究成果,参考了大量相关文献资料,深度融合了专业资源库而进一步立体化,力求体例清晰、内容新颖、图文并茂、重点突出,并注重系列教材之间的互相配合,适用于高等院校邮轮人才培养,也可作为邮轮旅游从业人员的参考用书。

系列教材的编写和出版得到了大连海事大学出版社和天津海运职业学院的鼎力支持,中国交通运输协会邮轮游艇分会副会长程爵浩教授对系列教材的编写框架、体例、取舍等提出了很多指导性建议及中肯的、建设性的修改意见,在此表示感谢。

由于水平有限,加之时间特别仓促,不妥之处在所难免,敬请有关专家、读者指正!

郑炜航

2015 年 8 月

第 2 版前言

邮轮旅游业被称为"漂浮在海上的黄金产业",是中国经济未来发展的又一个增长点。中国已经成为全球第二大邮轮客源市场;上海已经成为亚洲最大的邮轮港口城市。中国首艘国产大型邮轮"爱达·魔都号"于 2023 年 11 月 4 日正式交付命名,并于 2024 年 1 月 1 日起以上海为母港开启首航季,未来将是中国邮轮业发展的黄金时代。

随着我国现代邮轮业的迅速发展,对邮轮从业人员的需求量大幅增加,对邮轮从业人员的素质要求也越来越高。行业的快速发展迫切需要系统、深入地研究邮轮旅游活动中各种复杂的心理现象,以促进邮轮旅游产业的发展,提高邮轮从业人员服务质量和效率,培养优秀的邮轮从业人员。

本教材是"国际邮轮乘务管理专业系列教材"之一,具有系统性、实用性、针对性的特点。全书共分八章,分别是绪论、邮轮餐饮服务心理、邮轮客舱服务心理、邮轮康乐服务心理、邮轮购物服务心理、邮轮岸上导游服务心理、邮轮游客投诉心理、邮轮管理心理。根据章节内容设置了导入案例、同步案例,增加了知识链接,且每章开头均有学习目标,章末均有本章概要和练习题,更加方便学生学习和掌握章节内容。

本教材遵循能力本位原则,以案例研究为载体,以专业服务为核心,以就业为导向,揭示了邮轮游客和邮轮从业人员的心理活动及其规律。本教材编写过程中兼顾基础心理学和邮轮旅游学的内容,以邮轮上各个部门的划分为基础,使学生清晰了解邮轮各部门服务心理,认真把握邮轮游客的心理特点,更好地培养学生的职业素养,提高学生的就业能力。

本教材的创新之处体现在:一是采用案例教学法,以国际邮轮业典型真实案例引出各章的相关理论知识,并使学生熟悉邮轮各岗位的工作流程;二是坚持"教学做"一体化的编写思路,设置特定的案例情景,从游客和员工的角度来分析不同的问题;三是吸收了一些最新的邮轮旅游和心理学知识,扩充了邮轮行业相关知识,使教材内容更加丰富,更加具有前瞻性、知识性、经济性和实用性。

本教材在第 2 版修订时充分听取了该课程授课教师的意见建议,增加了邮轮旅游业研究新成果和邮轮业发展新动态,优化提升了部分章节内容,规范调整了部分章节名称,提升了文字内容的准确性和规范性,增加了立体化资源,更易于教师教学和学生学习理解。

本教材既可以作为高等院校国际邮轮乘务管理专业、休闲服务与管理专业学生的教学用书,也可以作为邮轮企业员工的培训教材和邮轮工作者的自学参考用书。

本教材由云南民族大学杨光明担任主编;由中国交通运输协会邮轮游艇分会副会长程爵浩教授主审;由浙江国际海运职业技术学院张蕊、谷云华,山东海事职业学院张成宽,云南旅游职业学院赵明,北部湾大学吴静激,浙江交通职业技术学院马盟担任副主编。本教材第一章、第四章由杨光明编写,第二章由张蕊编写,第三章由谷云华编写,第五章由张成宽编写,第六章由赵明编写,第七章由吴静激编写,第八章由马盟编写。全书由杨光明设计编写大纲、目录并组织编写。

在编写过程中,编者参考了大量的教材、专业学术论文和图片资料,查阅了相关邮轮公司的官方网站资料,并酌情进行了整合。在此谨向原作者和资料提供者表示深深的谢意!

由于邮轮旅游在我国方兴未艾,相关资料和文章还在不断完善中,加之编者水平有限,时间仓促,疏漏和不足之处在所难免,恳请专家和读者批评指正。

编　者
2024 年 5 月

第 1 版前言

邮轮旅游业被称为"漂浮在海上的黄金产业",是中国经济未来发展的又一个增长点。中国已经成为全球第二大邮轮客源市场,上海已经成为亚洲最大的邮轮港口城市,未来十年将是中国邮轮发展的黄金十年。

随着我国现代邮轮业的迅速发展,对邮轮从业人员的需求量大幅增加,对邮轮从业人员的素质要求也越来越高。行业的快速发展迫切需要系统深入地研究邮轮旅游活动中各种复杂的心理现象,以促进邮轮旅游产业的发展,提高邮轮从业人员服务质量和效率,培养优秀的邮轮从业人员。

本教材是"国际邮轮乘务管理专业系列教材"之一,具有系统性、实用性、针对性的特点。全书共分八章,分别是绪论、邮轮餐饮服务心理、邮轮客舱服务心理、邮轮康乐服务心理、邮轮购物服务心理、邮轮岸上导游服务心理、邮轮游客投诉心理及处理技巧、邮轮管理心理等。每章均有同步案例、同步思考与练习题,增加了知识链接,扩充了学生的知识面,且每章开头均有学习目标,章末均有本章概要,更加方便学生学习掌握章节内容。

本教材遵循能力本位原则,以案例研究为载体,以专业服务为核心,以就业为导向,揭示了邮轮游客和邮轮从业人员的心理活动及其规律。本教材编写过程中兼顾基础心理学和邮轮旅游学的内容,以邮轮上各个部门的划分为基础,使学生清晰了解邮轮各部门服务心理,认真把握邮轮游客的心理特点,更好地培养学生的职业素养,提高学生的就业能力。

本教材的创新之处体现在:一是采用案例教学法,以国际邮轮业典型真实案例引出各章的相关理论知识,并使学生熟悉邮轮各岗位的工作流程。二是坚持"教学做"一体化的编写思路,设置特定的情景,使学生扮演邮轮上的游客和员工来处理不同的问题。三是吸收了一些最新的邮轮旅游和心理学知识,扩充了邮轮行业相关知识,使教材内容更加丰富,更加具有前瞻性、知识性、经济性和实用性。

本教材既可以作为高等院校国际邮轮乘务管理专业、休闲服务与管理专业学生的教学用书,也可以作为邮轮企业员工培训教材和邮轮工作者的自学参考用书。

本教材由昆明学院杨光明担任主编,由云南旅游职业学院赵明、谢青,昆明学院刘艳萍担任副主编。本教材第一章由杨光明编写,第二章由云南旅游职业学院刀丽编写,第三章和第四章由谢青编写,第五章由云南旅游职业学院聂晓茜编写,第六章由赵明编写,第七章由广西钦州学院吴静激编写,第八章由刘艳萍编写。全书由杨光明设计编写大纲、目录并组织编写。

在编写过程中,编者参考了大量的教材、专业学术论文和图片资料,查阅了相关邮轮公司的官方网站资料,并酌情进行了整合。在此谨向原作者和资料提供者表示深深的谢意!由于邮轮旅游在我国方兴未艾,相关资料和文章还在不断完善中,加之编者水平有限,时间仓促,疏漏和不足之处在所难免,恳请专家和读者批评指正。

编 者

2018 年 4 月

目　录

爱达·魔都号
ADORA MAGIC CITY

第一章

绪　论

学习目标

　　邮轮服务心理学是从心理学的角度、运用心理学的研究方法探讨邮轮旅游活动中人的心理活动和行为规律的科学。它既是应用心理学的分支,又是邮轮乘务专业的基础学科。通过本章的学习,学生应掌握心理的概念和实质,了解心理学的发展历程和研究的主要内容,了解邮轮服务心理学的学科性质、研究对象,掌握邮轮服务心理学的基本研究方法,了解学习邮轮服务心理学的意义。

▌▌▌ 导入案例

白小姐一家在"海洋神话号"邮轮上享受慢节奏的邮轮生活

"海洋神话号"是皇家加勒比公司执行亚洲航线的第二大邮轮。该邮轮全长 264 米，宽 32 米，7 万总吨，甲板楼层高达 11 层，总载客量为 2 074 人。邮轮上酒吧、健身房、精品店、网吧、图书馆、儿童游乐场，以及室内和户外游泳池一应俱全。值得一提的是，"海洋神话号"上拥有可同时容纳 800 人的百老汇歌舞厅，同时也是为数不多的附设高尔夫球场的豪华邮轮。

白小姐一家参加了"海洋神话号"邮轮之旅后赞不绝口。"餐厅的中文服务是这条船的特色，除提供中文菜单外，船上还有很多来自武汉、北京的服务人员，沟通不成大碍。在我的印象中，船上的菜品，还是西餐类好吃，烤三文鱼柳和牛排之类，口味和品相都很不错。如果对某个菜特别有好感，还能多要一份，当然也要估算好自己的胃口。"

"这条船上的酒吧非常出色。晚上去喝几杯，听听音乐是很不错的享受，也不贵，鸡尾酒一般 5~6 美元一杯。每天晚上酒吧里都有乐队伴奏，若你是跳舞高手，大可和老外们比一下舞技。舞池里很多白发老人的舞技足以参加《舞林大会》。"

"你在船上无论是对购物感兴趣还是对娱乐感兴趣，都可以留意一下邮轮每天的资讯小报，活动节目、商店促销等全在里面。就我的经验来说，船上商店里的东西，看中了不一定要马上买，每天都有各种不同的折扣，等商品的价格符合心理价位时再行动也不迟。纪念品方面，我觉得盛装的照片值得花钱买，另外我的习惯是每次坐船都会买个船的模型留作纪念。"

"除了购物，'海洋神话号'上的娱乐项目也相当丰富。运动方面，值得一试的是位于第十层甲板上，高 9 米的攀岩壁和紧邻攀岩壁的 18 洞迷你高尔夫球场。当然，每天晚上的演出也值得一看，一方面是演出的质量不错，另一方面是主持人的搞笑能力超强。不用担心听不懂，因为边上会有说中文的主持人帮忙翻译。"

"船上的派对不能错过，我参加的这次航行中就有三次派对，场场精彩。一次是船长的欢迎派对，一次是泳池甲板上的午夜派对，一次是中庭大堂的告别派对，船上的娱乐主持人很有激情，把气氛搞得很火爆。他们还会组织一些比赛，奖品是带有'海洋神话号'logo 的纪念品。这是不打折的纪念品，能不能拥有，就看你的潜力和爆发力了。"

问题：
"海洋神话号"邮轮满足了人们哪些心理？

心理学概述 第一节

邮轮服务心理学是心理学的分支应用学科,其主要理论和研究方法都来自心理学,因此,要理解并掌握邮轮服务心理学的研究内容和研究方法,首先应对心理学有基本的了解和认识。

一、心理的概念和实质

(一)什么是心理

心理是对心理现象、心理活动的简称。心理现象和每一个人息息相关,人在清醒状态下都受到心理活动的支配。在心理活动的调解下,人们的各种活动才能得以正常进行,并达到预期的目的。心理活动是内隐的,行为是外显的,外显的行为受内隐的心理活动所支配。内隐的心理活动通过行为才能起作用和得到表现。心理和行为之间是有一定的活动规律的。因此,心理学既研究人的心理,也研究人的行为,是将人的心理和行为作为统一体进行研究的。

(二)心理的实质

1.心理是人脑的机能

心理是人脑的机能,人脑是心理活动的器官。心理是神经系统特别是大脑活动的结果。无机物和植物没有心理,灵长类动物有了思维的萌芽,但还不能认识到事物的本质和事物之间的内部联系,只有人类才有思维和意识。

2.心理是客观现实的反映

心理不是凭空产生的,人脑必须在客观事物的影响下才能实现反映机能,把客观事物变成主观映象。因此,客观现实是心理的源泉和内容。

3. 实践活动是心理产生的必要条件

大脑是心理产生的物质基础,客观世界是影响心理产生的原因,同时具备两者并不意味着心理的产生,人只有在其实践活动中,通过人和客观事物的相互作用才能产生心理。

4. 心理具有自觉能动性

心理的自觉能动性表现在人对反映的对象、进程以及结果都可以清楚地意识到。同时,已有的主观世界(知识、经验、个性特点、心理状态等)会对现实反映的事物产生影响。在正常情况下,不同的主观世界对同一事物常有不同的反映。

5. 心理具有社会历史制约性

个体既是一个自然实体,又是一个社会实体,其心理的产生必然受到这两者的制约和影响。而且,人的本质在于其社会特质,因此,心理的产生与人所处的社会环境和历史条件及生活方式等密切相关,人的观念、习惯、心理都受到相应的制约。

同步案例 1

少见多怪——谈心理的来源

从前有一个人,从来没有见过骆驼,也根本不知道有骆驼这种动物。有一天,他偶然看见一头背上长着两个很大肉疙瘩的牲口,觉得非常奇怪,不禁大叫道:"哎哟,大家都来看哪! 瞧这匹马,它的背肿得多高呀……"其实,那就是骆驼。骆驼本身并没有什么好奇怪的,只不过这人没见过。这个故事出自东汉牟融所著的《理惑论》一书,因为少见,所以多怪。成语"少见多怪"便由此而来。

这则故事告诉人们:实践是心理的源泉。人的心理意识只是外界事物作用于人的感觉器官的结果。如果没有独立于人的心理之外的客观世界,就没有了外界的刺激力,当然也不能产生心理。人的心理归根结底来自客观事物,源于人们的实践。

以儿童的心理发展为例。婴儿在母体中并没产生什么心理意识,只是在出生以后,不断地从周围世界获得信息,才逐渐形成了自己的心理。例如,新生儿出生后就开始了同外部世界的接触。当他感到饥饿、口渴、太热或太冷时,就会不自觉地哭叫,以促使妈妈或其他人采取行动来满足他的需要。婴儿在与成人这种最初级的交往过程中,不自觉地获得了最初的生活经验,以后随着时间的推移,随着生活实践的多样化和复杂化,他的心理意识也日益丰富多彩。他的生活实践、社会阅历与别人不同,就决定了他的心理意识有着自己的特点,从而形成了他个人所特有的主观世界。构成一个人的个性的最本质要素都有其社会根源。人的心理内容处处表现出客观现实的影响,处处表现为对客观现实的反映。例如,儿童的语言都是从成年人、与他在一起玩耍的小伙伴和其他生活环境中学来的。儿童的游戏,如用竹竿当马骑,把椅子、凳子凑成一辆车驾驶,喂布娃娃吃奶,用积木搭房子,等等,都不是凭空想象出来的,都是对成年人生活的模仿。成年人对待孩子的态度也在孩子的性格中得到反映。例如,不管孩子的要求是否合理,都事事依从他,他就容易养成娇惯任性的性格;事事替他做好,他就容易养成依赖懒惰的性格。善于教育孩子的父母,总是让孩子知道哪些事该做,哪些事不该做,使他们养成良好的个性品质。凡此种种,都是人人可以观察到的事实。这些事实足以说明人的心理的社会根源。假如儿童从一出生就没有机会接触社会,他的大脑受不到适当的信息刺激,他的心理发展就会陷于停滞。

科学家们曾经发现过许多被野兽喂养的孩子,他们由于脱离了人类社会、没有人类的实践活动而不具备人的心理意识。印度狼孩儿的故事就是这方面的典型。1920年,印度牧师辛格在加尔各答西南部的一个小城市附近的狼窝里救出了两个女孩,大女孩约8岁,小女孩约2岁。她们用四肢走路,用两手和膝盖着地歇息,只舔食流质的东西,吃扔在地板上的生肉,从不吃人手里拿着的肉。她们怕光,夜间视觉敏锐。每到深夜就嚎叫,并竭力寻找出路,以便逃回丛林。总之,她们表现出的一切习性都是狼的习性。辛格对她们悉心照料并施以教育,想恢复她们的人性,可是效果甚微。小女孩因很难适应环境,不久便死去。大女孩2年后才学会站立,4年后学会6个单词,8年后学会直立行走。尽管大女孩卡玛拉是人类生育的孩子,具备产生人的心理的物质条件——人脑,但由于她从小生活在狼的世界里,没有参与人的社会实践活动,因此,她没有人的心理。经过辛格多年的教育和训练,17岁的卡玛拉只有相当于4岁正常儿童的心理发展水平。

如果一个正常人中途离开人的客观现实后将会怎样?这里有两个生动的事例。其一,《鲁滨孙漂流记》中的主人公鲁滨孙,其原型的真实姓名叫亚历山大·塞尔柯克。他年轻时当过海员,后被英国海军雇为领航员。一天,他与船长发生争执,便愤然离船,登上了距太平洋南美洲海岸900多千米处的马萨捷尔岛。5年后,他终于被从荒岛救出。他的救命恩人、英国"宝贝号"军舰舰长沃斯·罗杰斯在日记中写道:"塞尔柯克的英语忘得这样厉害,以至于在我们将他扶上船后,他已经不能正常表达自己的意思了。他说话时,几乎把所有英语单词的词尾都吞掉了。他看到人时怕得要命,老是想方设法找个僻静无人的地方躲起来。"其二,同塞尔柯克相似的是我国的刘连仁。在抗日战争期间,他被日本侵略者掠去日本当矿工。他因不堪忍受日本矿山的奴役劳动,逃往北海道深山,过了12年茹毛饮血的穴居野人生活。1958年他回国时,语言表达十分困难,听不懂也不会说,没有正常人的心理状态。

这两个事例告诉我们,一个人只有生活在人类社会里,才能有人类的正常心理;如果中途离开人类社会,时间久了,他那原已形成的人的正常心理也会失常。这再次证明,社会生活和实践是人的心理的重要源泉。

以上事例还告诉我们,人的心理不是单有头脑就能产生的,更不是天然的产物。只有受到适当的环境影响时,人脑才能发挥它的作用并产生心理。外界有怎样的影响,人脑就对这影响做出怎样的反应。同时,随着社会实践活动的发展,人们的心理活动也不断地拓展。社会实践活动内容越丰富,人们的心理活动越复杂,认识世界的能力就越强。本文开头所讲的成语故事中的主人公,之所以闹出"少见多怪"的笑话,就是因为他的社会实践活动的内容贫乏,对外界事物的认识受到了局限。如果你想提高自己认识外界的能力,就必须积极地参加各种社会实践活动,不断丰富心理活动内容。否则,你或许也会闹出"少见多怪"的笑话来。

二、心理学的产生和发展

心理学是一门以解释、预测和调控人的行为为目的,通过研究分析人的行为,揭示人的心理活动规律的科学。心理学作为一门科学,有它的独特性。心理活动在头脑中产生,必然受生物学规律的支配;同时人是最高等的社会性生物,一切活动都不能摆脱社会、文化方面的影响,因此,心理学兼有自然科学和社会科学的双重属性。

▌(一)心理学的产生

心理学是一门既古老又年轻的科学。

人类从古代开始,历经数千年直至 19 世纪中叶,对心理的探索和研究都是处于一种无明确的研究目的和目标、无明确的研究思想和方法的混沌状态下自发地或不自觉地夹杂在对哲学和神学的研究中进行的。心理学的内容融会在哲学和神学的内容体系中。心理学家由哲学家、神学家、医学家或其他科学家兼任;心理学的研究方法,主要是思辨的方法。亚里士多德的《灵魂论》可以说是世界上第一部心理学专著。在中国古代有关哲学、医学、教育学和文艺理论等方面的许多著作,都蕴涵着丰富的心理学思想。

心理学的真正历史是从 1879 年威廉·冯特(Wilhelm Wundt,1832—1920)在德国莱比锡大学建立世界上第一个心理实验室才开始的。冯特用自然科学的方法研究各种最基本的心理现象——感觉。这一行动使心理学开始从哲学中脱离出来,成为一门独立的科学,它标志着科学心理学的诞生。冯特是公认的第一个把心理学转变成一门正式独立的科学的真正奠基者,也是心理学史上第一位真正的心理学家。他的《生理心理学原理》是心理学史上第一本真正的心理学专著。

▌(二)心理学的发展

1879 年以来,整个心理学界出现了过去从未有过的热烈的学术研讨的繁荣局面。在冯特的内容心理学以后,又接二连三出现了或反对或继承冯特,或另辟蹊径、独树一帜的理论,出现了上百个各种各样、大大小小的心理学派。这些学派分布广泛,遍布世界各地。

这些学派有从内在意识研究的,有从外在行为研究的;有从意识的表层研究的,有从意识的深层研究的;有静态的研究,也有动态的研究;还有从生物学、数理学、几何学、物理学、拓扑学、民族学、文化学等其他不同角度去研究的。所有的学派,包括相互继承的学派,在它们的心理研究对象、范围、性质、内容以及方法上都既有联系,又各不相同。这百余年心理学发展的速度以及研究成果,远远超过人类历史上对心理研究成果的总和,对心理现象探索研究的深度和广度,也都达到了前所未有的程度。

贯穿心理学百年史的主干线,是十大心理学派形成和发展的历史。这十大心理学派是内容心理学派、意动心理学派、构造主义心理学派、机能主义心理学派、行为主义心理学派、格式塔心理学派、精神分析心理学派、日内瓦心理学派、人本主义心理学派、认知心理学派。

这十大心理学派无论从其研究的对象、任务、范围、方法,还是从其研究的规模和涉及的领域来看,对心理学研究的客观推动作用都是巨大的。它们都曾经充当过心理学研究过程中的主角,代表过一个时期的心理学历史发展的倾向,对心理学的发展产生过重大影响。当代心理学基本理论的主体,主要是博采十大学派学说之长,汲取它们合理的、有价值的部分而形成的。如今,我们选用的任何一本《普通心理学》教材,其内容实际上都是对十大学派的精华部分进行汇集的结果,是十大学派学说的主要结晶。

经过一百多年的发展,心理学已具有众多分支学科,形成了一个庞大的学科体系。诸如普通心理学、社会心理学、教育心理学、法律心理学、管理心理学、旅游心理学、商业心理学、经济心理学、消费心理学、咨询心理学等,都是心理学庞大学科体系中的成员。邮轮服务心理学,也是其中一员。随着人类社会实践的发展,心理学及其分支学科还会不断发展。

三、心理学研究的主要内容

(一)普通心理学

普通心理学是心理学的主干分支学科,其研究对象是一般正常人的心理现象及其基本规律。普通心理学的具体研究内容包括心理动力、心理过程、心理状态和个性心理等四个方面。

1. 心理动力

心理动力系统决定着个体对现实世界的认知态度和对活动对象的选择与偏好。它主要包括动机、需要、兴趣和世界观等心理成分。

人的一切活动,无论是简单的还是复杂的,都是在某种内部驱动力的推动下完成的,这种引起并维持个体活动,并使之朝向预定目标和方向进行的内在驱动力就是动机。个体在动机的作用下,产生行为并使其朝向预定目标,在行为进行过程中不断调节行为的强度、持续时间和方向,使个体最终达到预定目标。

动机的内在心理基础是需要。需要是个体缺乏某种东西的一种主观状态,它是客观需求的反映。这种需要既包括人体内的生理需要,也包括外部的社会需要。兴趣是一种对事物进行深入认知的需要,是需要的体现。世界观则是人对需要进行调解和控制,并由此确定的个体对客观世界的总体看法与基本态度。

2. 心理过程

心理过程是指人的心理活动发生、发展的过程,即客观事物作用于人脑并在一定的时间内大脑反映客观现实的过程,包括认知过程、情感过程和意志过程,三者合在一起简称为"知、情、意"。认识过程是指人获取各种知识和经验所表现出来的心理活动过程;情感过程是指由客观现实引起的、以各种情绪或情感表现出来的态度体验;意志过程是指人为实现预定目的有意识地支配和调节自己行动的心理活动过程。认识、情感和意志三个过程相互联系、相互促进、相互影响,构成心理活动的整个过程,其中,认识是基础,情感和意志是动力。这三部分都是人的内部主观活动,是人所共有的。

3. 心理状态

心理状态是介于心理过程与个性心理之间的既有暂时性又有稳固性的一种心理现象,是心理过程与个性心理统一的表现。人的心理活动总是在睡眠状态、觉醒状态或注意状态下展开的。在睡眠状态下脑功能处于抑制状态,心理激活程度极低,人对自己的心理活动意识不到。从睡眠到觉醒以后,人开始能意识到自己的活动,并能有意识地调节自己的行为。觉醒状态存在不同的性质和水平,如振奋状态使人的心理活动积极有效,疲惫状态则相反。注意状态使人的心理活动积极有效,是意识活动的基本状态,它使人的心理活动指向和集中在一定的对象上。

4. 个性心理

个性心理是显示人们个性差异的心理现象,由于每个人的先天因素、生活条件、教育背景、实践经历都各不相同,因此心理过程在每一个人身上产生时总是带有个人特征,这样就形成了每个人不同的兴趣、能力、气质、性格。如不同的人在兴趣的广度、中心、稳定性和效能方面会有所不同,在观察力、注意力、记忆力、想象力、思考力方面会有所差异;不同的人情感体验的深浅度、表现强弱、克服困难的决心和毅力大小也不同。所有这些都是个性的不同特点。人的心理现象中的兴趣、能力、气质和性格,称为个性心理特征。

心理现象的各个方面并不是孤立的,而是彼此互相联系的。不仅在认识、情感、意志过程之间,而且在个性心理特征和心理过程之间也密切联系。没有心理过程就无法形成个性心理特征,同时,已经形成的个性心理特征又制约着心理过程,在心理过程中表现出来。例如,具有不同兴趣和能力的人对同一首歌、同一幅画、同一出戏的评价和欣赏体验是不同的;又如,一个具有先人后己、助人为乐性格特征的人,往往表现出坚强的意志力和行动力。

事实上,既没有不带个性特征的心理过程,也没有不表现在心理过程中的个性特征。两者是同一现象的两个不同方面。因此,要深入了解人的心理现象就必须分别对这两个方面加以研究。在掌握一个人的心理全貌时,也需要将两方面结合起来进行考察。

(二)社会心理学

马克思说,"人的本质是一切社会关系的总和"。人不是孤立存在的,作为社会关系中的人,彼此之间必然要发生一定的联系,进行社会交往;交往既存在于个人与他人之间,也存在于群体之间。人需要作为社会的一员发挥作用,因此,研究人的心理离不开对社会环境和社会群体的考察和分析。社会心理学是研究人的社会或文化行为发生、发展、变化的过程及其规律的科学。社会心理学主要研究以下内容:

1. 社会化

从社会心理学的角度看,社会化关心的是自然的人如何变成社会的人,以及在这个过程中为什么个体形成了独特的人格特征。

社会化的基本途径是社会教化和个体内化。社会教化即广义的教育,其形式包括家庭、学校、社会团体、大众传播媒介,以及法庭、监狱和劳动教养机构等的教育。个体内化是指个体通过学习接受社会教化,将社会目标、价值观、社会规范和行为方式等转化为自身认定的人格特质和行为反应模式的过程。社会化的主要内容有政治社会化、道德社会化以及性别角色社会化等。

2. 社会认知

社会认知是指对人及其行为的认知,而不是对物、对事的认知。社会认知的结果影响着人的社会行为。社会认知包括对人的感知、判断、推测和评价等社会心理活动。对人的感知、判断以及对人的外显行为原因的推测和评价是社会认知活动发生和进行所经历的几个主要过程。

社会认知的途径主要是对他人的言谈举止、神情仪表以及行为习惯等方面的观察和了解,并通过这些方面完成社会认知。社会认知的内容包括社会知觉、社会归因等。社会知觉,又称对人的知觉或人际知觉,它是社会认知的第一步。社会归因指的是根据所获得的信息对他人行为进行分析,从而推断其原因的过程。社会归因的结果直接影响到人的社会行为。所以,了解社会归因的规律有助于认识和预测他人的社会行为。

3. 社会沟通

广义的社会沟通是指人类的整个社会的互动过程,以及人们交换观念、思想、知识、兴趣、情感等过程。社会沟通是社会赖以形成的基础。社会沟通主要有语言沟通和非语言沟通两种。

4. 社会态度

社会态度是指个人对某一社会事物所持有的评价与行为方向。人们对一个对象会做出赞成或反对、肯定或否定的评价,同时,还会表现出一种反应的倾向性,这种倾向性就是心理活动的准备状态。所以,一个人的态度会影响到他的行为取向。

5. 人际关系

人际关系是指人与人之间心理上的关系和心理上的距离。这种关系是在人与人之间发生社会性交往和协同活动的条件下产生的,是具有普遍意义的现象,在小群体中体现得尤为明显。人际关系的形成包含认知、情感和行为三方面的心理因素,其中情感因素起主导作用,控制着人际关系的亲疏、深浅和稳定程度。

此外,社会心理学还研究社会动机、个人行为、自我意识、团体心理、群体性社会现象。

普通心理学和社会心理学都是邮轮服务心理学的研究基础。

知识链接 1

邮轮旅游的前世今生

中国人对邮轮的印象多半是从电影《泰坦尼克号》开始的。一艘海上庞然大物与富丽堂皇的内部设计,外加浪漫经典的爱情,这个百年前发生在大西洋上的凄美爱情故事,让人对邮轮旅游产生了无限遐想。

邮轮的前身是远洋客轮。在飞机尚未出现的年代,一旦旅客的目的地需要跨越大海,便只能选择远洋客轮。只要一上船,至少要在船上待几周甚至数月。那个时候,客轮只是运输旅客的工具。1958年,飞越大西洋的飞机投入商业服务,飞机从此正式成为民用运输工具。此后,追求时间和效率的旅客纷纷转向乘坐飞机,远洋客轮生意日渐惨淡,渐渐地开始转型为有钱有闲的旅客提供舒适的旅行服务,这便是今天的邮轮。

知识链接 2

与邮轮有关的趣事

早在客轮时代,轮船就以煤炭、石油为动力能源,而不是风。但大多数客轮依然会悬挂风帆索具等设施。这是因为当时的人顽固地认为船行大海一定要靠风,所以这个无用的装饰会增加游客对船的信任度。

过了若干年,人们已经了解了船上真正的动力来源,但又有了新的误解:认为船顶的烟囱越多,代表船的动力越强。邮轮公司为了迎合游客这一心理,就在船顶加装许多烟囱,而烟囱多的船会更受游客欢迎。其实这些烟囱都只是装饰品而没有实际作用,船的动力性也不是由其来决定的。

　　远洋客运中,高等级舱位只占船上很小的比例。举例来说,一等舱、二等舱如果各有100名游客,那么三等舱(也叫统舱)便有2 000多名游客。统舱位于船的底层,饮食住宿条件很差,只能靠喝汤、吃马铃薯度过漫漫旅途,并严格禁止和一、二等舱的客人接触。但统舱中的客人是当时邮轮公司利润的主要来源。

　　欧美人对邮轮最为热衷是有历史原因的。因为至少四分之一的北美人的祖先是坐着邮轮的前身——客轮,从欧洲到达美洲新大陆的。

　　在美国实施禁酒令的年代里,只有在公海上才能喝酒。所以当年人们坐着客轮出行时,很多人会一路狂欢,每天喝酒。

第二节　邮轮服务心理学概述

一、邮轮服务心理学的内涵

邮轮产业的发展迫切要求系统而深入地研究邮轮旅游活动中各种复杂的心理现象,为发展邮轮产业,提高邮轮员工服务质量和效率,培养优秀的邮轮从业人员提供心理学依据。

邮轮服务心理学是从心理学的角度,运用心理学的研究方法探讨邮轮旅游活动中人的心理活动和行为规律的科学。

二、邮轮服务心理学的研究对象

邮轮旅游活动是邮轮游客和邮轮从业人员的协同活动。邮轮游客是邮轮旅游活动的主体,如果邮轮上没有游客,那么邮轮旅游活动和邮轮业就无从谈起。邮轮从业人员主要是为邮轮游客提供服务的。在现代邮轮旅游活动中,邮轮从业人员的各种服务贯穿于邮轮旅游活动的各个环节。可以说,没有邮轮从业人员的服务,邮轮游客就不能获得愉悦的旅游活动。因此,邮轮服务心理学以邮轮游客(包括现实的邮轮游客和潜在的邮轮游客)和邮轮从业人员(包括邮轮企业的服务人员和管理人员)作为研究对象,研究其在邮轮旅游活动整个过程和邮轮服务的每一个环节中所表现出来的心理活动及行为规律。邮轮服务心理学的研究对象主要有以下三个方面:

(一)邮轮游客的消费心理

邮轮活动的主体是邮轮游客,因此了解邮轮游客的心理活动及其消费行为的发生、发展与变化规律是邮轮服务心理学首先应当研究的问题,同时也是邮轮服务心理学研究的出发点和核心内容。

邮轮游客的心理活动是邮轮游客在邮轮旅游活动过程中对邮轮旅游刺激物的反应活动，是人脑所具有的特殊功能和复杂的活动方式。它处于内在的隐蔽状态，不具有可以直接观察的现象形态，因而无法从外部直接了解。但是心理活动可以支配人的行为，决定人们做什么，不做什么，以及怎样做。换言之，人的行为尽管形形色色、千变万化，但无一不受人的心理支配。因而，观察一个人的行为表现，即可间接了解其心理活动状态。

同样，一个人在乘坐邮轮时，他在邮轮上的各种行为无一不受到心理活动的支配。例如选择哪种客舱，在邮轮上选择哪些娱乐活动，在邮轮上对餐厅的服务有哪些特殊的要求，如何安排靠岸后的游览活动，选购何种免税商品等。其中每一个环节、步骤都需要邮轮游客做出相应的心理反应，据此进行分析、比较、选择、判断。所以，邮轮游客的行为都是在一定的心理活动支配下进行的。

▌(二)邮轮服务人员的服务心理

在了解邮轮游客心理活动规律的基础上，邮轮服务心理学要在餐饮服务、客舱服务、康乐服务、购物服务、靠岸游览服务和游客投诉服务等层面进行研究，总结出契合邮轮游客心理的服务规律，帮助邮轮服务人员有效开展工作，争取最佳服务效果。

邮轮服务工作具有工作时间长、体力脑力负荷量大、长期在船上、远离家乡亲人和朋友、突发事件多、心理压力大、工作要求高、邮轮游客来自全球各地、与邮轮游客处于互动关系中等特点。邮轮服务人员的心理素质、工作效率和工作技术技巧的好坏直接关系到邮轮服务质量、邮轮游客的心理感受、邮轮产品创新等问题。邮轮服务心理学必须研究餐饮、客舱、康乐、购物、靠岸游览、游客投诉等职位服务人员的心理活动特点、应具备的心理品质，以及怎样锻炼和培养良好的心理品质，如何维护邮轮服务人员的心理健康，如何提高邮轮员工心理健康水平。探究邮轮服务人员疲劳心理的种类及原因、心理疲劳的表现、了解心理疲劳的生理学与心理学因素、心理疲劳的预防和消除、工作疲劳的测定方法等都是邮轮服务心理学关注的问题。因此，邮轮服务人员的心理状态也是邮轮服务心理学关注的重点。但随着社会的发展和进步，人的社会交往和社会需求更加复杂，生活也更加紧张。为了让员工高效率和愉快地工作，发挥其积极性、创造性，需要为他们营造一个良好的工作氛围，使他们调节好自身的心理状态，克服工作中面临的挑战、困难、挫折，这就需要我们认真研究这些问题。

▌(三)邮轮管理者的管理心理

邮轮服务心理学虽然不专门研究管理方面的问题，但它的研究内容涉及管理心理。邮轮业服务质量的提高和工作成功的关键在于科学的管理。邮轮服务心理学在管理工作方面研究如何遵循人的心理和行为方面的特点而采取有效的措施。管理最重要的职能是调动员工工作积极性，创造性地去实现组织的目标。邮轮服务心理学要研究组织内成员的心理和行为方面的特点；在个体行为、团体行为、领导行为方面应该怎样调节和控制，从而发挥管理的最佳效能。在邮轮企业管理实践中，管理者逐渐认识到"快乐的员工是具有生产效率的员工"，员工心存不满、怒气冲冲是不可能为邮轮游客提供尽善尽美的服务的。邮轮服务人员能否积极主动、创造性地为游客服务，也是其能否提高邮轮服务质量的关键。因此，要使邮轮游客享受到最佳服务，关键在于拥有一支高水准、高素质的员工队伍。

这就需要邮轮管理者将员工的利益放在首位,尊重并关爱员工。只有深入地了解员工的思想、感受和需要,才能使其获得提供优质服务所不可缺少的精神力量。邮轮服务心理学正是从邮轮管理者管理心理和邮轮服务人员服务心理的角度研究如何调动员工工作的积极性,如何引导员工培养良好的心态,克服挫折感,与邮轮游客建立良好的关系等,可以使邮轮管理工作更加科学化、人性化,同时还可为邮轮企业员工培训提供理论与方法。

三、邮轮服务心理学的研究方法

(一)观察法

观察法就是在自然情况下,对表现心理现象的人在外部活动中进行有计划、有目的、系统性的观察,了解其心理活动,从中发现心理现象产生和发展规律的方法。观察法的特点是研究者在不进行任何干预的情况下观察和记录客观发生的事实。邮轮游客在邮轮上的各种活动都是在人的心理支配和调节下进行的。因此,通过对邮轮游客在邮轮上的各种言行、表情等外在表现的观察,可以了解邮轮游客的心理活动特点。观察法可以在日常生活条件下使用,简便易行,所得资料也比较真实可靠。但它不能严格控制条件,不易于对观察的材料做出比较精确的量化分析和判断,这也是观察法的局限性。

(二)实验法

实验法是有目的地严格控制或创设一定的条件,人为地引起某种心理现象产生,从而对它进行分析研究的方法。实验法有两种形式:实验室实验法和自然实验法。在邮轮产业中,较为普遍采用的是自然实验法。

(三)测量法

测量法是指使用测量工具对具有某一属性的对象给出可以比较的数值的方法。能力测验、性格测验、人才测评等都是邮轮服务心理学中常用的心理测量法。

(四)访谈法

访谈法是调查者面对面地与受访者进行交谈,以口头信息传递和沟通的方式来了解邮轮游客的动机、态度、个性和价值观的一种研究方法。这种方法具有直接性、灵活性、适应性、回答率高等特点。运用访谈法时,首先,调查者要确定谈话的目的,拟好谈话提纲;其次,调查者要取得受访者的信任,保证谈话在轻松自然的气氛中进行;最后,调查者提出的问题要简单明白、易于回答。访谈法简便易行,得出的结论有时带有主观片面成分。

(五)问卷调查法

问卷调查法是调查者通过所拟定问题请被调查者回答来研究邮轮游客的心理活动特点和规律的方法。问卷调查法要求调查者提出的问题清晰易懂,不模棱两可,也不应有暗示;要求被调查者回答问题实事求是,严肃认真,表述准确。问卷调查法既可以用于研究个体心理,也可以用于研究群体心理;既可以当场进行,也可以通过邮寄的方式进行。运用问卷调查法能够比较迅速地获得大量资料,便于定量分析,但缺点是不便于对被调查者的态度进行控制,获得的材料不够详尽。

(六)案例分析法

案例分析法是指调查者深入邮轮企业,对邮轮和邮轮从业者进行全面的、较长时间的、连续的观察、了解和分析,对邮轮游客和邮轮从业者的心理进行全面剖析的一种方法。案例分析法十分强调调查者的意识积极性和思考主动性,否则调查者会视而不见、听而不闻。它侧重对单一事件和活动做详尽分析,所运用的方法和技巧较具弹性。案例分析会对研究结果做叙述和描绘,提供案例的历史和详细的特征材料,因此也是综合的。运用案例分析法,一是要以明确集中的问题为中心,防止过于漫无边际;二是案例分析只是线索和途径,绝不能将其作为终点和目的。

总之,邮轮服务心理学研究的方法很多,每一种方法都有其优点,也有一定的局限性。因此在研究一个心理学课题时不应该只使用一种方法,而应该以一种方法为主,其他方法配合使用,这样才能取长补短、相得益彰,真正揭示人的心理活动的规律。

四、学习邮轮服务心理学的意义

(一)有助于邮轮产业的发展和服务质量的提高

邮轮经营者和邮轮从业者了解邮轮游客的心理需要,是邮轮业赖以生存和发展的基础。学习邮轮服务的相关技能和知识,特别是邮轮服务心理,对发展我国邮轮产业、提高邮轮服务质量和提升我国邮轮从业人员竞争性有重要意义。同时,学习和研究邮轮服务心理学的更大意义还在于能够帮助邮轮游客体验美好的邮轮旅游经历。

(二)有助于邮轮企业经营和管理能力的提升

邮轮产业的竞争日趋激烈,运用心理学去分析邮轮游客的心理变化特点和趋势,可以及时调整企业的经营方针和策略。学习邮轮服务心理学能够为邮轮产业的管理者提供心理支持,分析、研究员工,帮助管理者了解员工的心理状态和个性差异、人际关系状况,建立具有凝聚力的团队,调动员工的积极性,进而实现邮轮企业的管理目标。

(三)有助于更好地了解邮轮游客的行为

邮轮旅游从 21 世纪开始逐渐走进我国大众的视野。邮轮产业对一个国家和地区的经济、社会、文化、环境都有直接的影响。从心理学角度分析邮轮旅游活动中人的心理和行为是一项基本的、重要的、不可或缺的活动。邮轮服务心理学是围绕邮轮游客和邮轮从业者在邮轮上所表现的行为的主观原因展开的,其研究结果可以帮助人们更好地理解邮轮旅游。从某种意义上说,经济学等学科研究的是邮轮旅游行为的可能性,邮轮服务心理学研究的则是邮轮旅游行为的必然性。只有深入而广泛地进行邮轮服务心理研究,才能获得对邮轮旅游行为乃至整个邮轮旅游活动更加全面系统的解释。

知识链接 1

游轮、邮轮、油轮的区别和关系是什么?

一、游轮、邮轮、油轮的区别

1. 游轮

游轮是用于搭载乘客从事旅行、参观、游览活动的各类客运机动船只的统称。实际上一般用来指在内河、江湖或沿海附近区域搭载乘客观光游览的游船,体积吨位较小。

2. 邮轮

邮轮原意是指海洋上定线、定期航行的大型客运轮船。"邮"字本身有交通的含义,过去跨洋邮件总是由这种大型客轮运载,因此得名。

第二次世界大战以后航空业崛起,渐渐取代了邮轮作为长途运输工具的地位。邮轮作为运输工具渐渐退出历史舞台,却诞生了一个新功能——娱乐。

3. 油轮

油轮主要是用来运输原油等石油化工液体产品的运货船,也可以用来运输其他液体(如水、葡萄酒)等。

二、游轮、邮轮、油轮的关系

在日常使用中,"油轮"比较好区分,主要是"邮轮"和"游轮"容易混淆。从词义上来说,"游轮"的范围更大一些,凡是提供享乐旅程的客轮,无论大小,都可以称为"游轮"。不过就专词专用的角度来说,提供长途跨国海上航行及娱乐的船,是"邮轮"而不是"游轮"。简单来理解,游轮就是小型游船,而邮轮是大型游船。

1. 吨位

从吨位上来看,游轮的吨位一般都是千吨级别,极少会超过 1 万吨;而邮轮动辄几万吨,曾经轰动世界的"泰坦尼克号"也不过 4 万吨,放到现在就是小型邮轮了,目前世界上最大的邮轮已达二十几万吨,可以说是巨轮了。中国母港出发的邮轮,最大的是 16.8 万吨的"海洋量子号"和"海洋赞礼号"。

2. 航行范围

从航行的范围来看,邮轮是海轮,只能在海上航行,大家熟悉的"泰坦尼克号"就是一艘邮轮,它的行程跨越大西洋,往返于美国和英国。游轮以河轮居多,像国内的"三峡游轮""宜昌游轮",主要在长江流域航行。国外比较出名的维京内河游轮,主要在多瑙河、莱茵河等欧洲内河上航行。

3. 美食

游轮上的餐厅,主要以自助中餐为主,早餐和午餐也多是自助。而豪华邮轮上的餐厅,单从餐厅数量上就遥遥领先,还配备全球美食。例如国内最大的"海洋量子号",船上一共有 19 家餐厅,涵盖了传统西餐、日本料理、意大利料理、亚洲美食等。

但是这个并不代表游轮餐饮就败下阵来了,游轮上的餐点和用餐形式会更有创意。而且因为每天都会靠岸,一般都会就近购买当地的新鲜食材供游客享用。

4. 娱乐

游轮上面因场地有限,所以娱乐设施相对来说会比较少。大多数会有表演厅提供歌舞演出。

邮轮上面因场地大,所以项目也相对丰富。邮轮上一般会有一个可容纳千人的大剧院,相较起百老汇、伦敦西区的剧院也毫不逊色。从节目内容到演出人员,全都是专业级别。

5. 行程

游轮的行程会比较密集,基本一天会到一至两个目的地,七八天的航程走过四五个国家、八九个城市。当然游轮主要做岸上观光游览,看看当地的美景,接触当地的风土人情,也别有一番风味。而邮轮会有海上航行的日子,比较悠闲,旅游观光结束后可以在邮轮上面游玩其他的娱乐项目。毕竟港口之间距离远,邮轮需要更多时间抵达下一个港口。

随着时代的发展,很多人都不再咬文嚼字了,"邮轮"和"游轮"经常会混用,如"皇家加勒比游轮"就是皇家加勒比集团运营的大型邮轮。

知识链接 2

全球著名邮轮公司简介

嘉年华邮轮,即美国嘉年华邮轮集团,成立于 1972 年,总部设在美国佛罗里达州的迈阿密市。嘉年华邮轮以"FUN SHIP"(欢乐邮轮)作为其主要的产品诉求,旗下拥有 12 个邮轮品牌,都是在嘉年华船队的发展过程中不断并购的。这些子品牌如今都已独立经营,保持各自的风格和特色,以更好地服务于每一位客户,其中包括公主邮轮、荷美邮轮、歌诗达邮轮、冠达邮轮(其前身白星邮轮为"泰坦尼克号"邮轮所属公司)、世邦邮轮以及风之颂邮轮等。通常所说的嘉年华邮轮公司指的是排除其独立运营的子公司品牌之外的嘉年华母公司,即嘉年华船队。嘉年华邮轮公司现在已经发展成为全球第一的超级豪华邮轮公司,拥有 28 000 名船员和 5 000 名员工,被业界誉为"邮轮之王"。

皇家加勒比国际游轮(Royal Caribbean International)公司创立于 1969 年,皇家加勒比拥有高层次的服务和最豪华船队的阵容,是全世界阵容最大、服务最好的游轮公司之一。

旗下游轮分 6 大系列,分别是君主系列、绿洲系列、自由系列、航行者系列、灿烂系列、梦幻系列,每个系列的游轮都有着它独特的风格。美国皇家加勒比国际游轮公司的邮轮航线主要是百慕大、墨西哥的里维埃拉、阿拉斯加、欧洲和夏威夷。

歌诗达邮轮(Costa Cruises)是"意大利风格"邮轮的代表,总部设于热那亚,隶属于全球邮轮业翘楚的嘉年华集团。歌诗达邮轮公司被授权成为世界首家在中国进行本土化业务的国际邮轮企业。歌诗达邮轮因其富有艺术感的透明船身设计而被称为"水晶之船"。在这里,宾客们可以尽情饱览并感受邮轮假期所带来的浪漫、休闲和舒适,享受真正的邮轮之乐。

公主邮轮(Princess Cruises)隶属于全球最大邮轮集团——嘉年华集团。公主邮轮标志着"随心所欲,任君选择"的海上假期。在这一概念下,公主邮轮提供灵活及契合个人需要的餐饮服务及娱乐设施。还有,在满载 2 000 多名游客的邮轮上,游客绝不会感到迷失或拥挤,因为船队在具备大船的设施和气派之余,更保留了小船般的温馨及亲切气氛。

荷美邮轮(Holland America Line)曾被评为"整体最佳邮轮"。船上聘请了世界名厨制作菜肴,在全世界 253 个港口、旅游地停靠。大多数到荷美邮轮上去游玩的游客甚至不知道,荷美邮轮是属于嘉年华集团的,但它与嘉年华邮轮的定位完全不同,公司瞄准的客户群主要是达官显贵和政界商要。荷美邮轮可以为游客提供真正的周游世界服务,这和嘉年华邮轮提供的航线主要是加勒比海区域有些不同。

丽星邮轮(Star Cruises)公司由马来西亚"云顶"老板投资创建,航线遍布世界,在亚太地区处于领导地位。它旗下共有11艘以星座命名的邮轮,组成"丽星系列"。丽星在新加坡、马来西亚、泰国、日本、韩国及我国香港地区都开辟有航线,是最贴近亚洲人旅游风格的邮轮。

挪威邮轮(Norwegian Cruise Line)是丽星邮轮公司旗下的子公司,挪威邮轮的服务对象主要是中产阶级游客,一直以来主要的客户群体为美国人和加拿大人。NCL美国目前营运"阿罗哈之傲""美国之傲""夏威夷之傲"邮轮。挪威邮轮的主要市场遍布北美洲、英国、欧洲大陆、南美洲及亚洲;NCL美国则主要提供夏威夷航线。

意大利全资拥有的地中海邮轮(Mediterranean Shipping Company Cruises,MSC邮轮),为同类中规模最大的邮轮公司。MSC邮轮把它的航程扩展到了加勒比海、南美洲和南部非洲,提供充满意大利风情的经典的欧洲游,为游览观光的游客提供精美的食物和优秀的服务。MSC邮轮融和了传统的海上风格、文化氛围和著名的地中海美食烹调,为游客提供最好的品牌服务。实质上,MSC邮轮提供的是纯正的意大利式服务。

意大利人对每样东西都有极大的热情,他们喜欢追求生活的品质。在这种传统的影响下,罗马Lefebvre家族成立了一个具有创新性意义的公司——银海邮轮(Silversea),它为客人提供了一种私人的卓越环球航海旅行。银海邮轮素来被公认为豪华邮轮界的创新者,每一艘船都雅致、宽敞,其五星级酒店的客房给人的感觉就和温暖的家一样,友好而又亲切。它所巡游的线路独具匠心,由于属于小型邮轮,它可直接驶入大型邮轮无法直接停靠而需要接驳的港口,并且可以停靠大多数大型邮轮不经过的港口。银海邮轮所经过的每一个港口城镇都各具特色,即使航行在同一区域,线路也基本不重复,让游客的邮轮度假旅行充满了新鲜感。

爱达邮轮有限公司(Adora Cruises Limited),前身为中船嘉年华邮轮有限公司,是具备市场营销、商务运营、海事运营、酒店和产品管理、新造船管理等全运营能力的中国邮轮旗舰企业。爱达邮轮(Adora Cruises)是隶属于爱达邮轮有限公司的全新中国邮轮自主品牌,致力于打造真正受国人喜爱的高端邮轮度假体验。

爱达邮轮旗下首艘国产大型邮轮——"爱达·魔都号"(Adora Magic City),于2023年11月4日正式交付命名,并已于2024年1月1日起从上海吴淞口国际邮轮港开启商业首航。第二艘国产大型邮轮也已在上海外高桥造船有限公司开工建造。2024年10月,爱达邮轮发布旗下第二艘国产大型邮轮船名——"爱达·花城号"(Adora Flora City)。爱达邮轮旗下被誉为"艺术之船"的"爱达·地中海号"(Adora Mediterranean)于2023年9月30日从天津启航,迎来了中国首秀。

名人邮轮(Celebrity Cruises)拥有"世纪号""银河号"等多支船队,航行于美国及太平洋海岸。1997年皇家加勒比国际游轮收购了名人邮轮,把名人邮轮作为该公司旗下的品牌。

迪士尼邮轮(Disney Cruise Line)是世界上唯一一艘由迪士尼设计建造的邮轮,将迪士尼世界和海上巡游完美结合起来,航行于加勒比海区域。

维京邮轮(Viking Line)是北欧最主要的邮轮公司之一,拥有7艘世界级豪华邮轮,往返于芬兰与瑞典之间。

美国邮轮(United States Line)环游夏威夷4个海岛,航程共7天。

此外,水晶邮轮、冠达邮轮等,也都是在世界上具有很高知名度的邮轮公司。

💡 本章概要

关键术语

心理学　普通心理学　社会心理学　邮轮服务心理学

内容提要

本章从心理学原理入手,介绍了心理的概念和实质,心理学的产生和发展、主要研究内容,邮轮服务心理学的内涵、研究对象、研究方法和意义等。学习本章内容有助于系统而深入地研究邮轮旅游活动中各种复杂的心理现象,为发展邮轮产业、提高邮轮从业人员服务质量和效率、培养优秀的邮轮从业人员提供心理学依据。

本章练习

一、选择题

1. _____是公认的第一个把心理学转变成一门正式独立学科的真正奠基者,也是心理学史上第一位真正的心理学家。

   A. 冯特　　　　　　　　　　B. 冯·诺依曼

   C. 荣格　　　　　　　　　　D. 弗洛伊德

2. _____是邮轮服务心理学的研究基础。

   A. 实验心理学　　　　　　　B. 普通心理学

   C. 认知心理学　　　　　　　D. 社会心理学

3. 引起并维持个体活动,并使之朝向预定目标和方向进行的内在驱动力就是_____。

   A. 意识　　　　　　　　　　B. 行为

   C. 动机　　　　　　　　　　D. 认识

二、简答题

1. 什么是心理?

2. 心理的实质是什么?

三、讨论题

1. 什么是邮轮服务心理学?

2. 学习邮轮服务心理学的意义。

本章参考文献

[1] 张锦萌.成语典故中的心理学[M].郑州:河南教育出版社,1989.

[2] 车文博.心理学原理[M].哈尔滨:黑龙江人民出版社,1997.

[3] 欧晓霞.旅游心理学[M].北京:对外经济贸易大学出版社,2006.

[4] 张蕊,龙京红.邮轮服务心理[M].北京:中国旅游出版社,2015.

[5] 彭聃龄.普通心理学[M].北京:北京师范大学出版社,2001.

[6] 吴正平.旅游心理学教程[M].北京:旅游教育出版社,1999.

[7] 陈福义,田金霞.旅游心理学[M].长沙:湖南大学出版社,2005.

[8] 彭萍.旅游心理学[M].重庆:重庆大学出版社,2008.

[9] 徐子琳,严伟.旅游心理学[M].上海:复旦大学出版社,2014.

[10] 张友苏.管理心理与实务[M].广州:暨南大学出版社,2002.

[11] 陈琦.旅游心理学[M].北京:北京大学出版社,2006.

[12] 马莹.旅游心理学[M].北京:中国轻工业出版社,2002.

[13] 魏乃昌,魏虹.服务心理学[M].北京:中国物资出版社,2006.

[14] 周骏驰.跳上邮轮看世界[M].北京:中国纺织出版社,2016.

[15] 国家旅游局人事劳动教育司.旅游心理学[M].北京:旅游教育出版社,1999.

第二章

邮轮餐饮服务心理

学习目标

邮轮餐饮服务是邮轮服务中的重要组成部分,是邮轮服务等级的体现,同时也是邮轮增加收入的主要渠道之一。如何让游客满意是邮轮服务人员需要思考的问题。要开展邮轮餐饮服务,首先要了解邮轮游客对邮轮餐饮的心理需求,在此基础上掌握邮轮餐饮服务心理策略。通过本章的学习,旨在让学习者了解游客在餐饮过程中的心理要求,针对比较常见的心理要求能提供相应的心理服务,使游客在餐饮过程中感受到"服务至上,游客至上"。

第一节 邮轮游客对餐饮服务的心理需求

随着现代旅游方式的多样化,邮轮旅游逐步走进大众旅游的行列,有的游客喜欢邮轮上的娱乐活动,有的游客喜欢登岸观光游览,有的游客喜欢享受邮轮上的舒适与清闲,有的游客喜欢邮轮上精美可口的美食。如何把登上邮轮的口味挑剔的游客服务好是工作在邮轮上的每一位服务人员的头等大事。怎样才能让游客在用餐过程中得到快乐与享受,使游客乘兴而来、尽兴而归,甚至是带着不舍的心情离去? 这涉及众多的因素,邮轮餐饮服务心理是其核心问题。

同步案例 1

在一家邮轮的主餐厅中,伴随着舒适的音乐,游客们陆续步入餐厅,一群着装考究的餐厅服务人员面带微笑地在门口问候。进门后,有人帮游客收好衣物,然后带到已经布置好的餐桌前,打开餐巾……用餐过程中,当有小孩时,服务人员立即送上儿童餐具和儿童座椅;当有老人时,马上送上温开水;当有游客餐具掉落时,还没等游客开口,马上就有服务人员递上新的餐具……当游客就餐完毕时,服务人员会为他们穿上外套,递上手提包等随身物品,并把游客送至餐厅门口一一告别。

问题:

这一邮轮餐厅的服务为何如此到位?

分析提示:

如此极致温情式的服务,是源于尊重和了解。餐厅的服务人员在服务过程中都是从游客的角度出发,通过观察和简短对话了解游客的口味、喜好等信息,保证每一位到餐厅的游客都能感受到自己的特别和家的温暖。如此细致的服务,是必须建立在充分了解游客的基础上,越是了解游客,越能提供让游客满意的服务。

一、邮轮游客对餐饮服务的基本心理需求

(一) 卫生的心理需求

在所有餐饮服务的需求中,卫生是游客最基本的需求,餐厅的卫生是餐饮服务的前提。邮轮餐饮服务首先需要考虑的也是卫生,游客对于邮轮卫生的要求基本体现在对环境、餐具、食品、服务人员等几个方面的要求。

1. 用餐环境的卫生

在外用餐,环境的清洁程度是游客对于该用餐地点的第一直接印象,用餐环境的干净程度是游客的首要及最基础的需求。在一个污迹斑斑的环境下,游客是很难顺心地用完餐的。所以,环境是餐饮服务顺利开展的关键。良好的卫生环境能为游客营造一个安全、愉悦、舒适的用餐氛围。要做到用餐环境的清洁,要保持用餐空间的空气清新,可见墙面等无灰尘,地面清洁无污垢、油渍,餐桌、餐椅整齐干净,台布、桌布清洁无瑕,用餐空间无蚊蝇等害虫。这样的用餐环境才能使游客放心用餐,才能让游客愿意留在餐厅享受整个用餐过程,才能让游客感受到餐饮的魅力。

2. 餐具的卫生

大部分用餐环境中餐具都是公用的,这就会有一些病毒和细菌存在的问题,"病从口入"虽然不完全是餐具的问题,但可以看出餐具卫生的重要性,所以,餐具的卫生问题就显得格外重要。餐具在使用前必须清洗、消毒,必须严格遵守国家有关卫生标准。未经消毒的餐具不得使用,禁止重复使用一次性的餐饮用具,清洗餐具必须有专用水池,不得与清洗蔬菜、肉类等其他水池混用。洗涤、消毒餐具所使用的洗涤剂、消毒剂必须符合食品洗涤剂、消毒剂的卫生标准和要求。餐具清洗必须做到一洗、二刷、三冲、四消毒、五保洁。

3. 食品的卫生

食品安全是最民生的问题,餐厅提供新鲜、卫生的食品是食品安全的必要环节。餐厅不管是什么规模、什么档次,就餐的游客都有一个共同的期望,就是能吃到卫生新鲜的食品。在餐厅食品的要求方面,必须保证食材的新鲜、厨房的整洁、厨具的卫生,特别是凉拌菜要用消毒处理工具制作,防止生、熟、荤、素直接的交叉污染。严格检查食品、饮料的保质期,坚决杜绝食品过期供应的情况出现。

4. 服务人员的卫生

提供餐饮服务的人员必须严格遵守餐饮部制定的卫生条例,持健康证上岗。在游客的眼中,餐饮服务人员的整洁卫生是餐厅卫生良好程度的重要标志之一。餐饮服务人员要特别注意个人卫生习惯,应保持服饰干净整洁,不留长指甲,在服务中不能有挖鼻、掏耳、手擦眼泪等不良习惯。在餐台布置、餐桌准备、餐中服务等过程中,服务人员都应严格按照卫生操作规范提供服务。例如上菜时,服务人员不能用手碰到食物,讲话不能口对食物等。

(二) 尊重的心理需求

餐厅是公共场合,游客在用餐期间,求尊重心理表现得更为强烈,具体表现为身份地

位感和自我满足感等。在餐厅服务过程中,服务人员要注意满足游客的尊重需求,游客如果在餐厅中没有得到尊重,再美味的食物也不会让游客感到美好。享受尊重,是游客普遍的心理需求。在餐饮服务过程中,服务人员的举止、语言、礼貌礼节都必须文明规范,这样才能给游客带来心理和精神上的满足,主动服务、微笑服务都是满足游客心理需求的方法。

📚 同步案例2

　　某一邮轮餐厅中,几位游客向餐厅服务人员询问:"能不能给协调一个包间,我们不想坐在大厅,想安静地讨论些事情。"餐厅服务人员回答道:"没有了,包间都满了。"游客继续说:"我们今天有特别重要的事情要谈,你看能不能找你们经理给协调一下?"谁知道餐厅服务人员回答道:"找谁都一样,没地方了。"结果自然是游客无奈地走掉了。

　　问题:

　　遇到这样的问题,服务人员应该怎么处理呢?

　　分析提示:

　　作为邮轮餐厅服务人员,有义务尽量满足游客合理而可能的要求,在要求实在无法满足的情况下,也需要向游客委婉地解释,求得游客的谅解,并尽力为游客考虑补救方案,积极配合,让游客感受到被人尊重的感觉。邮轮餐厅服务人员说的那句"找谁都一样",不但拒绝了游客的请求,还让游客感到难堪,基本上此次邮轮旅行的愉悦感是一扫而空了。

▌(三)求美的心理需求

　　在游客用餐过程中,游客不再满足食物只是好吃,还需要食物具有可看性,既要饱口福,亦要饱眼福,求美心理也是游客的重要心理之一。游客的用餐过程也可以说是一个审美的过程,要达到游客的这项心理要求,餐厅需要把用餐运作成一个审美过程,做好厅美、人美、菜美、器美,努力让游客在美中品味美食。

📚 同步案例3

　　某一邮轮的主题餐厅,为了营造氛围挂了很多六七十年代的挂画。时间久了,挂画有些出现了偏移或者破损,但是并没有一个服务人员或者主管经理去更换或者摆正。也许,大家只是习惯了熟视无睹,没有人第一时间把它调整过来。但游客肯定不会熟视无睹,他们走入餐厅第一眼就会发现不和谐的地方,挂歪的墙画会让人感觉到管理的欠缺,而管理的欠缺就必然带来服务的欠缺,随之游客就会给邮轮定位:这是一家管理和服务都一般的邮轮。

　　问题:

　　遇到这样的问题,服务人员应该怎么处理呢?

　　分析提示:

　　要想展示餐厅的精致、细致,需要注意每一个细节。那些落上灰尘的绿植叶子、被水渍污损了的菜单,还有餐桌玻璃板下摆放不整齐的热饮卡、吧台上凌乱的订餐卡……任何一位员工的举手之劳都可以让它们变得整洁。服务并不难,只要多留意,用心工作其实是一件很快乐的事情。

(四) 适时的心理需求

游客到餐厅用餐时,点菜结束后都希望能及时用餐,游客在餐厅进行不同的消费时对服务的速度要求是不同的,并非一味求快,而是希望适时。餐厅要根据游客所点餐食合理及时地为游客提供餐饮服务,不要让游客期待美味出现的时间过长,这样会影响品味美食时的愉悦感。

(五) 公平的心理需求

亚当·斯密在公平理论中提出,人们的公平感是通过比较而产生的,具有相对性。游客到外旅游,比较敏感的就是接待的差异和菜肴的价格,所以,公平合理也是游客对餐厅服务的基本要求。游客如果在享受服务过程中感觉在接待上和价格上不公平,就会觉得受到歧视或被欺骗。游客在就餐过程中会进行比较,这个比较不仅是在同一就餐地点的不同游客之间,也会包括不同就餐地点之间。如果游客在就餐过程中,没有因为外表、社会身份地位、消费金额的不同而受到不同的待遇,在价格上就没有上当的感觉,游客就会觉得公平合理,就会对餐厅服务感觉满意。在餐厅的定价、接待规格上都要尽量客观,做好质价相符、公平合理。

(六) 求知求新的心理需求

游客在餐厅用餐也是了解和体验饮食文化的过程。游客在品尝菜肴时还想了解菜名的寓意、来历、典故和营养价值等,甚至对有特色的菜肴还会拍照留念,这些都是游客求知心理的具体表现。游客外出到陌生地方旅游时,到了餐厅都会想品尝当地有名的风味特色,从饮食文化方面来感受当地文化。

视觉审美疲劳对每件事物都是一样的,因为人不光对旧的事物是有情结的,对新的事物更有好奇心,因而产生了新人、新产品、新事物。就从大多数人都喜欢穿新衣服这一点来说,每家店也是这样,时常接受游客这样的考验。如果一家餐饮店几年下来什么都没有改变,一定会让人感觉没有新鲜感。如果适当地改变一下布局、摆设,菜品进行推陈出新,服务人员更换工作服等,就会让人有新鲜感。

二、邮轮游客对餐饮服务的特殊心理需求

(一) 邮轮餐饮文化体验的心理需求

邮轮游客在享受美食的同时,往往也期望能够体验到不同地域、不同文化的餐饮特色。他们希望通过邮轮餐饮,深入了解世界各地的饮食文化,品尝各地的特色美食,感受不同文化背景下的餐饮氛围。为了满足游客的这一需求,邮轮餐饮部门应精心策划菜单,将世界各地的美食元素融入其中。同时,通过餐厅装饰、餐具选择、服务方式等方面的设计,营造出与菜品文化相契合的氛围,让游客在用餐过程中仿佛置身于异国他乡,享受一场文化的盛宴。

(二)情感交流与社交互动的心理需求

邮轮旅游往往以家庭、朋友为单位,游客在邮轮上度过的时间,也是他们进行情感交流和社交互动的重要时刻。因此,邮轮餐饮部门应关注游客的情感需求,为他们提供适合社交互动的用餐环境和服务。例如,可以设置宽敞的用餐区域,方便游客自由交流,提供多样化的座位选择,满足不同规模的团队或家庭用餐需求。在用餐过程中,服务人员可以主动引导游客进行话题交流,营造轻松愉快的用餐氛围。此外,邮轮餐饮部门还可以定期举办各种主题晚宴或活动,为游客提供更多的社交机会。通过这些活动,游客可以结识新朋友,分享旅行经历,增进彼此之间的友谊。

(三)特殊饮食与偏好的心理需求

邮轮游客来自世界各地,他们的饮食需求与偏好往往各不相同。随着健康意识的提高,许多邮轮游客可能有特殊的饮食要求,如低盐、低糖、无麸质、素食、有机食品等。他们期待餐饮服务能够提供丰富的健康选项,并能够根据个人需求进行定制化服务,如提前预订特殊餐食或现场咨询营养师。一些游客可能由于宗教信仰或文化习惯而遵循特定的饮食禁忌,还有一些游客可能对某种食物过敏或不耐受。为了满足这些特殊需求,邮轮餐饮部门应提前收集游客的饮食信息,制定个性化的菜单和服务方案。同时,餐厅应配备专业的营养师或厨师团队,能够根据游客的需求提供合适的饮食建议和指导。此外,餐厅还应备有常见的过敏食物替代品,以应对突发情况。

(四)个性化服务的心理需求

邮轮游客希望得到个性化的服务体验,包括记住他们的名字、饮食偏好、过敏史或忌口,以及对特殊场合(如生日、纪念日)的庆祝安排。服务人员需具备良好的沟通技巧和记忆力,能够迅速响应游客的需求变化,提供贴心的服务。为了实现这一目标,邮轮餐饮部门应建立完善的客户档案系统,记录游客的个人信息和用餐习惯。同时,服务人员应接受专业的培训,提高服务意识和技能水平,确保能够为游客提供贴心、周到的个性化服务。

同步案例4

某一邮轮上有一位名叫玛丽亚的常客,她是一位对食物质量、口感及健康饮食有着极高要求的退休教师。在她的上一次邮轮旅行中,玛丽亚曾向餐厅经理透露自己对海鲜过敏,且因患有糖尿病,需要严格控制糖分摄入。此外,她还特别钟爱地中海风味的蔬菜沙拉和低糖水果甜点。在玛丽亚再次登船后不久,她在主餐厅享用晚餐时,惊讶地发现服务人员不仅准确叫出了她的名字,还详细询问了她近期的饮食需求是否有变化。当得知玛丽亚近期开始尝试素食后,服务人员立即推荐了几款特别为她定制的素食地中海沙拉和无糖甜点,并保证所有菜品均不含海鲜成分且严格控制糖分。用餐过程中,餐厅经理亲自送上一份特制的低糖水果拼盘,祝贺玛丽亚即将到来的结婚纪念日,并告知她接下来几天餐厅将特别准备低糖甜点工作坊,欢迎她参加。这让玛丽亚深受感动,让她感受到了邮轮餐饮团队对她个人需求的深度理解和尊重。

问题：

这个案例中邮轮餐厅提供的哪些服务使玛丽亚深受感动？

分析提示：

(1)信息收集与档案管理：邮轮餐饮部门在玛丽亚首次反馈其饮食需求时，便将其信息详细记录在客户档案系统中，包括对海鲜过敏、糖尿病患者需控制糖分、偏爱地中海风味和低糖甜点等关键信息。这些数据为后续提供个性化服务奠定了坚实基础。

(2)精准记忆与主动询问：服务人员能够准确记住玛丽亚的名字并主动询问其饮食需求的变化，展现出良好的记忆力和主动服务意识。这种亲切的称呼和关心，让游客感受到被重视和尊重，增强了归属感。

(3)定制化菜品推荐：针对玛丽亚的最新饮食需求(尝试素食)，服务人员迅速调整推荐策略，提供了符合其口味和健康要求的定制化菜品，充分体现了餐饮团队的专业素养和灵活应变能力。

(4)特殊场合关怀：餐厅经理提前了解到玛丽亚的结婚纪念日，并以此为契机赠送特制甜品，还在后续活动中为她预留位置，显示出邮轮餐饮团队对游客生活重要时刻的关注与庆祝，进一步深化了个性化服务体验。

(5)持续改进与增值服务：邮轮餐饮团队不仅满足了玛丽亚的基本饮食需求，还通过举办低糖甜点工作坊等增值活动，帮助她学习新的健康饮食知识，丰富邮轮生活，显示了服务的深度和广度。

邮轮游客
用餐心理分析　第二节

　　邮轮以其独特的魅力融合了旅行、娱乐与生活方式的多元体验，而其中餐饮环节无疑扮演着举足轻重的角色。它不仅是游客滋养身体、满足味蕾的基本需求，更是塑造邮轮独特文化氛围、提升旅行品质的关键载体。面对日益多元化、个性化的市场需求，深入理解并精准把握不同类型邮轮游客的用餐心理分析，对于打造卓越的邮轮餐饮服务，进而提升整体旅行满意度至关重要。

一、不同职业、年龄、文化背景游客的用餐心理分析

　　游客职业、年龄、文化背景的不同，导致他们就餐心理各异。研究游客的心理活动，并掌握其规律，有利于餐饮服务人员更好地开展服务工作。

（一）不同职业游客的就餐心理

　　一般情况下，普通劳动群众比较讲究经济实惠，偏爱价廉、量大、能下饭的菜肴，但随着生活水平的提高，他们对菜肴的要求也逐渐讲究质量精细、数量充足；知识分子往往对餐饮背后的历史文化充满兴趣，他们期待在品尝美食的同时，了解其地域文化、烹饪技法与食材故事，比较喜欢质细、清淡、少而精的菜肴；文艺界人士则要求菜肴鲜嫩，营养价值高，口味要避酸辣，免刺激；运动员既重视菜肴的营养价值，又要求数量充裕；企业高管与商务人士倾向于选择拥有名厨主理、精选顶级食材、精致摆盘与专业侍酒师服务的高档餐厅；艺术家与设计师对餐饮的视觉呈现尤为敏感，他们欣赏色彩搭配协调、摆盘艺术性强、餐具设计独特的菜品，以及富有创意、设计感十足的餐厅环境；医疗保健从业者对餐饮的食品安全与卫生标准有极高的要求，倾向于选择低糖、低盐、低脂、高纤维、富含抗氧化物质的菜品，以及无添加、有机食材。不同职业的游客，除具有以上的要求和习惯之外，都具有一个共同点，就是品尝具有地域特色的菜肴。所以，餐厅服务人员要注意推荐和引导，

使不同层次、不同职业的游客都能得到满意的服务。

(二)不同年龄游客的就餐心理

到餐厅用餐的游客由于年龄各异,因此他们的就餐心理也不同,作为餐厅服务人员应能够从年龄上判断游客的就餐需求,推测他们的用餐心理。儿童与青少年喜欢富有创意、色彩鲜艳、形状有趣的菜品,以及能参与制作的互动式餐饮体验,由于他们处在发育期,感官发育不全,对于味道过浓过重和酸辣菜品不易接受,一般喜欢清淡、鲜嫩、色泽鲜艳、甜脆单一的食品,同时家长关注孩子的饮食营养,期望餐厅提供富含蛋白质、维生素与矿物质的健康菜品,以及低糖、无添加剂的饮料。他们的就餐心理是要求就餐速度快,花样品种多。老年人消化能力弱,喜欢松软、油轻、味厚、低糖、低盐、易消化的食品。他们的就餐心理一般要求价格低,菜品质量优,环境清洁,态度热情。中年人属于成熟型,接受能力强,喜欢辛辣、味重、复合型口味的菜品。他们的就餐心理对菜品、环境、服务、价格的要求一般比较求全。

(三)不同文化背景游客的就餐心理

邮轮餐厅首先应充分了解和尊重各国及地区游客的饮食习俗和禁忌,例如,对于穆斯林,应提供清真食品并标注清晰;对于印度教徒,应避免提供牛肉制品等。这种对文化差异的敏感度和尊重,能让游客在异国他乡的邮轮上感受到"宾至如归",增强其用餐满意度。邮轮餐厅应提供丰富多样的国际美食以满足不同文化背景游客的口味,比如,设立亚洲风味区,提供中餐、日料、韩餐等;西餐区则可涵盖欧陆、美式、地中海等风格;此外,还可设置特色主题餐厅,如墨西哥风情、意大利面食屋等,让游客在享受美食的同时,也能体验到异域饮食文化的魅力。这种多元化的菜单设计,既满足了游客对家乡美食的怀念,也鼓励他们体验新的味觉,符合游客"尝鲜"与"怀旧"交织的用餐心理。不同文化背景下,人们对用餐环境和仪式感有着不同的期待。西方游客可能更倾向于优雅、正式的用餐氛围,如设置正装晚宴之夜,提供法式大餐、银器餐具等,营造出庄重而浪漫的用餐体验。而东方游客可能更看重温馨、热闹的氛围,如设置自助烧烤晚会、火锅派对等,强调互动与分享。邮轮餐厅应灵活调整餐厅布置、音乐选择、服务流程等,以契合不同文化背景游客的用餐氛围需求。

二、不同类型游客的用餐心理分析

(一)家长型

这种游客面部表情总是具有一种威严,说话时爱用祈使句或肯定句,希望服务人员服从他的指挥,不愿听解释,而且很好面子。

面对"家长型"邮轮餐厅游客,我们首先要尊重其权威感与主导性,迅速响应其祈使句式的餐饮需求,避免过多解释。提供"无干扰"服务,除非被问及,否则避免主动提供建议。严格把控菜品质量与摆盘,预防并低调解决任何可能引发不满的细节问题。利用邮轮餐厅特色,如提前了解其偏好,定制专属菜单,安排资深服务人员一对一服务,凸显其尊贵地位。适时适度赞扬其选择,满足其好面子的需求,营造和谐、尊崇的就餐体验。

同步案例

在一次为期一周的豪华邮轮之旅中，邮轮餐厅迎来了一位典型的"家长型"游客——李先生。李先生是一位中年企业家，其面部表情总是透露出一种威严，与服务人员交流时，习惯性地使用祈使句或肯定句，如："给我来一份牛排，要全熟。""这个位置我要换掉。"等。他对服务人员的指令明确且不容置疑，对解释和建议表现出明显的抵触情绪，且非常注重维护自己的面子，对任何可能损害其尊严的服务瑕疵都极为敏感。在一次晚宴中，李先生对服务人员小王提出更换红酒的要求，小王出于专业角度，试图向李先生推荐一款更适合搭配他所点主菜的红酒，但李先生立即打断了小王，坚决要求按照自己的选择来，并表示不需要任何建议。此外，当发现餐盘上的装饰菜花有一片边缘微焦时，李先生立即要求更换整道菜品，尽管小王解释这只是烹饪过程中微小的瑕疵，不影响口感，李先生仍坚持己见，认为这是对他个人品位的不尊重。

问题：

面对李先生这样的"家长型"游客，邮轮餐厅如何在保持专业服务标准的同时，有效满足其独特需求，避免服务冲突，提升其用餐满意度？

分析提示：

第一，尊重与顺应其主导性，"家长型"游客往往期望在服务过程中占据主导地位，服务人员需迅速识别并顺应这一特点。当李先生提出具体餐饮需求时，服务人员应立即响应，避免过多解释或询问，直接执行其指令。如李先生要求更换红酒或菜品，服务人员应迅速、无声地完成，无需赘述理由或解释，以此显示对李先生权威的尊重。第二，提供"无干扰"服务，这类游客往往不愿听取服务人员的建议或解释，因此，服务人员在服务过程中应尽量减少不必要的语言交流，除非被主动询问，否则避免主动提供菜品搭配建议、烹饪方法解释等。在必要的情况下，可通过书面形式（如菜单附注、卡片提示等）提供相关信息，让李先生在需要时自行查阅，避免对其造成打扰。第三，预防并快速解决可能出现的问题，鉴于"家长型"游客对细节高度敏感，餐厅应提前对菜品质量、摆盘美观度、餐具清洁度等进行严格检查，预防可能引发其不满的小瑕疵。一旦发现问题，应立即、低调地解决，避免在其他游客面前引起李先生的尴尬，维护其面子。第四，私人定制与专属服务，为提升李先生的用餐体验，餐厅可为其提供私人定制服务，如提前了解其口味偏好、饮食禁忌等信息，为其特别准备菜单，甚至邀请主厨亲自为其烹饪。此外，安排经验丰富的资深服务人员为其提供一对一服务，确保服务过程的专业、高效，满足其对高质量服务的期待。最后，适时适度地赞扬与认可，尽管"家长型"游客不易接受建议，但他们往往乐于接受赞美与认可。服务人员可在适当的时候，对其选择的菜品、酒水等给予正面评价，如："您挑选的这款红酒确实与您的主菜十分搭配，真是好眼光。"此类赞扬既能满足李先生的自尊心，也有助于缓和其严苛的态度，增进双方的良好关系。

（二）朋友型

这种游客性格开朗、随和，与人见面熟。当这种游客步入餐厅时，能够营造一种轻松的气氛，他们与服务人员之间就像老朋友见面一样，互相问长问短。点菜时，愿意与同来的游客和服务人员共同进行，作为服务人员应当记住他们的饮食习惯，适当介绍一些合他们口味的饮料和食品。

服务"朋友型"邮轮餐厅游客,我们应积极营造亲切、轻松的氛围,热情回应其友好互动,视其为旅途中的朋友。利用餐厅特色,如定期更新的特色菜品与饮品,主动分享并推荐符合其口味的新品。牢记其饮食喜好,适时提供个性化建议,如搭配建议、隐藏菜单等,增强其归属感。鼓励并支持其与同桌游客、服务人员共享点菜决策,打造愉快的集体用餐体验,深化餐厅与游客间的情感连接。

▌(三)儿童型

这种游客一般为"不愿劳神者",当他步入餐厅时,愿意让服务人员为他安排一切事情,甚至结账时,都不愿意看账单。服务人员为他引座时,他会说:"随便,你看哪儿合适就坐哪儿。"点菜时,也愿意让服务人员为他安排。

服务"儿童型"邮轮餐厅游客,我们应充分发挥主动性和专业性,为他们提供全程无忧的餐饮体验。依据其"随意"态度,灵活安排舒适座位,推荐当季特色或人气菜品,确保其满意。利用餐厅特色服务,如定制套餐、一键下单等简化点餐流程,满足其不愿劳神的需求。结账时,提前准备好清晰明了的账单,礼貌快捷地完成支付环节,确保其在整个用餐过程中感受到轻松便捷与贴心周到。

▌(四)挑剔型

这种游客被服务人员称为"Trouble maker",中文意思为"麻烦制造者"。服务人员在为他们服务的过程中,稍微不小心,就会招致投诉。这种游客一般有两种心态和表现:第一种是把自己工作或生活中的不愉快带到餐厅,总想找个机会或借口发泄一下心中的怨气;第二种是吝啬,这种游客想吃好,又不想花太多的钱,可是他们嘴上却经常说不怕花钱,因为他们怕旁人认为他们小气,于是总想找点麻烦或借口,好打折扣。

面对"挑剔型"邮轮餐厅游客,我们需保持高度耐心与专业素养。对于有情绪宣泄倾向的游客,我们要以诚挚态度倾听其诉求,及时化解潜在矛盾,提供超越期待的服务以改善其心情。对于吝啬型游客,我们要精准推介性价比高的菜品与优惠活动,满足其物有所值的心理预期。利用餐厅特色,如会员专享优惠、套餐组合等,巧妙引导其消费,同时确保服务过程透明,打消其对价格的顾虑。全程保持冷静应对,以专业服务赢得其信任,将"麻烦制造者"转化为满意游客。

▌(五)主人型

这种游客一般来到餐厅时,就好像回到家里一样,不等服务人员与他打招呼就径直朝餐桌走去,并招呼自己的同伴,不管此桌是否有别的游客或预订,总之先坐下再说。对待这种游客,要顺着他们的思路去为他们服务,这样在不知不觉中,就可以调动他们进入你为他们编好的"程序"中,不致使你太为难、游客太遗憾。

服务"主人型"邮轮餐厅游客,我们需灵活适应其主导角色,为其营造宾至如归的氛围。在他们自行选座时,适时介入,确保其选择的座位未被预订且符合其需求。利用餐厅特色布局与装饰,强化其"家"的感觉,如私密包厢、家庭式长桌等。顺其自然地引导点餐,推荐特色菜品与配套酒水,满足其宴客需求。全程保持亲切、默契的服务,使其在"自我编排"的用餐过程中感受到被尊重与关注,实现餐厅与游客间的和谐互动。

（六）主妇型

这种游客来到餐厅里会主动与服务人员交谈，出主意，想办法，帮助服务人员为自己的同伴点酒水、点菜，有时甚至调动服务人员干这干那，好像他就是餐厅经理。

服务"主妇型"邮轮餐厅游客，我们应欣赏并充分利用其主动参与服务的热情。尊重其点菜建议，适时融入专业见解，共同为同行游客打造完美菜单。利用餐厅特色服务项目，如烹饪演示、酒水品鉴等，邀请其深度参与，满足其对餐饮知识的兴趣。适时赋予其"荣誉嘉宾"角色，如邀请其参与特定环节决策，公开表达感谢，让他在活跃餐厅氛围、协助服务的过程中获得成就感，从而深化其对餐厅的好感度与忠诚度。

（七）工作型

有些游客在来到餐厅后，通常是边吃边谈生意，有时谈的是很重要的生意，这时，饭菜质量和服务质量的好坏很可能影响生意的成败，也会影响到服务人员的前途。这种游客在整个进餐过程中，一般不希望有人站在一旁或经常打断他们的谈话，因此对待这种游客一定要随机应变，谨慎小心。

接待"工作型"邮轮餐厅游客，我们要以专业、细致且不打扰的方式提供优质服务。首先，提前预留安静、私密的观景雅座，确保其商务洽谈不受干扰。用餐期间，适时送上精心挑选的静谧音乐与低度照明，营造适宜商谈的氛围。服务人员在远处保持关注，通过眼神示意询问需求，避免频繁近身打扰。菜单推荐上，主打精致商务套餐或高端海鲜拼盘，既体现邮轮餐饮水准，又便于快速决策。适时提供笔、便签等商务工具，满足临时记录需求。全程确保饮品充足，但以非语言方式悄然补充，如使用静音酒杯、预摆水杯等。餐毕，迅速且低调地处理账单，让游客能专注于商务事务直至离席，展现邮轮餐厅对职业人士高效率的尊重的服务理念。

（八）读报型

这种游客每次进餐厅时，手里总有一份报纸或一本书，而且是一个人。他们喜欢坐在一个安静的角落里一边读书看报，一边用餐。他们不喜欢被别人打扰，工作一天很累了，想借吃饭时间休息一下，所以服务人员对这种游客不要服务得太频繁。

邮轮餐厅应该为"读报型"邮轮餐厅游客打造宁静舒适的"阅读用餐"体验。首先，为其预留僻静窗边座位或专属阅读角落，配以柔和照明与温馨靠垫，营造居家般的惬意环境。服务初期，一次性提供菜单、餐具及所需饮品，避免频繁打扰。主动询问是否需要报纸、杂志或前往书架选阅，亦可推荐电子阅读设备与船上图书馆资源。用餐过程中，采用非语言服务技巧，如用眼神示意询问需求，无声添水或清理盘碟。适时送上轻食小点，如三明治、沙拉或低糖糕点，满足其轻松用餐需求。全程保持适当距离，让游客尽享独处时光，品味知识与美食的双重滋养，凸显邮轮餐厅人文关怀与个性化服务特质。

（九）古典型

这种游客以法国人、英国人较为典型，他们喜欢正统或传统式的进餐，而且经常是邀请一些重要游客或家人，在一些节日或纪念日里举行。他们非常重视这顿饭吃得好坏，在为他们服务时，最好由餐厅经理出面，有经验的服务人员上前，一切必须用正规的服务方法和服务程序。

在为"古典型"邮轮餐厅游客提供服务时,我们要充分尊重其对正统与传统的追求,力求营造典雅庄重的用餐氛围。首先,提前了解并遵循其国家特定的餐桌礼仪和节日习俗,确保服务细节无懈可击。当此类游客在重要节日或纪念日宴请游客时,应协调餐厅经理亲临现场,以其专业素养与丰富经验引领全程服务。服务人员团队应精选经验丰富、精通法英餐桌文化的成员,以精准、流畅的动作执行正规服务流程,如银器摆放、酒品侍奉及菜品介绍等,展现极致的专业水准。菜单设计上,融合法英经典佳肴与邮轮特色食材,打造既符合其口味偏好又兼具海上风情的定制菜单。环境布置则以高级宴会为标准,点缀以节日或纪念日元素,营造温馨而尊贵的庆祝氛围。此外,还应注重每个服务环节的个性化沟通,关注游客需求,及时调整服务节奏,确保他们能在慢享美食的同时,畅谈欢聚,共度难忘时刻。通过以上精心安排,邮轮餐厅致力于为"古典型"游客打造一场兼具陆地经典与海洋魅力的高端餐饮体验。

(十) 旅游型

这种游客以旅游团队为主,他们一般都是头一次光顾邮轮,他们会对邮轮的一切都感兴趣,不停地问这问那,比如风土人情、旅游景点,并且希望能够得到让他们满意的回答。这就要求服务人员知识面要广一些,能基本上回答出他们所提出的问题,否则会令游客感到失望。

面对"旅游型"邮轮餐厅游客,邮轮餐厅将服务升级为"餐饮+导游"双重角色,旨在满足其对新鲜环境的好奇与探索欲望。服务人员团队经过专项培训,具备丰富的邮轮及沿途风土人情、旅游景点知识,能准确、生动地解答各类问询,让游客在品味佳肴之余,深度领略海上旅程的魅力。餐厅布置融入沿途特色元素,菜单附带简短有趣的景点故事与当地美食文化介绍,使每一餐成为一次微型旅行体验。此外,我们定期举办主题餐桌讲座,邀请船上导游或专家分享目的地趣闻,提升游客的参与感与满意度。为方便游客规划行程,我们还应提供定制化的岸上游建议及预订协助,确保他们的邮轮之旅充实而愉快。邮轮餐厅以广博的知识储备、互动式餐饮体验及贴心的旅行支持,为"旅游型"游客打造一个信息丰富、充满趣味的海上用餐环境,使其在品味美食的同时,尽享探索未知的乐趣。

第三节　邮轮餐饮服务心理策略

邮轮餐厅的接待服务工作是邮轮服务的重要组成部分。邮轮餐厅服务人员要眼观六路、耳听八方,满足游客的饮食需求,为他们在餐厅用餐提供方便;要创造优雅的环境,提供热情周到的服务。除此之外,邮轮餐饮服务有其特殊性,还需要邮轮餐厅服务人员尽自己的努力来提升游客的整体邮轮旅行感受。在实际工作中,邮轮餐厅服务人员除了需要做好餐饮工作外,还需要做好旅游服务工作,这也是邮轮餐饮服务工作的内容。

一、邮轮旅游期间游客的心理概述

一个人到邮轮参加旅行活动,由于生活环境和生活节奏的变化,其心理活动也会随之变化。对于邮轮的餐饮服务,其在各个阶段也会表现出不同的心理特征。

(一)旅行活动初期阶段:求安全心理、求新心理

1.求安全心理

游客初来乍到,面对邮轮这一新鲜事物感到兴奋激动,但出于人地生疏、环境变化,因而产生孤独感、茫然感、不安全感和惶恐感,存在拘谨心理、戒备心理和怕举手投足犯忌、被人看笑话。这时,邮轮餐厅服务人员要努力使游客获得邮轮旅行的解放感和轻松感,比如:营造气氛让他们愉快地用餐、热心解答让他们消除不安、温馨提示让他们了解用餐标准及费用等问题,使游客尽情地享受邮轮旅行带给他们的乐趣。

2.求新心理

在旅行初期,游客对于邮轮的一切食物都会表现出强烈的好奇感,面对琳琅满目的美食自然也会充满"探新求奇"的心理。游客的注意力和兴趣会四处散开,到处寻找刺激,以满足求新、求异的心理需求,他们对什么都感兴趣、什么都想看、什么都想吃。为了满足游客的这一需求,邮轮餐饮服务人员要耐心、积极地为游客推荐特色、解答他们的问题。

（二）旅行活动中期阶段：求全心理

随着时间的延长、接触增多，游客对邮轮上的餐饮越来越熟悉，他们的心态就会发生变化。在用餐过程中，他们总会希望享受到在家中不可能得到的服务，希望在餐厅的一切都是美好的、理想的，从而在心理上产生过高的要求。在这个阶段，游客对邮轮餐饮服务更加挑剔，一旦要求得不到满足，就可能产生强烈的反应，甚至出现过火的言行。在这个阶段，邮轮餐饮服务最困难、最容易出错。因此，要求服务人员精神高度集中，对任何环节都不可掉以轻心。

（三）旅行活动结束阶段：忙于个人事务

即将踏上归途时，游客的心情波动较大，开始忙乱起来，忙着收拾东西、忙着去体验没有感受到的环节。邮轮餐饮服务要将这最后的环节体现出人性化，力争锦上添花，让游客留下深刻印象。

二、邮轮餐饮活动中的人际交往

（一）邮轮餐饮活动中的人际交往的特点

游客对邮轮活动的满意程度不仅取决于游客对邮轮硬件条件与邮轮环境的评价，而且还取决于游客与邮轮服务人员的人际交往，也就是邮轮服务中的客我交往。在邮轮餐饮服务中，餐饮服务人员的特定角色以及游客所处的特定环境，决定了邮轮服务人员与游客之间的交往不同于一般人际交往。其特殊性表现在：

1. 公务性

一般情况下，餐饮服务人员与游客的接触只限于游客需要服务的时间和地点，而不涉及个人关系，更不可能了解对方的全部历史和隐私。因此，邮轮餐饮服务人员只可观察和了解游客对于餐饮方面的需求和喜好。

2. 不对等性

从心理学角度来看，人与人之间在人格上应相互尊重，在情感上应相互共通，因此是平等的，邮轮餐饮服务人员与游客之间也不例外。但是，"平等"不是"平起平坐"。在特定的环境下，人与人之间由于职业角色的差异、交往时角色扮演不一，社会也赋予它不同的责任和意义。在邮轮餐饮服务过程中，只能游客对服务人员下达指令、提出要求，服务人员必须服从和满足游客的意愿，而不存在相反过程的可能。从这个意义上来说，服务人员与游客之间的接触常常是一种不对等的过程，因此，邮轮餐饮服务人员要摆正自己与游客之间的关系，不要把尊重自己与尊重游客对立起来。

3. 个体与群体的兼顾性

在邮轮旅行的过程中，邮轮餐饮服务人员接待的是一些个性心理相异、具有不同消费动机和消费行为的个体游客，因此，在交往过程中要依据每位游客的个性消费特征向他们提供服务，体现餐饮服务的个性化。但邮轮旅行的复杂与特殊现象，使得一些同一阶层、同一文化、同一经济条件、同一职业的人聚集在一起组成同质旅游团，在消费过程中便会出现从众、模仿、暗示、对比等群体消费特征。因此,邮轮餐饮服务人员在客我交往中必须注重群体性,做好必要的引导。

(二)邮轮餐饮活动中的人际交往的基本原则

1.尽可能满足游客需要的原则

尽可能满足游客需要是邮轮餐饮服务的基本原则,应贯穿于服务的始终。游客是餐饮服务人员的主要工作对象,满足他们的要求,使他们愉快地度过邮轮生活是邮轮餐饮服务人员的主要任务。只要游客提出的要求是合理的,又有可能办到,即使很困难,服务人员也要设法给予满足,只有这样才能使游客有物超所值的超值体验感。

2.正确对待苛求的原则

邮轮游客在服务品质的要求上常常会有高于其他餐饮服务的心态,游客在享受服务的过程中提出的要求大多数是合情合理的,但总会有人提出一些苛刻的要求,给服务人员的工作增加一定的难度。面对游客的苛求和挑剔,餐饮服务人员绝不能意气用事,而应正确对待。面对游客的苛求,服务人员要做到认真倾听、微笑对待、耐心解释。

3.一视同仁、平等对待的原则

在提供服务的过程中,邮轮餐饮服务人员对所有游客都应该一视同仁、平等对待。无论来就餐的游客是选择免费餐饮还是付费餐饮,无论就餐游客是老人还是小孩,邮轮餐饮服务人员都应以热情的态度对待,这样才能赢得游客的好评。

三、邮轮餐饮一般服务策略

(一)营造舒适优雅的就餐环境

1.上岗准备

邮轮餐饮服务人员在接待游客服务准备中,要提前熟悉好餐厅类型、岗位情况、餐厅情况。邮轮的餐厅较多,对于餐饮服务人员来说,需要了解自己所服务餐厅的基本情况,比如:餐厅主题、开席时间、就餐标准、桌数和可容纳人数、本餐厅经营的风味和特色、当天供应菜点及酒水的品种和价格等。

📚 知识链接 1

邮轮上的餐厅分哪几种?

一般的邮轮上既有免费餐厅,又有收费餐厅。

1.主餐厅

邮轮上一般会有1~3个主餐厅,较为高端的船(如"海洋量子号""蓝宝石公主号")会有4~5个主餐厅。主餐厅是正式的社交场合,会有穿西装甚至燕尾服的侍者服务。

2. 自助餐厅

和主餐厅严格的就餐时间不同,自助餐厅从早开到晚,随进随吃,凌晨也有夜宵时段供游客进食。餐厅内会提供水果、西方美食、中式美食、甜品等供自取。

3. 小吃店

部分邮轮,如公主邮轮("蓝宝石公主号""黄金公主号")、皇家加勒比游轮("海洋量子号""海洋水手号")的船上都会有两个以上的免费小食吧,提供蛋糕、比萨、咖啡之类的新鲜小吃和饮料。而船票相对更优惠的歌诗达邮轮、天海邮轮上的咖啡厅及点心店则是收费的。

2. 餐前准备

(1)环境准备

一要地面光。扫地,擦地板,打蜡或吸尘。二要四周洁。擦门窗玻璃、楼梯扶手、拂去墙壁、衣帽柜、装饰物等处灰尘。三要桌椅净。桌面无油腻、水迹,桌腿、椅背、椅腿擦净,并检查有无松动、坏损,若有应及时修补。四要打扫工作台。工作台应干燥、清洁,无灰尘、油污。整个餐厅窗明几净、整洁明亮。五要调好室内灯光。六要航海元素巧妙点缀。精心布置室内屏风与装饰物,融入舵轮、船锚、罗盘等经典航海符号,以及海洋生物、珊瑚礁等海洋主题元素,使餐厅空间与邮轮整体风格和谐统一,提升沉浸式用餐体验。七要节庆与特殊活动装饰别出心裁。无论是节日庆典还是私人喜宴,都应精心策划主题装饰,巧妙融合邮轮特色与活动主题,如悬挂彩旗、布置主题花艺、设置创意拍照区等,为游客打造难以忘怀的海上庆祝盛事。

(2)物品准备

①餐具、用具、酒具准备。根据餐厅类别,将所需餐具、用具、酒具消毒后叠放在备餐间或备餐桌上。所需餐具有:餐碟、味碟、小汤碗、小汤匙、筷子等。所需用具有:台布、餐巾、小毛巾、花瓶、调料壶、牙签筒、烟灰缸、冰桶、洗手盅等。所需酒具有:水杯、葡萄酒杯、烈性酒杯等。

②服务用品准备。如各种托盘、开瓶工具、餐巾、牙签等。

③酒水饮料准备。提前储备丰富多样的国际知名酒水、特色鸡尾酒、鲜榨果汁、气泡酒、香槟及特调非酒精饮品,同时备足优质茶叶、矿泉水、开水以及经过净化处理的冰块,确保满足全球游客的多元口味需求。

④当日菜单准备。在营业前,应熟悉当日菜单、品种、价格、主料、辅料。密切关注当日特色新品推荐与因应季节调整的限定菜单项,以便适时向游客推荐最新鲜、最具时令特色的海上美食,展现邮轮餐厅与时俱进的创新精神与对食材品质的执着追求。

(3)心理准备

在接待服务中,邮轮餐厅服务人员要做好应对各种情况的心理准备。俗话说,店门一开,八方客来。来餐厅用餐的人形形色色,由于他们的年龄、职业、身份、生活地区、性别、国籍不同,因此用餐目的、标准及要求也各不相同,餐厅服务人员要能做到眼观六路、耳听八方、处处留心、时时细心、事事精心,对游客的眼神、表情、举止、动作要善于观察和判断。邮轮游客出行的目的是享受旅途过程的美好感,邮轮餐厅服务人员服务时必须剔除自身不良情绪,要以面对家人的心态面对每一位游客,让游客体会到邮轮餐饮服务所带给他们的超值舒适的感觉,完成好整个行程中"吃、住、行、游、购、娱"中"吃"的体验。

（4）仪表仪容准备

对邮轮餐厅服务人员仪表仪容总的要求是端庄典雅,形貌大方,符合餐厅整体风格,给人以亲切、可信赖的印象。仪容要求是适度、美观、容光焕发、精神振作。餐厅女服务人员应淡妆上岗,各种装饰品一般不用,用则求简。邮轮餐厅服务人员上岗要精神饱满,注意力集中,面带微笑,体态高雅,举止庄重,落落大方。上岗前,餐厅服务人员要面对镜子,自我检查一下,是否合乎要求。或餐厅服务人员之间相互检查、相互纠正,以最佳的精神状态做好开业前的准备。工作服整齐清洁,纽扣齐全,平整笔挺。衬衣一般系裤内或裙内,领带、领结符合规定,做到无脏、无皱、无破损。头发梳理整齐,男发不超过发际线,不盖耳,不过领,不留大鬓角。女发不过肩。个人卫生清洁,保持手洁,不留长指甲,餐厅女服务人员不能涂抹有色指甲油。要勤换衣服,避免异味,保持体味清新。餐厅男服务人员可抹少许男士香水,餐厅女服务人员可在手腕、腋下、颈动脉处抹少许香水。总之,餐厅服务人员要以旺盛的精力、充沛的体力、清晰的思维、敏捷的动作、明亮的眼睛,有条不紊地做好餐前各项准备工作。

3. 餐厅的形象美工作

餐厅形象直接关系到游客对于餐厅的印象,直接影响到餐厅的经济效益和社会效益,因此,餐厅要注重环境的美化,为游客创造一个舒适优美的就餐环境,其中包括视觉环境、听觉环境和嗅觉环境的配合。

4. 食物的形象美工作

邮轮餐厅作为海上移动的美食殿堂,致力于将美食艺术与海洋风情深度融合,为游客营造独具特色的食物形象美,打造全方位感官盛宴。现代游客到餐厅就餐,不但看重食物内在的质量,也越来越注重食物的外在美感。餐厅在提供食品时,需要注意以下几个方面。

（1）色

赏心悦目的颜色,可以赋予菜肴美感,激发食欲,可将人带入五彩缤纷、众色成文的美妙意境,所以是审鉴食物的重要指标。

首先,美色取决于食物原料的美质,有的食物天生就很美丽,而给人带来美感。许多蔬菜,甚至许多肉类,都具有一种使人悦目的色泽,愈是新鲜幼嫩的,愈是令人喜爱。但有些菜物,其本身原色不佳,烹煮时,就需要加佐料或色素,使菜肴具有更好看的颜色。例如,烤鸭是在鸭皮表面涂以饴糖,烤制后形成鲜亮的枣红色。其次,美色取决于多种原料色泽之间的辉映协调。利用其不同的色泽,彼此衬托,而形成美丽的色调。邮轮餐厅巧妙运用食材的天然色彩,构建斑斓绚丽的视觉景观。以海洋为主题,蓝色系海鲜如虾、蟹、鱼搭配翠绿蔬菜、金黄玉米、橙红胡萝卜,形成清新浪漫的海洋色调;同时,巧妙利用酱汁、果蔬雕刻、食用花卉等元素点缀,增加色彩层次与艺术感。节日或主题活动时,更会通过主题色彩渲染氛围,如情人节的粉红浪漫、圣诞节的红绿交织,赋予食物鲜明的节日印记。

（2）香

菜肴的香味,通过人的嗅觉给人以美感和食欲。可以说香是最能诱人食欲的一个重要方面。古语"闻香下马"足以说明香味的魅力。所以香是食物美的极为重要的标志之一,同时也是鉴别美食、预测美食的关键审美环节和重要感官指标。优质食品所具有的香气应与其口味相协调,是引发人们食欲的香美感觉。邮轮餐厅精心掌控烹饪火候,保留食材原香,辅以香草、香料的巧妙搭配,确保菜品一上桌,便能以扑鼻的香气勾起食客的味蕾期待。此外,利用现场烹饪表演,如铁板烧、烧烤台等,让游客近距离感受食物烹制过程中香气的升腾,增强游客的食欲与参与感。

(3)味

味觉是美食体验的核心,因此邮轮餐厅在菜品研发与制作过程中,倾力打造层次丰富、口感多变、味道和谐的味觉盛宴。邮轮餐厅坚持选用新鲜、优质的食材,包括各地特色海鲜、顶级肉类、时令蔬果、精选奶酪、稀有香料等,确保每一道菜品从源头开始就拥有绝佳的味觉基础。同时,充分利用邮轮航行优势,沿途采购当地特色食材,让游客在享用美食的同时,品尝到各地的地道风味。邮轮餐厅擅长将世界各地烹饪技法与风味巧妙融合,如地中海的橄榄油香、东南亚的酸辣爽口、日本的清淡鲜美、法国的经典醇厚等,为游客呈现丰富多样的味觉体验。同时,注重地域特色与创新元素的结合,开发出既符合国际口味又能展现海洋特色的独家菜品。邮轮餐厅注重菜品的质地与口感搭配,如嫩滑与酥脆、细腻与粗犷、湿润与干燥等对比组合,创造丰富多元的口腔触感。通过精确掌握烹饪火候,确保食材达到最佳熟度,保持其原有口感,利用低温慢煮、烟熏、风干、腌渍等技法,赋予食材独特风味与层次感。

邮轮餐厅遵循"减盐、少油、健康"的烹饪理念,精心调配酱汁与调料,突出食材本味,避免过度咸腻。同时,注重"酸、甜、苦、辣、咸、鲜"六味的平衡,以及香气、回味的把控,使每道菜品既有鲜明个性,又能和谐共融,满足游客对美食深度与复杂性的追求。另外邮轮餐厅拥有一支专业的侍酒师团队,为游客提供精准的餐酒搭配建议。根据菜品的风味特点、食材属性、烹饪技法等因素,推荐适宜的葡萄酒、啤酒、鸡尾酒、非酒精饮品等,以酒之醇美进一步提升菜品的味觉表现,实现美食与美酒的完美交融。同时餐厅深知甜品是味觉体验的美妙收尾,精心制作各式创意甜品,如海洋主题马卡龙、热带水果塔、巧克力船模等,以甜蜜滋味与精致造型为游客的用餐画上圆满句号,并提供精选咖啡、茶饮、利口酒等,为游客提供惬意的餐后时光。

总之,邮轮餐厅通过食材优选、风味融合、口感塑造、调味艺术、酒水搭配以及甜品收尾等策略,精心构建层次丰富、细腻多变的味觉体验,让游客在每一次用餐中都能品味到美食的无穷魅力与海洋的独特韵味。

(4)形

邮轮餐厅将菜品设计成富有海洋元素的艺术造型,如鱼形寿司、贝壳状甜点、帆船模样的面包雕塑等,赋予菜品生动的故事性和观赏价值。同时,采用分子料理、立体拼盘等现代烹饪技术,塑造新颖奇特的立体结构,让食物在盘中跃然而出,成为餐桌上的微型艺术品。邮轮餐厅选用与海洋主题相契合的餐具,如贝壳状碗碟、船锚造型酒杯、珊瑚图案银器等,将海洋元素融入餐具设计之中,既凸显菜品主题,又提升整体餐桌美学。同时,注重餐具材质的选择,如高级瓷器、晶莹玻璃、温润木器等,赋予食客不同的触感体验,增添用餐仪式感。

(5)创意

邮轮游客在海上度过的时光中,需要不断有惊喜和意外令他们目不暇接。作为排在"吃、住、行、游、购、娱"六大旅行要素首位的"吃"来说,除了具备传统餐厅的要素外,创意也是十分重要的,邮轮餐厅需要做到全身心投入,设想如何创新,让邮轮游客随时处于被吸引的状态,让一顿可口的餐食提升一次旅行的品质,让游客一旦体验,便终生难忘。

知识链接 2

创意餐品彰显餐饮品质

中国首家本土豪华邮轮公司天海邮轮宣布,为迎接即将到来的首航两周年庆典,新推海上分子酒吧、欢乐海洋寿司等餐饮设施,并将根据四季五感、二十四节气,为本帮菜餐厅天海小馆设计菜单。被誉为"舌尖上的邮轮"的"天海新世纪号",将继续以中西合璧的高品质邮轮餐饮服务,为游客带来与快乐同行的旅行体验。"天海新世纪号"对船上的餐饮设施和服务也进行了全面升级,引入分子调酒技术,创造性地推出了海上分子酒吧,游客即使身处海上假期,也能品尝当下最流行的分子鸡尾酒。针对中国邮轮线路以日本目的地为主的特点,"天海新世纪号"新开了欢乐海洋寿司,满足日料爱好者的味蕾享受。

同时,天海邮轮还全面升级了本帮菜餐厅天海小馆的菜单,新菜品将根据四季五感、二十四节气做动态调整,各个厨房的主厨也会参与到天海小馆时令菜品的创作中,除了充分体现出江南菜肴讲究时鲜的特点,也会注入更多未知的饕餮惊喜。船上的露天烧烤屋也将注入更多国际元素,把 BBQ 的欢乐传递给更多游客。

作为中国首家本土豪华邮轮公司,天海邮轮在餐饮服务方面秉承中西合璧的经营理念,既有地道纯正的西餐、时尚炫酷的酒吧,也有美味可口的本帮菜馆,令人垂涎三尺的中式小吃,还曾把 G20 国宴菜品搬上邮轮,举办了轰动业界的海上饕餮盛宴。

运营两年来,"天海新世纪号"凭借高水准的餐饮服务,连续两年荣获中国旅行口碑榜"最佳餐饮邮轮",被广大游客形象地称赞为"舌尖上的邮轮"。

5. 服务人员的形象美工作

服务人员的个人形象不仅体现着服务人员的基本素质,也折射出一个邮轮的整体形象。因此,加强对服务人员个人形象的训练是十分重要的,服务人员的形象美包括仪容、仪表、仪态几方面。

(1)仪容

发型:干净、整洁、不怪异。男服务人员刘海不过眼帘,发脚前不过耳,后不过衣领;女服务人员头发不宜过长,应用统一发夹在脑后梳理成髻。

化妆:女服务人员必须化淡妆上岗,不浓妆艳抹或使用味浓化妆品,以淡雅自然为宜。

饰物:原则上不允许戴任何饰物。其原因:不方便工作,如耳环、手链等;不卫生,如指环等;为尊重游客,使其得到心理上的满足。

个人卫生:注意保持个人清洁卫生,勤洗澡,身上不得有异味;服务人员不允许留长指甲、涂指甲油,男服务人员不允许留胡须。

(2)仪表

按餐厅所发制服统一着装。服装应勤洗勤换,服装不许有污渍、异味,衣袖、领口要保持干净、平整,不允许私自在衣物上加以其他装饰。服装必须扣好扣子,上好拉链,不许敞开。穿黑色皮鞋或布鞋,不允许穿厚底鞋、休闲鞋、凉鞋、拖鞋等,穿皮鞋时应保持光亮,无尘污。穿裙子时必须穿浅色肉色长筒丝袜,不允许穿其他颜色丝袜。工牌统一端正地挂在左胸前。

(3)仪态

坐姿:入座时,略轻而缓,但不失朝气走到座位前,距一步时转身,右脚后退半步,左脚跟上,然后轻稳地坐下。女性穿裙子入座时要用手将裙子向前拢一下。入座后上身正直,头正目平,嘴巴微闭,脸带微笑,服务人员一般坐凳子的三分之二处,两手放两腿之上,有扶手时可将双手轻搭于扶手或一搭一放,小腿与地面基本垂直,两脚自然平落地面,两膝之间的距离,男子以松开一拳为宜,女子则不分开为好。入座时根据椅面的高低及有无扶手,注意两手两腿两脚的正确摆法。另外,也可以采取"S"形坐姿,即上体与脚同时转向一侧面向对方。坐时不允许前俯后仰,摆腿跷足,脚搭在椅子上、沙发扶手上或架在茶几上。不允许跷二郎腿、双膝叉开、脚跟不自然靠拢或抖动腿脚,也不允许半躺半坐。与两侧游客讲话时,不要只转头,应同时侧转上体和脚。

站姿:站立时,身体要端正、收腹、挺胸、目平视、嘴微闭、面带微笑,双臂在体后交叉,游客来时在体前交叉,右手放在左手上。女服务人员站立时,脚跟并拢,脚尖打开45度呈V字形,男服务人员站立时,双脚分开与肩齐宽。站立时,不要双手叉在腰间或抱在胸前,身体不能东倒西歪。如:疲劳时可将重心偏移到一边腿上,但上体要保持正直,不要背靠他物,更不能单腿独立,将另一只脚踏在其他物品上,不要趴在其他物体上。站立时应精神饱满,表情自然,同时留意四周或同事的招呼合作。

走姿:行走要大方得体、灵活、稳重,行走时,身体重心向前倾3~5度,抬头,肩部放松,上身正直,挺胸收腹,目视前方,面带微笑。手臂伸直、放松,手指自然微曲,双臂自然前后摆动,摆动幅度为35厘米左右,双臂外开不要超过30度。行走时,重心落在双脚掌的前部,腹部和臀部要上提,女子行走时,双脚跟成一条直线,不迈大步;男子行走时双脚跟成两条直线,但两线尽可能靠近,步履可稍大。步速适中,男服务人员应为110步/分钟,女服务人员应以120步/分钟为宜。步幅不宜过大,因为步幅过大,人体前倾的角度必然加大。服务人员经常手捧物品来往,容易发生意外;因此,男服务人员的步幅应在40厘米左右,女服务人员的步幅应在35厘米左右。行走时,要轻且稳,切忌摇头晃肩,扭身踢脚,遇有急事可加快步伐,不可慌张奔跑。行走时,一般靠右侧。与游客同行不能抢行(迎客除外),在通道行走时若有游客从对面走来,要停下来靠边,让游客先通过,但不可背对着游客。遇有急事或手提重物需超越走在前的游客时,应向游客表示歉意。行走时,不准边走边大笑、哼唱、打响指、吃东西。两人以上行走,不并排,不攀肩搭背、拉手搂腰。

📚 知识链接 3

邮轮餐厅服务人员的礼仪

礼仪是一个企业员工文明程度的重要标志,是衡量一个人道德水平高低和有无教养的尺度。服务餐饮中常见的礼节有:问候礼、称呼礼、应答礼、操作礼、迎送礼、宴会礼、握手礼、鞠躬礼、致意礼等9种。

1.问候礼

问候礼是指服务人员对游客进店时的一种接待礼节,以问候、祝贺语言为主,问候礼在日常的使用中又分以下几种不同的问候。

(1)初次见面的问候。游客刚刚进入餐厅时的问候,与游客初次见面,服务人员应说:"先生(小姐),您好(或欢迎光临),我是××号服务人员(我是小×),很高兴能为几位服务。"

(2)时间性问候礼。与游客见面时,要根据早、午、晚大概时间问候"早上好""您好""中午好""下午好"等。

(3)对不同类型游客的问候。到餐厅用餐的游客类型很多,服务人员要根据不同类型的游客进行问候,如:对过生日的游客说"祝您生日快乐",对新婚的游客说"祝您新婚愉快",等等。

(4)节日性问候。节日性问候一般是指用在节日前或节日后的问候语言,如春节、元旦(新年)、国庆节等,可问候"节日快乐""新年好"等。

(5)其他问候。游客身体欠安、醉酒、发怒时,都应对游客表示关心。

2. 称呼礼

称呼礼是指日常服务中和游客打交道时所用的称谓。称呼要切合实际,如果称呼错了,职务、姓名不对,不但会产生笑话和引起误会,甚至还会使游客不悦,引起反感。

(1)一般习惯称呼:在称呼别人时,一般称男子为"先生",称未婚女子为"小姐",已婚女子称"女士",对不了解婚姻状况的女子称"小姐",或戴结婚戒指和年龄稍大的可称"女士"。

(2)按职位称呼,知道职位时要称呼其职位,如王局长、李主任等。

3. 应答礼

应答礼是指同游客交谈时的礼节。

(1)解答游客问题时,必须保持良好的站立姿势,背不靠他物,讲话语气要温和耐心,双目注视对方,集中精神倾听,以示尊重。

(2)对游客的赞扬、批评、指教、抱怨,也都必须用恰当的语言回答,不能置之不理,否则就是一种不礼貌的行为。

(3)服务人员在为游客处理服务上的问题时,语气要婉转,如游客提出的某些问题超越了自己的权限,应及时请示上级及有关部门,禁止说一些否定语,如"不行""不可以""不知道""没有办法"等,应回答:"对不起,我没有权力做主,我去请示一下领导,您看行吗?"。

4. 操作礼

操作礼是指服务人员在日常工作中的礼节。服务人员的操作,在很多情况下是与游客在同一场合、同一时间进行的,服务人员要想既做好服务工作,又不失礼,就必须注意:

(1)服务人员在日常工作中要着装整洁,注意仪表,举止大方,态度和蔼,工作时间不准大声喧哗,不准开玩笑,不准哼小曲,保持工作环境安静。进入房间时要敲门,敲门时,不能猛敲,应曲起手指,用指关节处有节奏地轻敲,然后再进去,开门、关门时动作要轻,不要发出太大的响声。

(2)操作时,如影响到游客,应表示歉意,说:"对不起,打扰一下。"或"对不起,请让一下好吗?"等。

5. 迎送礼

迎送礼是指服务人员迎送游客时的礼节。

(1)游客来餐厅时,接待人员(服务人员)要主动向游客问好,笑脸相迎,在此过程中,要按先主宾后随从、先女宾后男宾的顺序进行,对老弱病残游客,要主动搀扶。

(2)游客用餐完毕,离开餐厅,服务人员应向游客逐一道别,使游客带着温馨、满意而归,迎送礼要求不温不火,热情得体。

6. 宴会礼

宴会的本意是以礼为主,以食为辅,因为没有无名目的宴会,宴会都是为了一定的社交目的而设立的。不论何种宴席,餐厅服务人员都要懂得一般的礼貌礼节,应该在为宴会提供服务过程中,按一套规定的礼节去操作,如:斟酒、上菜必须按一定的顺序,菜的摆放要遵循一定规则,席间服务需依据酒宴主题,符合当地的风俗习惯等。

7. 握手礼

握手礼是人们交往时最常用的一种礼节。它是大多数国家的人们见面或告别时的礼节,行握手礼时,距受礼者一步远,上身稍向前倾,两足立正,伸出右手,四指并齐,拇指张开朝上,向受礼者握手,礼毕即松开。餐饮服务人员在行握手礼时应注意:

(1)同游客握手时,必须由游客先主动伸出手,服务人员才伸出手与之相握,不能由于游客是老客户、熟人就不分地点、时间、场合主动与游客握手,这样会打扰游客,造成误会。一般情况下,握手时长辈与晚辈之间长辈先伸手,上级与下级之间上级先伸手,男士与女士之间女士先伸手。

(2)一般情况下,行握手礼时,双方应脱下手套,男士还应摘下帽子,但尊贵游客、身份高贵的女士可戴着手套与别人握手。

(3)握手时,将对方四指轻握一下即可,不可用力猛抓住别人的手,也不要只轻轻握住别人的指尖。同性握手时,手适度稍握紧,异性握手时则需轻些。

(4)行握手礼时,双目要注视对方眼、鼻、口,微笑致意,同时说些问候及祝贺的话,握手时切忌看着第三者,显得心不在焉。

(5)在迎送游客时,不要因游客是熟人就图省事,做交叉式握手。

(6)如因手上疾病或手上沾水或较脏等其他原因不便握手,可向对方声明,请对方谅解。

8. 鞠躬礼

鞠躬礼一般是晚辈对长辈、下级对上级以及初次见面的朋友之间的礼节。行鞠躬礼时必须先摘下帽子,手下垂后,用立正姿势,两眼注视受礼者,身体上部前倾50度左右,而后恢复原来姿势。

9. 致意礼

点头致意一般情况下是同级或平辈之间的礼节,在日常工作中,同一餐次服务人员与游客多次见面时,在问候游客"您好"的同时,还须点头微笑致意。

▌(二)满足游客的自尊心理

在人们的日常生活中,自尊心理作为一种深层的心理需求,驱使个体渴望获得他人真诚的尊重、积极的认同、由衷的赞扬以及真挚的友谊。当游客踏上邮轮开启梦幻之旅时，这种自尊心理在享受豪华邮轮各项服务的过程中得以延续与强化。他们期待在这一独特的生活场景中，通过各种方式充分体验到被尊重的感觉，从而满足内心深处的自尊需求。因此，邮轮餐厅在提供餐饮服务的过程中，不仅需关注食物的实用价值与美味，更需着眼于提升服务的精神内涵与高雅气质，以期为游客的邮轮之旅增添更为尊崇与愉悦的体验。

1. 个性化尊享服务

邮轮餐厅秉持"以客为尊"的服务理念，针对每位游客的独特需求与喜好，提供量身定制的个性化服务。从预订座位、定制菜单，到满足特殊饮食要求、策划庆祝活动，餐厅团队以敏锐的洞察力与专业的服务技能，确保游客在每一环节都能感受到被尊重与关怀，满足其对个性化服务的期待。

2. 奢华优雅环境

邮轮餐厅空间设计巧妙融合现代美学与海洋元素，营造出典雅而舒适的就餐氛围。精挑细选的家具、艺术品陈设、精心调控的灯光以及壮丽的海景视窗，共同构筑了一幅令人陶醉的视觉画卷，呼应了高端游客对品位与格调的追求。同时，严格的噪声控制与私密性保护，能够确保游客在品味美食的同时，享受到宁静而私密的社交空间，满足其对尊贵体验的期待。

3. 名厨烹饪艺术

邮轮餐厅诚邀世界名厨坐镇，他们凭借精湛的烹饪技艺与丰富的米其林星级餐厅经验，为游客打造世界级的美食体验。游客在品尝大师级佳肴的同时，有机会与名厨面对面交流，深入了解菜品背后的灵感与故事，这种与烹饪大师的亲密接触无疑极大地提升了游客的尊贵感与自豪感，满足其对高端餐饮体验的向往。

4. 特别活动与主题晚宴

餐厅定期举办各类特别活动与主题晚宴，如名酒品鉴会、美食工作坊、名厨见面会、定制晚宴等，为游客提供丰富的船上生活体验与社交平台。通过参与这些活动，游客不仅能够拓宽视野，提升自我，更能借此机会展示个人风采，结交志同道合的朋友，满足其在特定环境中展示自我、赢得认同与赞扬的自尊需求。

5. 贵宾礼遇升级

邮轮餐厅为尊贵游客提供一系列尊享礼遇，如专属通道、优先预定、私人包厢服务、个性化菜单定制等，确保他们在每一个细节中都能感受到与众不同、超越期待的尊贵待遇。尤其在特殊纪念日或重要场合，餐厅更会精心策划惊喜环节，如定制蛋糕、鲜花布置、专属祝福等，让游客在特别时刻收获独一无二的美好记忆，极大地满足其在特定情境下获得尊重与关注的自尊心理。

邮轮餐厅凭借个性化尊享服务、奢华优雅环境、名厨烹饪艺术、特别活动与主题晚宴以及贵宾礼遇升级等特色服务，全方位、多层次地满足了游客在邮轮旅行中的自尊心理需求，使他们的邮轮之旅在享受美食之余，更充满了被尊重、被认同、被赞扬的尊崇感，成就一段难忘的高雅餐饮体验。

(三)提供令游客感动的超值服务

所谓超值服务，就是所提供的服务除了满足游客的正常需求外，还有部分超出了正常

需求的服务,从而使服务质量超出了游客的正常预期水平。从感动游客的角度说,邮轮餐饮服务内涵应包括两项内容:

其一,常规服务。即包括适时适宜的仪容仪表、妥帖舒服的礼貌礼仪、自然熟练的技能技巧和体现服务人员基本功的应知应会。这四个方面是邮轮餐饮服务必备的训练科目,可以满足邮轮餐饮服务人员为游客提供简单服务的需求。

其二,增值服务。在为游客提供餐饮服务过程中,现场服务人员除进行常规服务外,还要根据游客用餐进程状态,设身处地为游客着想,适时发现游客需求,为游客提供更多不带利益色彩的适度帮助,以此感动游客,留住更多的回头客。

从塑造邮轮餐饮品牌美誉度考虑,常规服务是基本的程序性服务,可以为游客留下整齐划一的印象,但较难缩短邮轮与游客的距离。真正让游客流连忘返连续消费的因素,是邮轮餐饮服务人员悄无声息拨动游客心弦的增值服务。总结以往优秀服务人员的工作经验,邮轮餐饮增值服务可以具体概括为下列方式:

1. 管家式服务

在特殊或重要游客进入餐厅时,餐厅服务人员能够准确分辨出游客的身份,并能叫出游客的称呼。以管家式服务的周到细致,设身处地帮助主陪游客照顾其他游客,借此提高游客的身价。要避免一直使用"先生""女士"等呆板敬语,引起游客不快。

2. 亲情式服务

行动不便的游客用餐时,餐厅服务人员应在第一时间为游客推出残疾人专用三轮车;游客酒醉呕吐时,服务人员除马上清扫外,还要帮助游客清理衣物或端送凉开水,以便游客尽快恢复常态。有可能的话,应该请男同事帮忙,送游客返回房间;若游客衣服上的扣子掉了,马上拿出为游客准备的免费针线包。

3. 顾问式服务

游客询问关于邮轮设施或目的地等情况时,服务人员应积极给予答复和推荐,服务人员懂得多一些,能够为游客当好订餐、营养、旅游,甚至经商、情感方面的顾问,游客往往会感激不尽。

4. 保姆式服务

当小朋友大哭不止时,服务人员如果能及时找来一个适合他的玩具,会比餐后打折更能赢得家长的欢心。

增值服务的目标是"感动游客",随着邮轮餐饮服务的不断发展,服务制胜的观点已深入人心,增值服务的方法得到越来越多邮轮餐饮经营者的青睐。增值服务需要邮轮服务人员集思广益、不断创新,使增值服务的内容越来越丰富、技巧越来越高超、效果越来越明显。

(四)满足游客求知求新心理

好奇心是个体遇到新奇事物或处在新的外界条件下所产生的注意、操作、提问的心理倾向。人的本性是不满足的,好奇心就是人们希望自己能知道或了解更多事物的不满足心态。

在邮轮餐饮中,游客的好奇心没有得到满足,就不会进行消费。因此,邮轮餐饮需要更多有创意的买点来吸引游客,再通过服务人员专业的推介来不断满足游客求知求新的心理。邮轮餐饮服务人员要掌握菜肴的典故和独特之处、烹调方法、用料营养价值等知识；在为游客点餐时，适时主动介绍以上内容。餐厅需要有计划、周期性地更换餐厅的菜牌，及时推出时令新菜及厨师精选菜肴；设计独特醒目的招牌菜菜单等。

本章概要

本章主要介绍了邮轮游客对餐饮服务的心理需求以及在这样的心理需求下的邮轮餐饮服务策略。游客对邮轮餐厅的心理需求主要体现在卫生、尊重、求美、适时、公平、求知求新等方面。在此基础上，介绍了一些邮轮餐饮服务游客的心理特征以及邮轮餐饮服务人际交往的基本原则。邮轮服务人员在服务过程中要做好餐厅服务工作，首先要做好服务前的准备工作，其次要注意服务过程中的工作要点，最后在游客感觉到餐厅、食物、服务人员的形象美的基础上尽量为游客提供一些满足游客自尊心的、超值的、满足游客求知求新的个性化的服务。

本章案例

某一邮轮餐厅收到了一封来自游客的感谢信，信中表扬了一名餐厅服务人员。游客描述："一进餐厅首先看到她喜笑颜开的脸，把我在工作中的烦恼赶走一大半。刚一入座，一杯茶水就已送至面前，这位服务人员热情周到、聪明伶俐，很能掌握游客的喜好，主动推荐菜品和游客爱吃的餐点。经过一两次的相处，她能很快记住游客的名字，主动打招呼。每次吃完饭都觉得很舒服、很亲切。有一次，我在吃饭时把饭菜不小心弄到了衣服上，她马上关切地递上纸巾并迅速打扫干净周边，让我在这样一片关怀中，真正地体验到家的感觉……"

问题：

游客为何会有"家"的感觉？

分析提示：

处处留心、主动问候，在服务中秉承"以客为先"的理念，设身处地地为客户着想，分析客户心理。细微之处见用心，正是工作中的多个细节的不断积累，让邮轮餐厅的亲情服务得到了落实，把服务做在游客开口之前，让游客感受到邮轮餐厅服务人员服务的真挚，客户需要的服务才是好的服务。

本章练习

一、选择题

1. 邮轮游客对于餐厅服务的主要心理需求是_____。

  A. 环境清洁   B. 公平、尊重

  C. 适时   D. 求美求知

2. 邮轮餐饮服务的餐前准备主要包括以下哪些方面？_____。

  A. 环境   B. 物品

  C. 心理   D. 仪容仪表

3. 以下哪些是邮轮餐厅服务中的工作要点？_____。

    A. 餐厅的形象美   B. 食物的形象美

    C. 服务人员的形象美   D. 食材的新鲜度

4. 口味倾向于重味、重油、高热量菜肴的是以下哪类人？_____。

    A. 体力劳动者   B. 脑力劳动者

    C. 中老年游客   D. 青少年游客

5. 以下符合餐厅服务人员服务要求的有_____。

    A. 行走要大方得体、灵活、稳重，行走时，身体重心向后倾 3~5 度

    B. 女性服务人员必须化淡妆上岗，不浓妆艳抹或使用味浓化妆品，以淡雅自然为宜

    C. 穿黑色皮鞋或布鞋，不允许穿厚底鞋、休闲鞋、凉鞋、拖鞋等，穿皮鞋时应保持光亮，无尘污

    D. 工牌统一端正地挂在右胸前

二、简答题

1. 简述邮轮餐饮服务人员应如何做好餐饮服务。

2. 试分析游客认为满意的菜肴产品的特点。

三、讨论题

在邮轮餐饮服务过程中，如何做好游客的个性化服务？

本章参考文献

[1] 李长秋.旅游服务心理学[M].北京:旅游教育出版社,2017.

[2] 王婉飞.旅游心理学[M].杭州:浙江大学出版社,2017.

[3] 林莉.旅游心理学[M].大连:大连理工大学出版社,2014.

[4] 栗书河,孙炳武.餐饮运营管理[M].北京:中国轻工业出版社,2017.

[5] 汪艳丽,孙惠君,王国防.餐饮服务心理[M].北京:经济管理出版社,2017.

[6] 马开良.餐饮服务与经营管理[M].北京:旅游教育出版社,2010.

[7] 李锐.游客餐饮消费心理与服务策略探析[J].四川烹饪高等专科学校学报,2010(6):32-34.

[8] 周慧芬.我国邮轮游客消费行为研究[D].上海:上海工程技术大学,2015.

[9] 张蕊.高职国际邮轮乘务专业《邮轮服务心理》教学初探[J].淮北职业技术学院学报,2014,13(2):45-46.

[10] 邹家红.论游客心理需求与餐饮服务的关系[J].湘潭师范学院学报,2003,25(1):97-100.

第三章
邮轮客舱服务心理

学习目标

　　邮轮客舱是游客在邮轮旅游活动中重要的活动场所。通过学习本章内容,学生应了解需要的基本概念、需要层次理论与邮轮旅游的关系,邮轮游客在客舱的心理需要;了解邮轮客舱服务人员职业素质,练就一定的对客服务技能;掌握邮轮客舱服务心理策略,并自觉养成良好的服务意识和职业心理素质。

第一节　邮轮游客对客舱服务的心理需求

邮轮客舱是邮轮上最基本、最重要的设施空间，是邮轮游客住宿、休息、会客的重要场所，扮演着"家外之家"的角色。客舱空间占据了邮轮建筑一半以上的面积。一艘大型邮轮，通常6层甲板以上都是客房，多达2 000多个房间，包括不同类型的房间，是邮轮经济收入的重要来源。除了基本的住宿服务之外，邮轮还为游客提供其他各项客舱服务，如洗衣服务、客房送餐服务等。在邮轮旅游期间，客舱是邮轮游客主要的休息空间，其在客舱的停留时间较长，客舱服务水平的高低会直接影响游客对邮轮服务的整体评价，因此，做好客舱服务对邮轮运营管理来讲非常重要。为此，了解游客对客舱服务的心理需求，有策略地为游客提供客舱服务，对于提升邮轮服务质量具有重要意义。

知识链接

邮轮客舱的分类

邮轮客舱通常分为内舱房、海景房、阳台房和豪华海景套房四类。内舱房是最为便宜的舱位。但其实坐同一艘邮轮，船票的差额也就只在舱位上，其他娱乐、餐饮等享受是完全一样的，很少有邮轮会对乘客区分等级对待。所以，内舱房其实是个不错的选择。近年来，不少邮轮公司的设计多倾向于"重娱乐"的逻辑：大多数人坐邮轮是为了玩，客舱"仅仅是一个睡觉的地方"，于是即便是豪华邮轮也会压缩客舱的空间，腾出更多区域用于娱乐（这当然有缩小客舱便可容纳更多游客的考虑）。而多数乘客确实也不会都待在客舱内睡觉，要看海景大可去甲板、图书馆、音乐厅等公共区域，只要玩得好，10平方米左右的内舱房也没什么好计较的。甚至有些喜欢晚睡的游客专挑内舱房，因为早晨海上的光线会影响休息。

特别提醒，选择舱位时最好熟知每种舱位的性价比，如从船中央到船头、船尾的距离一样,船中央的摇晃度最小,也最为方便(要知道,在中大型邮轮上,从船两头的舱位走到中央电梯处都得百十来米);通常楼层越高,景观越好,但价格也越高,高楼层的舱位摇晃度大,且离甲板层近,较为吵闹;一般较贵的舱位都在船尾,方便看风景,不必吃当头风,但这个位置最吃浪。

　　(注:本文选自凯撒旅游网)

一、需要的概述

▌(一)需要的基本概念

　　心理学家认为,人生活在一定的社会条件下,需要就是人们对客观事物的渴求,是个体行为动力的重要源泉。需要是人适应生存环境,保持自己与外部世界平衡所必需的。如为了生存,人有吃、喝、穿、休息、居住、呼吸空气、晒太阳的需要;为了发展,人有学习、交往、理想追求的需要。可以说,人所有有目的、有意识的活动都是在某些需要的驱使下出现的。一旦某些需要得到满足,人又会产生新的某种需要。

　　人的旅游活动也是在需要的推动下进行的。在旅游市场中,邮轮旅游以其独具的特色吸引着游客。人们为什么要去参加邮轮旅游呢? 在邮轮旅游中到底在期望什么呢?

▌(二)需要层次理论与旅游

1. 需要层次理论

　　美国著名的人本主义心理学家马斯洛于1954年提出需要层次理论,由低到高分别是:生理需要、安全需要、社交需要、尊重需要和自我实现需要。这也是早期的人类需要的五阶段模型,如今,该理论已经扩展为七个阶段,增加了认知需要和审美需要,如图3-1所示。

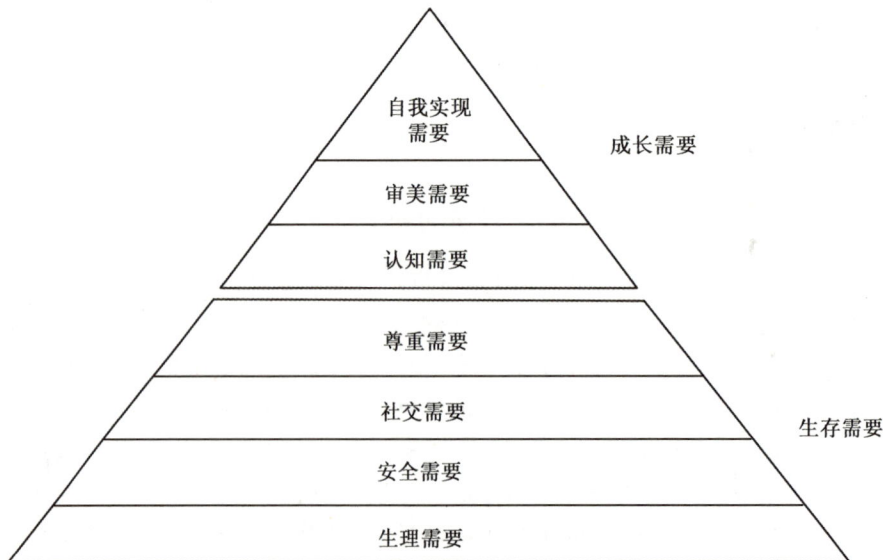

图 3-1　马斯洛需要层次理论关系图

（1）生理需要

生理需要包括对食物、水、住房、阳光、空气等的需要。这个层次的需要是最低层次的需要,也是人们满足生存条件最基本的需要,如果这个层次的需要得不到满足,人们是无心去关注其他事物的。比如,人在饥饿时,除了想得到食物以外,不会对其他任何东西感兴趣。无论在家里,还是外出旅游,这一层次的需要都永远存在。

（2）安全需要

安全需要包括对生命安全、财产安全及心理安全的需要,即对生活稳定,免遭疾病、痛苦等威胁的需要。这一层次的需要和生理需要一样。在没有得到满足前,人们会一直因担心而关注着。如不要生病,不要受伤,不要中毒,不要被盗、被抢、被偷窥,等等。

（3）社交需要

社交需要是指一个人要求与他人建立感情关系,如结交朋友、追求爱情、参加一个团体并在其中获得某种地位等。这一需要在现实生活中被演化为社交需要。当生理需要和安全需要得到满足后,社交需要就会突显出来,并对人产生激励作用。如在旅游活动中,游客或探亲访友,或与亲朋结伴同行,或在旅游中结交新朋友等行为都是社交需要的体现。

（4）尊重需要

尊重包括自尊与他尊。自尊需要的满足会使人相信自己的力量与价值,使他在生活中变得更有能力,更富有创造性;缺乏自尊会使人感到自卑、沮丧,没有足够的信心去处理问题。他尊是指希望得到别人对自己的认可与尊重。

（5）认知需要

认知需要是指认识了解、探究事物的需要,如好奇心、求知欲。参加旅游活动最本质的目的便是人们认知需要的体现。

（6）审美需要

审美需要即对事物对称、秩序、和谐等特点的需要,美的事物总是使人感到亲切、迷恋、流连忘返。

（7）自我实现需要

自我实现需要是人最高层次的需要,它是使自己的才能得到充分发挥,潜能得到最大限度的显现,实现理想、信仰,成为自己想成为的人的需要。

以上七种需要是我们每个人都有的。金字塔排列的形状表明,越靠塔底的需要对人的行为推动力越大,随着层次的升高,需要对人的行为推动力就越来越小。低层次需要是与生俱来的,是维持生存的基本需要,如生理需要、安全需要等,因而又叫作生存需要。高层次需要是在后天生活环境的影响下出现的,属于成长需要。低一级层次的需要得到满足或部分得到满足时,高一级层次的需要才会随之出现,当然,有时高层次需要也会跨越出现,这跟人的价值观、人生观和世界观有关系。有的人即使低层次的需要没有得到满足,但仍有高远的理想、信念追求;而有的人已经锦衣玉食,也只是饱食终日而无所事事。比如,红军长征时期虽然物质生活极其匮乏,但红军将士们仍然以惊人的毅力坚持走完漫长、艰辛的二万五千里长征路;著名数学家陈景润虽蜗居在六平方米的小屋,连书桌都没有,却推动了哥德巴赫猜想的前进,并将哥德巴赫猜想的成果写成论文,发表在中国著名的学术期刊《中国科学》上。这一成果引起了国际数学界的关注,其"陈氏定理"被誉为筛法的"光辉的顶点"。在高层次需要出现以后,低层次的需要仍然存在。作为一个生命体,任何人都得吃饭、睡觉,所以,做好游客的食宿服务工作,是对旅游企业最基本的要求。

2. 需要与旅游需要

事实上,当生活水平还处于温饱阶段时,人们确实会把几乎所有的精力都放在物质条件的追求上,拼命赚钱,养家糊口,满足基本的生活需要,没有多余的钱财和时间去追求高层次需要的满足,在当时的很多人看来,那些高层次的需要都是"虚"的,所以有时看见欧美国家的人去挑战一些惊险活动,会嗤之以鼻,谓之"吃饱了撑的"。随着社会经济水平的提高,现代人的低层次需要基本都能得到满足,即使还有部分缺失,高层次的需要仍然以势不可挡的趋势出现了。在认知需要的驱使下,人们对日常生活之外的世界充满了好奇和向往,邮轮旅游的精彩生活便吸引了越来越多的人前往体验。而人们在邮轮旅游生活中,同样存在着需要层次理论中分析到的种种需要。吃住需要永远都是人们不可或缺的,无论是日常生活中对个人理想、信念的追求,还是在旅游活动中感受种种精彩,人们都不能不吃饭、不睡觉,仅仅是在不同的场合,人们的需要有所侧重而已。邮轮客舱,一个最基本的功能首先便是满足人们休息、住宿的基本生理需要。除此之外,游客们的其他几种需要同样也有体现。

二、邮轮游客在客舱的心理需要

(一)安全心理需要

1. 人身安全

人对安全的需要是与生俱来的。尤其是离开熟悉的环境,去往一个未知的旅行地,人们在心理上大多会认为出门在外的安全风险相比待在常驻地自然要大些。对于很多首次乘坐邮轮的游客来说,邮轮是否安全更是很多人自然而然会想到的第一个问题,因为电影《泰坦尼克号》中的灾难场景实在是太深入人心了。另外,所有旅途中的享受、舒适、欣赏皆建立在安全基础上,没有了安全,其他便无从谈起。邮轮旅游又是以在海上航行为主的旅游方式,因而游客们更加希望邮轮没有任何故障或安全隐患,希望邮轮船体能抵抗大风大浪,希望邮轮上或客舱内没有任何火灾、触电、烫伤、中毒等意外事故的发生。

2. 财产安全

游客在客舱住宿,希望自己的人身与财产安全得到保障,游客们可以放心地休息,不会因为自己财产的损失、被盗而给美好的邮轮旅行带来不愉快的体验,更不希望给旅游、返家甚至日后的生活带来麻烦或造成经济困难。所以,游客希望邮轮具有严格的安保管理制度和完善的安全设施设备;邮轮客舱的服务人员是诚实守信的、热情周到的。

3. 心理安全

邮轮旅游期间,游客除了希望自己的人身和财产安全得到保障外,还希望自己在客舱的个人生活不被打扰,个人隐私不被泄露,个人空间得到尊重。在客舱这个"家外之家",只有不设防的心,才能够得到放松,睡得踏实。

同步案例 1

难熬的一夜

终于盼到了假期,小王和小李两位好姐妹兴致勃勃地参加了早已预定好的海上邮轮旅游。来到邮轮上如期领到房卡后,她们带着兴奋、好奇又有点忐忑不安的心情,拐了很多个弯,终于找到了属于她们的客舱。打开舱门,扑鼻而来的是一股浓浓的烟味,烟灰缸里塞满了烟蒂,还有几张摊开的报纸乱七八糟地放在桌上。因为太累,也怕麻烦,她们就没有向服务人员要求调换房间,而是自己随便收拾了一下想尽快躺下休息。洗完澡后,看着没有更换过的床单,小王感到心里很别扭,又穿上白天的长裤就睡了。小李洗完澡后去关门,发现阳台门怎么也锁不上,想想这个问题就算跟服务人员提出来也不可能马上得到解决,还会影响她们的休息。但要是不关阳台门,肆虐的海风肯定会把她俩吹感冒,于是她们把房间里的桌子、凳子全都拖过去顶住阳台门。躺下以后,海风还是不断拍打着阳台门,声音阵阵传来,不断冲击着小李、小王的耳鼓,她们很不安,结果一夜没有睡好。

问题:

邮轮游客对客舱的主要心理需求是什么?

分析提示:

需要层次理论告诉了我们什么道理?

(二)卫生心理需要

干净整洁是游客对邮轮客舱的首要需求。美国康奈尔大学曾做过一项关于游客对客房要求的调查,其中有 60% 的人把清洁卫生列为第一需求。由此可见,干净卫生对多数游客在客舱选择和评价方面都是重中之重,对于邮轮客舱经营与管理方面同样具有重要的启示意义。客舱服务出售的是有形产品与无形产品的总和。有形产品指的就是为游客所提供的住宿空间及设施。邮轮客舱的设施设备分为一次性用品和循环使用用品。对于循环使用的用品(如房间电器、玻璃杯、床品、卫生间用品等)应按照邮轮卫生管理要求进行彻底的清洁与严格的消毒。另外,海上环境较为潮湿,为避免病菌的滋生,客舱的清洁还应严格执行定期杀虫计划。以此,让游客求干净卫生的心理需要得到充分保障。

(三)舒适心理需要

舒适是游客在邮轮旅行期间对客舱的基本要求,也是游客选择和评价邮轮客舱的主要因素之一。如果不考虑价格因素,无论是海景房还是内舱房,舱房的舒适度和整洁度是游客评价客舱服务质量的重要标准之一。游客离开熟悉的陆地,来到海上进行邮轮旅游,尽管大型邮轮在航行期间具有较强的平稳性,但在特殊天气条件下,随着海浪的拍打,船体难免有所晃动,甚至使人有晕船之感,可能会造成游客身体上或心理上的不适。因而游客们希望能够在一个安逸、舒适的房间入眠或休息。此外,多数游客在参加完邮轮上各种丰富多彩、令人应接不暇的娱乐活动以后,也需要在客舱这个专属的私人空间里能够缓解和调适自己紧张兴奋的身心。所以,对于游客而言,他们希望在邮轮客舱住宿期间能够享受到舒适的住宿氛围。

（四）方便心理需要

设施设备的完善度和实用性是客舱优质服务的一项重要物质基础。游客在客舱入住后,希望生活上是方便的。例如游客需要洗衣物,只要填张表单并将衣物放进洗衣袋即可;需要什么物品,只需拨打一个电话即可。他们希望一切都像在家一样方便自在。虽然邮轮的级别、房型档次及客舱在邮轮所处的位置、楼层不同,邮轮上的内舱房、海景房、阳台海景房及套房的设施水平存在较大差异性,但客舱房间的基本设施及用品(包括基本的睡眠空间,还有起居间必备的一些家具、卫浴用具用品等)应让游客感到使用方便。此外,在游客住宿期间,客舱还提供一些日常服务项目,如洗熨衣服、客舱送餐、通信、咨询等以方便游客在邮轮上的日常生活。近年来,随着科技的发展,一些大型邮轮还会提供多种语言翻译服务,方便游客迅速、准确、顺利地交流和沟通等。

（五）尊重心理需要

尊重是人们在社会交往中比较重要的一种心理需求。首先,游客在入住邮轮期间,希望拥有房间的使用权、个人隐私权能够得到尊重。客舱是游客在邮轮旅游期间临时的家,既然游客已经支付了客舱的"租金",那么在船期间游客就拥有对客舱空间的使用权。游客希望其在客舱的私人活动不被窥视、不被打扰。既然游客对客舱空间拥有自由支配、自由使用的权利,那么在客舱服务过程中,服务人员应力求做好隐性服务,服务要适宜,尽量避免打扰游客休息。其次,游客希望服务人员能够尊重自己的人格、意愿等。比如,游客希望得到公平、礼貌的对待,游客的意见或要求得到服务人员的重视,不因肤色、口音或穿着打扮而受到怠慢;游客希望所见到的服务人员有热情的笑脸、亲切的话语和周到的服务,如某些不妨碍他人的个人习惯希望得到理解而不是漠然置之,不慎过错得到谅解而不是白眼,某些陋习得到热情指教而不是嘲笑。最后,游客希望自己的宗教信仰、风俗习惯能够得到尊重。不同的国家和地区,由于不同的宗教信仰和文化差异,必然会有不同的风俗习惯和生活禁忌,如法国游客忌讳黄菊花、纸花,认为黄色的花是不忠诚的象征;日本游客忌讳荷花;拉丁美洲的一些国家只在祭奠时才用菊花,因为他们认为菊花是妖花,所以不能放在房里,更不能用来送礼等;信基督教的游客在做祈祷时反感服务人员进房服务,并且忌讳"13"这个数字,不喜欢住进13层楼或13号房间;信伊斯兰教的游客在做斋月时不能被打扰。

📚 同步案例 2

免打扰服务

威尔斯先生参加邮轮旅游第一天,来到预定的客舱,负责这间客舱的服务人员杰克按照服务流程,想给游客介绍一下客舱里的设施。威尔斯先生对他说:"没事,我想休息一下。"杰克便告别游客离开了客舱。

威尔斯先生想先洗个澡,消除旅途疲乏。他在卫生间脱掉衣服正准备放水洗澡时,却听到了敲门声。威尔斯先生犹豫了一下,连忙跑出卫生间,对着房门说:"请等一下。"然后以最快的速度穿好衣服,开了门,发现一名客舱服务人员站在门口,对他说:"您好先生,这是我们的欢迎茶和欢迎咖啡。"游客看着放在盘子里沏好的茶、咖啡和小毛巾,却没有一点乐于接受的样子,只是说了句:"放在桌上吧。"然后看看手表,问服务人员:"还有没有什么事?"服务人员说:"祝您入住愉快!"然后告辞离去。

等服务人员离开房间后,威尔斯先生又看了看手表,到卫生间先放好了水,将脱下的衣服放在面巾架上,正准备进浴缸,却听到门铃又响了起来。威尔斯先生犹豫了一下,门铃又响了3下,他只得再次穿好衣服,打开了门,看到一位服务人员微笑着站在门口,对威尔斯先生说:"这是今天的邮轮指南,祝您旅途愉快!"说完转身又去按隔壁的门铃了。

威尔斯先生拿着邮轮指南,叹了口气,扔在一边,然后坐在沙发上,卫生间的水龙头还开着……

威尔斯先生突然灵机一动,走到床头正准备按下"请勿打扰"指示灯,门铃又响了起来。威尔斯先生打开房门,刚才送茶的服务人员站在门口,非常有礼貌地对他说:"请问现在可以为您开夜床吗?"威尔斯先生却只是生硬地回答了两个字:"不用!"然后将门关上,回到床边,按下了"请勿打扰"的指示灯。

问题:

你认为这几位客舱服务人员的服务有什么问题?

分析提示:

客舱服务人员的服务时机对不对?

邮轮客舱服务
人员职业素质　第二节

邮轮旅游服务作为一种产品来说,是游客高消费和追求高品位、高服务水平的产品,因此在满足游客功能需要的同时,必须满足游客的心理需要。邮轮客舱服务事无巨细,琐碎繁多,但每一个细节都需高度重视,不可马虎。要把每一个细节都做好却是一件很不容易的事情,这就对邮轮客舱服务人员提出了很高的要求。为此,邮轮客舱服务人员在工作实践中应坚持明确的服务原则,具备优良的职业素质。

一、客舱服务原则

(一)一切以游客为中心原则

游客是旅游企业生存的来源,只有一切以游客为中心,让其满意,旅游企业才能够得以生存和发展。以出售产品和服务为主的邮轮企业更是如此,纵观各类大大小小的邮轮旅游企业,凡成功者,莫不深谙此道。

贯彻一切以游客为中心的原则,要求服务人员在工作中能够做到:

(1)想方设法去了解游客,一切为游客着想,并在权限范围内尽可能满足游客的需要。

(2)真诚关心、体贴的同时,谨言慎行。

(二)诚信原则

诚信是企业的一种宝贵的无形资产,是关系到企业能否取得成功的重要因素。有作为的企业经营管理者都会视诚信为企业的生命线。那种言而无信或给游客提供伪劣产品的企业,往往骗得了游客一时,但很快就会在激烈的市场竞争中被淘汰出局,而企业的诚信,在方方面面和每一个员工的行为细节中都会表现出来。

贯彻诚信原则,服务人员应该秉持:

（1）邮轮企业的员工应牢记"誉从信中来""诚招天下客"，以"诚"为本，以"诚"创信，信誉至上。

（2）诚信做人，踏实做事。客舱服务与前厅服务相比具有隐形性，服务操作过程往往在无人监督的情况下进行，如在打扫客舱卫生时，清洁面盆、浴盆和马桶的顺序是有严格要求的，而且每次清洁时都必须消毒，但是结果却难以看出异常。如果客舱服务人员不本着诚实、踏实的原则做人做事，则有可能使面盆、浴盆和马桶之间的病菌互相污染，而我们以肉眼是看不见的。所以诚信原则要求客舱服务人员即使在无人监督的情况下也应该坚持正确的操作。

（三）标准化和个性化相统一原则

现代旅游业的一个最为重要的特征就是标准化和个性化的统一。例如，酒店的星级是由国家以标准的形式确定下来的，每一星级的房间数量及规格都有相应标准，有关菜肴的菜谱、制作工艺等也有明确标准。旅游服务当然也有标准，邮轮旅游的客舱服务也应该参照国家相关的客房服务标准来执行。在旅游服务实践中，由于服务人员未按照标准为游客提供服务而造成很多误会、猜疑甚至是冲突的例子数不胜数。

但是，在标准化服务的基础上，还应该根据实际情况，为游客提供具有浓浓人情味的个性化服务，因为，在有些情况下，游客会因为时间、地点或突发情况而出现一些不在标准化服务范畴的情形，本着一切以游客为中心的原则，客舱服务人员应该在标准化服务的基础上，为游客提供个性化的服务。标准化服务和个性化服务必须进行有机结合。基于这个原则，客舱服务人员应该做好以下工作：

（1）服务态度、服务语言和服务程序都应该按照标准来进行。如，"请""对不起""谢谢""欢迎光临"等礼貌用语应经常挂在嘴边，而一些忌语则要杜绝，如"不行""为什么""不知道"等。

（2）在标准化服务的基础上，应适时给游客提供个性化服务。因为标准是死的，而人是活的。而对于服务这种无形产品来说，它应该是有温度的。

二、客舱服务人员的职业素质

（一）知识和能力素质

知识和能力，是做好一切工作的基础。知识，是人们在头脑中形成、具有一定思想内容的经验系统，它通过学习的方式为人所掌握；能力，是指直接影响人们顺利有效地完成活动的个性心理特征，它通过学习和长期的活动、练习而发展起来。知识取代不了能力，而能力的发展也会在知识的学习中得到锻炼和提升。

能力又分为一般能力和特殊能力。一般能力，是指人们做各种事情、各种活动都会表现出来的能力，就是我们通常所说的智力，包括：注意力、观察力、记忆力、思维能力和想象力等，就是说人们要完成任何一种活动，都和这些能力的发展水平密不可分；特殊能力，是指人们在某种专业活动中表现出来的能力，它是人们顺利完成某种专业活动必不可少的心理条件。

知识链接 1

知识、技能和能力的关系

知识是对经验的概括,技能是对一系列行为方式的概括,而能力则是对思想材料进行加工的活动过程的概括。知识和技能是能力的基础,但只有那些能够广泛应用和迁移的知识和技能,才能转化为能力。能力不仅包含了一个人现在已经达到的成就水平,而且包含了一个人具有的潜力。能力也是人们掌握知识与技能的前提。许多事实证明,人的能力发展水平通常是其掌握知识和技能的快慢、深浅、难易和巩固程度的重要原因之一。

1. 邮轮客舱服务人员应具备的知识

(1)专业知识:如邮轮客舱清洁卫生标准、清洁程序、清洁工具的使用、设施设备的维修保养等;各种清洁剂、消毒剂的性能和使用方法;邮轮客舱的种类、等级、位置、楼层及不同种类客舱的优缺点等。

(2)相关知识:如邮轮、邮轮旅游、邮轮旅游的特点;不同吨位邮轮的特点、组织架构;巨头邮轮集团或邮轮品牌的概况、主要航线分布、不同区域的人文风貌等。

2. 邮轮客舱服务人员应具备的能力

(1)业务能力:规范、娴熟、得体

客舱服务人员规范的操作、娴熟的技艺、得体的肢体动作不仅有利于快捷、高效地完成任务,同时也能体现出他们专业、优雅的职业形象。

(2)观察能力:敏锐、细微、深刻

游客的真实自我往往稍纵即逝,如果不细致观察,是根本无法捕获的。所以客舱服务人员一定要在敏锐、细致、深刻观察的基础上,揣摩游客的内心期望,从细微处着手,深刻分析研究,把服务做到游客开口之前。

(3)记忆力:准确、快速、持久

作为一种基本的能力,记忆力对所有人来说都极其重要,对客舱服务人员也不例外。如在人人都必须经历的感觉、知觉、记忆、思维和想象的认识过程中,感知到的信息需要记忆来保存,后续的思维则需要在记忆系统中来提取信息进行抽象或者概括,同时学过的大量系统知识更需要记忆来保存。如果记忆力好,人的思维反应就会快捷很多,游客的需要一旦显现,服务人员的反应会快速跟上,服务活动即刻展开;反之,如果服务人员记忆力差,则意味着已经感知过的事物需要重新认识,那么反应速度就会缓慢,反应过程就会延长,在实际工作中即表现为一问三不知、呆头呆脑的现象。

知识链接 2

记忆的一般规律

记忆是人们对经历过的事物的反应。所谓经历过的事物,可以是感知过的事物,也可以是思考过的问题、体验过的情绪和情感、操作过的动作等。记忆包括识记、保持和回忆三个过程。识记是信息输入的过程，输入是否清晰、准确关系到保持和回忆的质量，所以它是记忆的基础；保持是对信息的巩固和加深，是记忆的关键；而回忆，既是记忆的结果也是记忆的目的，它分为再认和再现。人的记忆力好坏就从这三个环节中体现出来。

识记的信息输入效果是否清晰、明了是非常重要的环节，分为机械识记和意义识记。机械识记即死记硬背，对一些时间、地点类的固定信息可以记住，但对大量的系统知识信息的识记则难以完成。意义识记是在理解的基础上进行识记，用于对系统知识的掌握比较有利。

保持是记忆的关键，如果保持不了或保持的效果差，则回忆时就比较模糊。但是，人的头脑在信息保持的过程中会发生遗忘的现象，想要有一个良好的保持效果，就得与遗忘作斗争。艾宾浩斯的遗忘曲线理论为我们揭示了遗忘的规律，即当人的学习活动停止以后，遗忘即刻发生，其规律是先多后少，先快后慢，其对策是及时复习，过度学习。

回忆分再认和再现。当感知过的事物再次出现时，人能够想起来，这是再认；感知过的事物即使不出现，人也能够主动想起来，这就是再现。能够再认的，不一定能够再现；能再现的，一定能够再认。

(4)注意力：稳定、灵活、明确

注意力是指人的心理活动在一定对象上指向和集中的程度。指向，意味着锁定范围；集中，则指深入的反应。一个人在一定事物上指向和集中的程度越深，注意力就越强；如果人对事物的指向不稳定或是集中不深入，则意味着分心或不专注，那么人就很容易被干扰。注意力是一个人智力的重要组成部分，也是人们认识的门户，因为所有的智力活动都离不开注意。在注意的状态下人才能够进行观察或是记忆，思维或是想象，离开了注意，所有的认识活动都将无法进行下去。

人与人之间注意力的差异就表现在注意的广度、注意的稳定性、注意的分配和注意的转移上。与邮轮客舱服务相关的注意品质要求表现在稳定、灵活而明确。

客舱服务工作细致繁多，需要服务人员专心专注地对待每一个细节，但在面对游客突然发生的意外情况时，需要灵活变通，而无论是专注还是灵活都要有明确的目标。客舱服务人员要求有稳定的注意力以保证工作的顺利进行，但是如果注意力过分稳定，则容易在一项活动上过度关注，花费时间太长，导致工作效率下降。所以稳定中应有一定的灵活性，以便能够根据实际需要随时调整自己的活动，保证工作的高效完成。灵活是在稳定基础上的灵活，而不是由于被外界干扰转移了注意对象的分心。

知识链接 3

注意力与人的认识

注意不是一个独立的心理过程，而是一种心理特性和心理状态，它不像感知、记忆、思维那样有自己特定的反应内容，需要和其他心理活动联系起来才可以共同反应，所以当人们说"注意啦"时，要么是"注意看"，要么是"注意听"，要么就是"注意思考"等，离开其他的心理活动，注意是不能单独进行的。注意总是贯穿在整个心理过程的始终，因为心理活动必须首先进入注意状态才能顺利进行，所以，注意是一切心理活动的开端和起点，任何感知、记忆等心理活动离开了注意这个状态就无法进行下去。

(5)执行能力:果断、坚持、巩固

执行力,是指企业员工贯彻经营者战略思路、方针、政策和方案计划,完成预定目标的实际操作能力,它是企业竞争力的核心,是企业管理成败的关键。一个执行力强的企业,必然有一支高素质的员工队伍,而具有高素质员工队伍的企业,必定是充满希望的企业。所以,执行力是邮轮服务人员必须具备的能力。旅游服务质量的优劣取决于旅游服务人员对服务工作的执行力度的大小,执行得彻底,质量才有保证。

此外,作为民间外交的旅游服务工作,是一项政策性很强的工作,需要经营者、管理者及服务人员对不同国家、不同民族、不同地区的政策熟悉了解,认真掌握,坚决执行。一个执行力强的服务人员,办事一定是果断而坚持的,并在执行完成任务后会进一步总结、巩固上级的要求,为后续的任务执行打下坚实的基础。

(二)个性与职业要求

1.气质的职业要求

(1)气质概述

气质是指人心理活动发生时的动力特点。动力,具体指心理活动发生时的速度、强度、指向性和平衡性。人与人之间的动力特征是有差异的,如感知的速度、思考问题的快慢、注意集中时间的长短。心理活动的强度,是指喜、怒、哀、乐等情绪表现的强度,意志的积极程度。比如,有的人安静稳重,反应迟缓;有的人活泼好动,反应迅速。指向性,是指心理活动是指向于外部现实还是指向于自己的内心世界;平衡性,是指神经活动兴奋或抑制的平衡。气质的这些心理动力指标的不同组合便构成了各种不同的气质类型(如表 3-1所示)。

表 3-1　典型的气质类型及其心理指标

气质类型	感受性	耐受性	敏捷性	可塑性	情绪兴奋性	倾向性	速度	不随意反应
胆汁质	低	较高	不灵活	小	高	外向	快	强
多血质	低	较高	灵活	大	高	外向	快	强
黏液质	低	高	不灵活	稳定	低	内向	慢	弱
抑郁质	高	低	不灵活	刻板	体验深刻	内向	慢	弱

根据上述典型气质的不同心理指标结构,表现在个体身上的典型心理特征和稳定的行为表现为:

①胆汁质:精力旺盛,情感体验强烈而迅速,易冲动,易平息;直率开朗,外向热情,但急躁易怒,自制力差;顽强果敢,但缺乏耐心;反应迅速,但粗心大意。

②多血质:活泼好动,反应迅速,行动敏捷、灵活;易动感情,爱生气,情绪发生快而多变,表情丰富,外向,但情感体验不深;容易适应新环境;兴趣广泛但易变化,注意力容易转移。

③黏液质:安静、沉着稳重,思维、言语及行动反应迟缓,不灵活,不易转移注意力;内向,心平气和,不易冲动;自我控制能力和持久性强,但因循守旧,不易适应新环境;坚韧,

执拗,淡漠。

④抑郁质:感受性高,观察仔细,体验深刻、持久,多愁善感;内向,喜怒不形于色;谨慎小心,动作迟缓;胆小、孤僻,容易退缩。

(2)邮轮客舱服务人员的气质要求

①感受性、灵敏性适度,不宜过高

感受性是指人对刺激的感觉能力。如果轻微刺激就能引起人的反应,谓之感受性高;反之,如果需要很强的刺激才能引起反应,说明感受性较低。感受性高的人,对周围环境的变化比较敏感,适度的感受性有助于我们在现实生活中适时调整自己的行为以便同环境保持平衡。

但是在旅游服务工作中,感受性绝不能太高。因为邮轮上来自天南地北、四面八方、各个国家、各个地区,各种肤色、各种民族的人在这里频繁接触,各种文化在这里不断碰撞、交融,热闹非凡。如果服务人员感受性太高,稍有刺激就被吸引,那么邮轮上各种光怪陆离、不断变化的刺激就会导致其注意力的分散,使服务人员不能保持最佳的工作状态,影响服务活动的有序开展。当然,服务人员的感受性也绝不能太低,太低则会迟钝、麻木,对周围发生的一切熟视无睹,从而怠慢了游客,导致主客之间发生矛盾,降低服务人员在游客心目中的地位,影响邮轮企业的声誉。

另外,客舱服务人员还应该具备一定的灵敏性,以随时应对复杂多变的游客需求。如果灵敏性太低,会延误服务时机,使游客感到被冷落;但如果灵敏性太高,又会显示出服务人员的不稳重、心神不定。因此,服务人员的灵敏性不宜过高,也不宜过低。

②较高的忍耐性和情绪兴奋性

在旅游服务工作中,游客换了一批又一批,然而服务人员,尤其是客舱服务人员的基本工作内容总是周而复始、常年重复着机械的清扫工作,这种过分持久的单一性工作势必让人产生厌倦,尤其是对于正处于风华正茂、朝气蓬勃的年轻人来说,更是难以忍受。然而,服务人员的角色对工作的要求,一批批新来游客的期望,都要求客舱服务人员的工作是出色的、优质的。所以客舱服务人员必须爱岗敬业,克制巨大的厌倦感,磨炼自己的忍耐性,保持一定的情绪兴奋性,使自己一直处于良好的工作状态中。

③较强的可塑性

可塑性是指旅游服务人员对服务环境中出现的各种情况及其变化的适应程度。虽然客舱服务工作在清扫卫生时,其程序和基本内容相对固定,但这也不能代表客舱服务的所有工作都是一成不变的。不同国家、不同文化背景、不同风俗习惯及不同个性差异的人们,总是有着不同的要求,单一、死板、一成不变的服务模式是他们不能接受的,服务人员必须适应不同游客花样翻新的各种要求,并为他们提供优质高效的服务,才能适应不同游客的不同要求。如果服务人员没有这种可塑性或者觉得这种适应太麻烦,那就不适合干服务工作。

2.性格的职业要求

(1)性格概述

性格是指人对现实稳定的态度以及与之相适应的习惯化了的行为方式。客观现实的对象是无穷无尽的,人对现实的态度也是多种多样的。

属于性格的态度主要有三种:

①对他人、对集体、对社会的态度特征。这一部分属于一个人的为人部分,是性格中

最基础的部分。如善良、邪恶、热情、冷漠、诚实、虚伪、温柔、粗暴、正直、奸猾等。

②对劳动和劳动产品的态度特征。这里的劳动,泛指一切劳动,包括工作和学习;劳动产品也包括金钱。如:勤奋、懒惰、细致、马虎、墨守成规、简朴节约、奢侈浪费等。

③对自己的态度特征。这部分属于性格的核心部分。如自制、放纵、谦虚、骄傲、自信、自卑、自尊、自贱、自负、自豪、羞怯等。

有什么样的态度,往往就会有什么样的行为,反复出现的行为,终归会变成习惯。一个人的性格,就是在其成为习惯了的认识、情感和意志活动中表现出来的。

①性格的理智特征是指人们在感知、记忆、思维等认识方面的个别差异,这些差异被称为性格的理智特征。如:表现在感知方面有主动观察型和被动观察型、罗列型和概括型、快速型和精确型;表现在记忆方面有主动记忆型和被动记忆型、信心记忆型和无信心记忆型等。

②性格的情绪情感特征是指一个人的情绪状态影响着他的全部活动。人情绪活动方面经常表现出来的稳定特点,就形成他性格的情绪情感特征。性格的情绪情感特征包括情绪活动的强度、稳定性、持久性和主导心境等四个方面:

a.在强度方面:指情绪的影响程度和自我控制强度。有的人情绪情感体验比较强烈,一经引起,自我难以控制;有的人情绪情感体验比较微弱,总能保持平静,易于控制。

b.在稳定性方面:指情绪的起伏和波动程度。有的人情绪容易波动,时而冷静,时而激动,自我不易控制;有的人情绪一直比较平静,不易波动,自我控制力强。

c.在持久性方面:指情绪活动持续的时间。有的人情绪维持的时间比较短,稍纵即逝,不着痕迹;有的人情绪维持时间长,对自我的心理影响较深。

d.在主导心境方面,指不同的主导心境在个体身上稳定表现出的特征。有的人总是愉快开朗、精神振奋;有的人则常常萎靡不振、多愁善感、抑郁沉闷。

③性格的意志特征:指个体对自我行为的控制水平、目标明确程度以及在长期工作和紧急情况下表现出的个体差异。

人对自我行为的控制有目的性或盲目性、纪律性或散漫性、主动性或被动性、自制性或冲动性等个体差异之分。在长期的学习和工作中,不同的个体也有不同的表现,有的人持之以恒,有的人见异思迁或半途而废。面对紧急或困难情境,有的人勇敢果断、镇定理智、抗击打能力强,也有的人畏缩怯懦、惊慌失措、受挫折性低等。

(2)客舱服务人员的性格要求

在旅游交往中,游客总是喜欢服务人员热情而不是冷漠,善良而不是刻薄,勤快而不是懒惰等良好的品质。一张温暖的笑脸、一句热情的问候,让人如沐春风;而傲慢、冷淡、刻薄则瞬间让主客之间的人际关系降到冰点。

因此,职业对客舱服务人员的性格要求为:

①对游客,应表现为热情、谅解、支持、体贴、团结、诚实、谦虚的性格特质。具备这些性格特质,有助于与游客建立友好、和谐的人际关系,使游客乐于接受服务。

②对工作,客舱服务人员应认真细致、周到严谨、负责有恒。

③对自己,应独立自制、适应性强、有抱负。

塑造良好个性,增强自己的人格魅力,客舱服务人员应力求做到:

①努力学习,加强自身的职业道德修养,保持乐观的心境。

②虚心学习别人的长处,不耻下问,诚恳请教他人,杜绝嫉妒和怨恨。

③在社会实践中勤于观察和思考、检验和总结。

3. 情感

情感是人对客观事物是否符合自己的需要而产生的态度体验。

情感总是指向一定的事物,常言说"世上绝没有无缘无故的爱,也没有无缘无故的恨",人所有的情感或情绪,都是有原因的,它要么是由外界的刺激引起,要么是由人自己内部的原因引起。这些刺激如果是自己需要的,人就会产生愉快、满足的心情;如果是自己讨厌的、不喜欢的,人就会郁闷、烦恼或忧伤。当然,如果这些刺激压根与人的需要无关,则人就不会引起任何情感或情绪。

客舱服务人员应具备的情感品质:

(1)良好的情感倾向性:情感倾向性是指一个人的情感经常指向的事物和因什么而引起。如服务人员的高兴、满足,如果是指向为工作的完成或为游客排忧解难,这就是高尚的情感;如果是指向偷奸耍滑、损人利己,就是卑劣的情感。情感倾向性的好坏与人的世界观、人生观紧密相连,同时也是其世界观、人生观的具体体现。

(2)深厚的情感深刻性:情感深刻性与人的认识水平直接相关。一个人对情感对象的本质认识得越全面、越深入,其情感就越深刻、越持久;反之就很肤浅。同样道理,邮轮服务人员对服务工作的认识越深入,他对游客和服务工作的情感就越深刻,从而他们的服务热情就会自发、主动产生,认真对待每一位游客,使游客始终能得到春风化雨般的服务。

(3)良好的情感稳定性:情感稳定性是指一个人的情感在时间上的持续程度,它是与情感易变性相对立的一种情感品质。情感的稳定性与情感的倾向性、深刻性有密切的联系。客舱服务人员的情感如果是稳定而持久的,他们工作的积极性将会是始终如一的,对游客的服务热情将永不减退。

(4)较高的情感效能性:情感效能性是指一个人的情感对他的行动能够产生实际效果的程度。情感效能高的服务人员,能够把任何情感转化为激励自己工作、学习的动力;而情感效能低的服务人员,可能就表现为把愿望挂在嘴边却迟迟没有行动。

4. 意志

意志是指人为了达到预定目的而自觉克服困难,调整行为的过程。人与人之间意志品质的差异,表现在四个方面,这也是邮轮服务人员应该磨炼意志的四个方面:

(1)自觉性:指人能根据自己的目的主动发起行为而不需要他人的提醒、命令、催促。自觉性强的服务人员,会主动而认真地做好自己的本职工作而不需要别人的监督,会为了提高自己的业务水平主动、虚心地学习。与之相反的品质则是盲从和独断,要么人云亦云,要么一意孤行。

(2)果断性:指一个人善于根据情况的变化而快速并理智地采取措施。与之相反的品质是优柔寡断或莽撞行事。在旅游服务工作中,情况千变万化,矛盾复杂多变,服务人员必须能够在变化的环境中,全盘考虑,进行利弊权衡,不失时机而恰到好处地处理好问题,以达到预期的效果。

(3)自制力:指人对自己情绪和行为的自我约束力。自制力强的服务人员,能够克制自己的情绪,努力去面对那些应该面对而主观上很不愿意面对的人和事,也能强迫自己决不去做那些想做却不能做的事。反之,则表现为冲动、意气用事,只图一时之快而不计后果。

(4)坚持性:指为了达到目的,排除一切障碍,把行动贯彻到底的一种意志品质。与之相反的品质则是半途而废、虎头蛇尾。服务人员如果缺乏意志的坚持性,就无法应对复杂多变的旅游服务环境,无法克服困难而退缩,甚至可能被淘汰出局。

综上所述,邮轮客舱服务人员应具备的职业心理素质有:丰富的知识、高超的能力、完善的职业个性、高尚的情感和坚强的意志品质。邮轮服务工作艰苦、繁杂,服务人员远离家乡和亲人,如果没有整体强大的心理素质,是很难适应海上生活的,更谈不上创造最佳的工作业绩。

第三节 邮轮客舱服务心理策略

邮轮客舱服务人员日常需要做好房型核对、客房清扫、客房整理、客房保养等基本工作。此外,邮轮客舱服务人员还应基于游客在邮轮客舱住宿期间求安全、求舒适、求干净、求方便、求尊重等心理需要,更加认真细致地做好各项服务工作。

一、营造安全的客舱环境

震惊世界的"泰坦尼克号"海难事件以后,国际邮轮行业的相关组织不断进行邮轮安全设施及安全管理制度的建设,经过一百多年的努力,邮轮的安全性不断提高。现代豪华邮轮在精确导航、海上避碰、海上救生及减免晕船等硬件设施的要求上,都有了严格的国际化规范标准。《国际海上人命安全公约》要求,邮轮救生设施的总计载入能力必须达到125%以上,也就是说,每一位船上的游客和船员,都有 1.25 个救生艇座位,并且每次起航前都必须动员乘客进行海上救生演习,使乘客熟悉救生设备的放置地点与逃生路线。这些都为邮轮安全提供了可靠的保障。

除此之外,客舱的安全服务仍然非常重要,直接关系到游客的人身及财产安全,还应以严密的制度、具体的措施和正确的程序加以落实。

1. 房卡的严格控制。房卡在领取使用、交接时应有具体的登记,若确认丢失应及时更换门锁。

2. 客舱管理人员及安保人员应适时对客舱走道进行巡视,注意有无可疑人员,客舱门是否关上,提醒游客离开时注意锁门。

3. 客舱内各种电气设备要确保安全,卫生间地面要有防滑垫。

4. 密切注意醉酒、伤病游客。伤病游客如果有异常应迅速联系船上的医生进行救治。船上火灾是最危险也是最容易发生的事故,要防止醉酒游客因吸烟引发火灾。

二、展现优良的服务态度

客房的优质服务就是为游客提供以来、住、走为主线的序列化规范服务,首先在态度上应做到:主动、热情、礼貌、耐心、周到。

（一）主动

主动服务于游客提出要求之前,如:主动迎送、主动打招呼、主动问好、主动介绍服务项目、主动递送和保管钥匙、主动按电梯、主动代客服务、主动引路让路、主动为游客排忧解难,嘘寒问暖,主动照顾老弱病残游客,主动征求游客意见,使游客在客房得到贵宾的享受,获得尊重、舒适、方便、愉悦的心理需求,消除出门在外的不安定感,体现出客舱服务人员的强烈服务意识。

（二）热情

客舱服务人员不仅要主动,还要热情、亲切,这不仅是客舱服务人员的职责,其他服务人员乃至管理人员都应该做到这一点。因为热情是服务态度的本质体现,是取悦游客的关键所在,能使游客得到一种心理上的满足和放松,增强主客之间的信赖和亲近,取得游客对服务工作的配合。要求客舱服务人员精神饱满,面带微笑,言语亲切,态度和蔼,举止大方,不卑不亢,乐于助人,不辞辛劳。

（三）礼貌

礼貌是一个人基本的修养,也是客舱服务中非常重要的心理策略,因此客舱服务人员一定要注重礼貌礼节。在礼貌方面,对客舱服务人员的要求包括以下几点:

1. 养成良好的服务习惯

客舱服务多以清洁为主,不仅要主动,更要注意工作的时间、场合、环境、方式,一般采取背后服务的方式,以不打扰游客的正常活动为宜。

(1)在上门服务之前要先想想这位游客可能会处于一种什么状态(睡觉、会客还是洗澡等),使自己心理上有所准备。

(2)仔细注意房门上的信息 ,是"请勿打扰"还是"请即打扫"。

(3)敲门时轻轻连叩三下,并自报身份,两次敲门至少间隔 5 秒,以便让房间内的游客有准备的时间,未经许可,决不可以贸然进入。如果游客在场,经允许可以当面清扫,但要注意礼貌礼节,动作要轻要快。

2. 切忌打扮得比游客更高贵。

3. 杜绝无礼行为,如:扒门缝往里面看,对游客的笨拙、用错设备或滑稽行为加以嘲弄,对游客评头品足、指指点点。

（四）耐心

通常情况下,人在工作特别繁重时容易心烦气躁,但是,对于一个服务人员来说,无论在什么情况下,都得以饱满的热情、高度负责的精神,耐心做好每一件事,不急躁、不慌乱、不厌烦。如耐心照顾老弱病残游客,耐心听取游客的意见或建议,耐心处理服务中的各种问题或可能出现的投诉等。

（五）周到

细致周到的服务,能让游客感觉舒适、贴心,获得"宾至如归"的感受,是优质客舱服务的重要保证。这就需要客舱服务人员做到:在熟悉了解各国各民族文化和风俗习惯的基础上,细心观察,了解游客的生活规律和即时的需求,并设身处地为游客着想,对游客的行为进行预测,将服务做在游客开口之前,注意恰到好处。如:准确转达留言,按要求时间叫醒游客,提供针线包、信笺、信封、墨水、电话号码,预备电视节目单,寝前开灯、撩床角等,这些都是服务周到的具体体现。

同步案例 1

细微之处见真情

前不久,保罗参加了一次邮轮旅游,至今想起还让他记忆犹新,切实感受到了邮轮上细致服务的魅力。

入住邮轮客舱的第一天早晨,保罗梳洗完毕,将自己携带的洗漱用品随便放在客舱的梳洗台上。用完早餐回来后,他发现自己带来的洗漱用品被重新摆放了,牙膏、牙刷被放在了一个干净的玻璃杯里,摆在最方便拿取的位置上,毛巾整整齐齐叠放在毛巾架上,剃须刀放在面盆右侧离水龙头较远的位置上,而原来摆放在那些地方的用品都挪到了其他地方。更令他惊喜的是,他放在写字桌上的 iPad 充电器旁竟多了一个插线板。

第二天,保罗又发现了好几个小惊喜:保罗喜欢吃橘子,所以他只取了果篮里的橘子吃,其他的水果均未动过。这天他游泳回房后,发现果篮里不仅添了橘子,还比原来增加了两个,并且都清甜可口,没有果核。保罗十分高兴,立即打电话给客舱经理,赞扬邮轮服务周到细致,希望能够长期保持。客舱经理代表邮轮向保罗表示感谢,并欢迎他以后多提意见,同时告诉保罗,如果他有什么需要,可以随时通知服务人员,也可以填写床头桌上的"游客意见卡",写下自己的要求。出于好奇,保罗在卡片上写下了一句话——"被子有点薄,枕头矮了点",随后挂上"请即打扫"牌,便外出吃饭去了。吃完饭回来,保罗发现客舱里的灯亮着,散发着柔和的乳黄色的光线。这与保罗以前住过的酒店开夜床时点亮的节能灯所发出的惨白色光线截然不同,令刚回来的保罗倍感温馨。床上多了一床被子与一个枕头,垃圾桶内干干净净。

临别时,保罗给邮轮留下了一封信:"邮轮的服务是一流的。长期以来,我出差或旅游住过的酒店都是在我提出要求后,酒店才提供一些特别的服务,而你们邮轮却做在了我开口之前,让我真正感受到了服务的魅力,也领悟到了未来酒店和邮轮服务的方向。今后,我如果乘坐邮轮旅游,一定会选择你们的邮轮。"

问题:
为什么保罗在离开邮轮时会写那封信?
分析提示:
优质服务的本质。

三、夯实规范娴熟的职业操作

态度决定行为,通常有什么样的态度,就会有什么样的行为。客舱服务人员有了优良的服务态度,必然会有主动把工作做好的主观意愿。主动、热情、礼貌、耐心、周到、细致的优良态度,体现在客舱服务的方方面面。但即便如此,一个小小的疏漏还是可能导致严重的后果。因为人和人不一样,服务人员与服务人员也是不一样的,游客同样的一个行为体现,可能不同服务人员的理解就会大相径庭。所以,服务人员还需要在具体的服务行为中,将操作娴熟化、系列化、标准化,并落实在每日的工作行为中。

▌(一)热情迎客

迎客是客房服务的首要环节,服务人员微笑热情、落落大方的迎接,既是对游客礼貌敬意的表示,也是给游客留下良好印象的重要条件。例如,当客舱部得到客情信息时,一方面应有服务人员为游客做热情的引领服务,同时其他服务人员立即认真检查准备接客的舱房,是否按规定的标准打扫干净,室内的各种用品是否按规定的规格配备布置完成,所有的机器开关、水管、喷头、抽屉是否完整无损,便于使用。引领游客时,应走在游客侧前方,进入房间时,向游客言明:"这是您的房间",同时打开灯,请游客先进去。白天要先拉开窗帘,按游客要求调节好室内温度,并向游客说明使用方法,如果游客想尽快休息,应立即停止介绍,并道"祝您开心愉快"的祝福后轻轻退出。

▌(二)主动问询

主动问询,既是礼貌,也是了解游客对服务工作的意见反馈情况。服务人员主动向游客问好,关心他们的住宿感受、身体状况等,会使游客得到亲人般的感受,如果游客回答"不好"时,应立即了解原因,查明真相,采取补救措施。

▌(三)洁净第一

干净整洁是评价客舱服务质量的起码标准。作为通过反复出租来实现其价值的客舱,清洁、干净,保持严格的卫生状况十分重要。游客出门后要及时清扫、整理,做到窗明几净,家具、用具、地面、墙面等无灰无垢无头发;每次整理房间后都要保证各种设备、用具和生活用品清洁、舒适、美观,不能留下被使用过的痕迹;这样,游客才能放心入住;餐具、茶具等各种用具要严格消毒,毛巾、脚垫每日更换;严格控制各种设备发出的噪声,如空调声、浴缸放水声、窗帘开合声等。

▌(四)动作勤快

勤快是客舱服务人员的基本要求和基本素质,客舱服务人员应做到"四勤",即手勤、眼勤、嘴勤和腿勤。手勤是指及时准确地完成工作任务。眼勤是指随时注意观察游客的需要反应并立即提供相应的随机服务。嘴勤是指主动招呼游客,主动询问需要。在狭窄通道碰上游客时,主动问好,侧身让游客先走,切不可旁若无人、不言不语、低头走过。腿勤是指行动敏捷,不怕麻烦,提高工作效率。客舱管理人员还应在做到"四勤"的基础上做到"五勤",即勤检查、勤巡视、勤观察、勤指导、勤补充。这样才能保证不出现疏漏而给游客留下美好印象。

▍(五)机智灵活

客舱服务人员应具有较强的应变能力,在标准化服务的基础上,随时根据游客的个性、爱好及突发意外情况,采用灵活多样的方法为游客服务。尽管标准化的服务要求是根据游客的基本规律和基本需要来制定,但是它毕竟不能涵盖和满足游客的全部要求,标准是死的而人是活的,规范化、程序化的服务不代表就一定会是优质的服务。所以,在标准化服务的基础上,灵活的、个性化的服务才是优质服务所追求的。所以,服务人员还应察言观色、机智灵活、随机应变。

▍(六)温暖送别

在人际交往中,有一种现象叫近因效应,指在多种刺激一次出现时,印象的形成主要取决于最后出现的刺激,即在交往过程中,我们对他人最近、最新的认识总是占主导地位,掩盖了以往形成的对他人的印象。在客我交往中,游客对整个邮轮旅游的印象和感受,也会被最后离开邮轮时的各种因素所影响,形成或好或坏的印象,所以对游客的送别也同样重要,客舱部及其他各部门都应重视并做好送别工作。

四、提供超常服务,加强延伸服务

▍(一)双因素理论

美国心理学家赫茨伯格认为,影响人行为的积极性因素有两类,即维持因素和激励因素,也被称为必要因素和魅力因素。维持因素或必要因素是企业中那些"没有就不行,有了就不会不行"的共性因素,而激励因素或魅力因素是那些"没有也不会不行,有了就更好"的个性因素。人的需要是多种多样的,但并不是所有的需要得到满足就能激励起人的积极性,只有那些被称为激励因素的需要得到满足,人的积极性才能得到极大的提高。这就是著名的"双因素理论"。

▍(二)双因素理论与邮轮客舱服务

双因素理论不仅可以用于企业管理,也可以用在其他很多方面,包括邮轮旅游的客舱服务中。标准化的服务可以维持游客对客舱服务的一般要求,消除人们的不满,带有维持游客的消费现状的作用,但不会让游客感到惊喜;而个性化的服务却能使游客感动、贴心,获得宾至如归的感觉。作为魅力因素的个性化服务,如果没有,游客一般既不会不满意,也不会惊喜。但是当其他同等旅游企业有个性化服务时,游客也许就"移情别恋"了。

旅游业发展至今,早已形成了成套的规范程序,而规范的一般性服务在有些见多识广的游客眼里见惯不怪、反应平淡,他们认为这是客舱服务应该提供的最基本服务,不值得大惊小怪。服务人员提供的超常服务和延伸服务却会令他们感到非常贴心、惊喜,如洗衣、熨衣服务,保姆服务,商务秘书服务,向游客赠送生日卡、小礼品等;再如,前面所提到的随时随机的细小服务,像准确转达留言、按时叫醒游客、提供针线包等。这些服务看似是小事,却是游客"刚好需要的",于细微之中见真情,真正能体现服务至上,游客第一的原则。这些服务使客房的服务范围,从满足游客的基本需求,发展到满足游客的多种心理需求,给游客带来意外的惊喜,使游客获得极大的心理满足。当然,随着时间的推移,原来能使游客感到惊喜的因素有可能会逐渐变成维持因素,因为别的企业也在纷纷仿效,所以企业得不断开发新的魅力因素。

📚 同步案例2

意义非凡的生日礼物

邮轮游客比尔回到自己的客舱,发现客舱的桌上放了一个蛋糕和一张生日卡。通过询问,得知原来是邮轮通过护照信息获知的游客生日,如果游客恰好在邮轮上过生日就会得到一份惊喜。看着精美的蛋糕和生日卡片,比尔心里涌起阵阵暖流,觉得在邮轮上不再孤单了。

问题:

游客为什么感动?这个例子对你有什么启示?

分析提示:

客舱服务的超常服务、个性化服务。

💡 本章概要

关键术语

需要　马斯洛需要层次理论　职业心理素质　服务心理策略

内容提要

了解邮轮游客的心理需求应从需要的基本理论开始,马斯洛的需要层次理论为我们了解人的各种需要提供了重要的理论基础。在此基础上并结合实际,了解邮轮游客对客舱服务的心理需要,主要是安全、卫生、舒适、方便、尊重的心理需要。为了满足游客的心理需要,客舱服务人员应该具备强大而专业的职业心理素质,从知识到能力,从气质到性格,从情感到意志,各个方面都应有强大、过硬的心理背景,使自己成为一个善良而智慧的人。在具备了良好职业心理素质时,还应以主动、热情、礼貌、耐心、周到的服务态度和熟练的操作技巧,并结合对游客的超常服务、延伸服务,尽量做到让游客满意。

💡 本章案例

幽默的游客

某天晚上八点多钟,一位美国游客史密斯先生健身后有些饥肠辘辘,于是回到房间冲凉,顺便叫了客房送餐到房间。面对房间的电视点单系统,史密斯先生有着些许的好奇,突发奇想要试试邮轮上的中式菜品。于是,他点了一份中式牛柳、一个例汤和一碟青菜。很快菜品就被服务人员送到了客舱。游客史密斯先生首先把牛柳摆在面前,迫不及待地吃起来。只见他将一小块牛柳放进嘴里咬了几下,就把牛柳吐在骨碟上,接着又连试了几块,都是如此。这时,他无可奈何地擦了擦嘴,拿起房间的电话打过去,幽默地说道:"你好,我是刚刚客舱点餐的游客史密斯先生,你们这里的牛一定比我的爷爷还老。我的嘴对此非常不高兴,它对我说能否来一点它感兴趣的牛柳呢?"说完,他就笑眯眯地等候着服务人员的回答。服务人员说了声"对不起,请稍等"。便马上去找主管杰克。主管来了以后拿起电话对这位游客说:"我们马上为您更换一份新的牛柳。"史密斯先生满意地说道:"谢谢,另外我还很好奇你们的筷子是如何使用的,这筷子用起来没有像叉子一样让我感到快乐。"主管杰克立马回答道:"好的,史密斯先生,我们送餐的小伙子会给您示范一下筷子的用法,保证让您用起来得心应手,体验使用中式餐具的快乐。"

问题:

案例中美国游客史密斯先生属于何种气质类型?请简单阐述一下该气质类型的特点。如果你是服务人员迈克,你将如何接待这种气质类型的游客?

分析提示:

气质类型,行为表现,个性化服务。

本章练习

一、选择题

1. 需要层次理论是由_____提出的。
   A. 弗洛伊德　　　　　　　　　B. 华生
   C. 马斯洛　　　　　　　　　　D. 斯金纳

2. 人的最低层次需要是_____,最高层次需要是_____。
   A. 安全需要;自我实现需要　　　B. 生理需要;自我实现需要
   C. 尊重需要;安全需要　　　　　D. 安全需要;尊重需要

3. 双因素理论是由_____提出的。
   A. 马斯洛　　　　　　　　　　B. 赫茨伯格
   C. 弗洛伊德　　　　　　　　　D. 罗杰斯

4. 热情似火、直率急躁,也冲动易怒的特点,是_____气质类型。
   A. 胆汁质　　　　　　　　　　B. 多血质
   C. 黏液质　　　　　　　　　　D. 抑郁质

5. 平静、温和、含而不露、踏实有恒,却也执拗顽固,是_____气质的特点。
   A. 胆汁质　　　　　　　　　　B. 多血质
   C. 黏液质　　　　　　　　　　D. 抑郁质

6. 敏感、细致、腼腆、多疑、多愁善感,是_____气质的特点。
   A. 胆汁质　　　　　　　　　　B. 多血质
   C. 黏液质　　　　　　　　　　D. 抑郁质

7. 活泼好动、兴趣广泛,却只有"三分钟的热度",这是_____气质的特点。
   A. 胆汁质　　　　　　　　　　B. 多血质
   C. 黏液质　　　　　　　　　　D. 抑郁质

8. 对于二次光顾邮轮套房的游客,客房管家能够准确说出游客的名字或是姓氏,游客感到无比欣喜,这种现象表明了游客的_____心理需求。

A. 求卫生   B. 求尊重

C. 求安全   D. 求方便

9. 人们对自我成长、发挥潜能的追求属于_____需要。

A. 审美   B. 尊重

C. 自我实现   D. 认知

10. 《三国演义》中,张飞属于典型的_____气质类型。

A. 黏液质   B. 多血质

C. 胆汁质   D. 抑郁质

二、简答题

1. 请问邮轮游客在客舱的主要心理需求是什么?

2. 客舱服务人员应具备的职业心理素质是什么?

3. 客舱服务人员在对游客服务时应有什么样的态度?

4. 什么是双因素理论?

5. 马斯洛把人的需要分为哪些?

6. 什么是气质? 典型的气质有哪几类?

7. 什么是性格? 性格由哪几个系统构成?

三、讨论题

1. 如何理解标准化服务和个性化服务的关系?

2. 气质是否有好坏一说,在工作中应如何正确接待不同气质类型的邮轮游客?

本章参考文献

[1] 车文博. 心理学原理[M]. 哈尔滨:黑龙江人民出版社,1997.

[2] 欧晓霞. 旅游心理学[M]. 北京:对外经济贸易大学出版社,2006.

[3] 张蕊,龙京红. 邮轮服务心理[M]. 北京:中国旅游出版社,2015.

[4] 彭聃龄. 普通心理学[M]. 北京:北京师范大学出版社,2001.

[5] 吴正平. 旅游心理学教程[M]. 北京:旅游教育出版社,1999.

[6] 陈福义,田金霞. 旅游心理学[M]. 长沙:湖南大学出版社,2005.

[7] 彭萍. 旅游心理学[M]. 重庆:重庆大学出版社,2008.

[8] 徐子琳,严伟. 旅游心理学[M]. 上海:复旦大学出版社,2014.

[9] 卢家楣,魏庆安,李其维. 心理学[M]. 上海:上海人民出版社,1998.

[10] 张友苏. 管理心理与实务[M]. 广州:暨南大学出版社,2002.

[11] 陈琦. 旅游心理学[M]. 北京:北京大学出版社,2006.

[12] 马莹. 旅游心理学[M]. 北京:中国轻工业出版社,2002.

[13] 魏乃昌,魏虹. 服务心理学[M]. 北京:中国物资出版社,2006.

[14] 周骏驰. 跳上邮轮看世界[M]. 北京:中国纺织出版社,2016.

[15] 劳动部教材办公室. 饭店服务心理[M]. 北京:中国劳动出版社,1994.

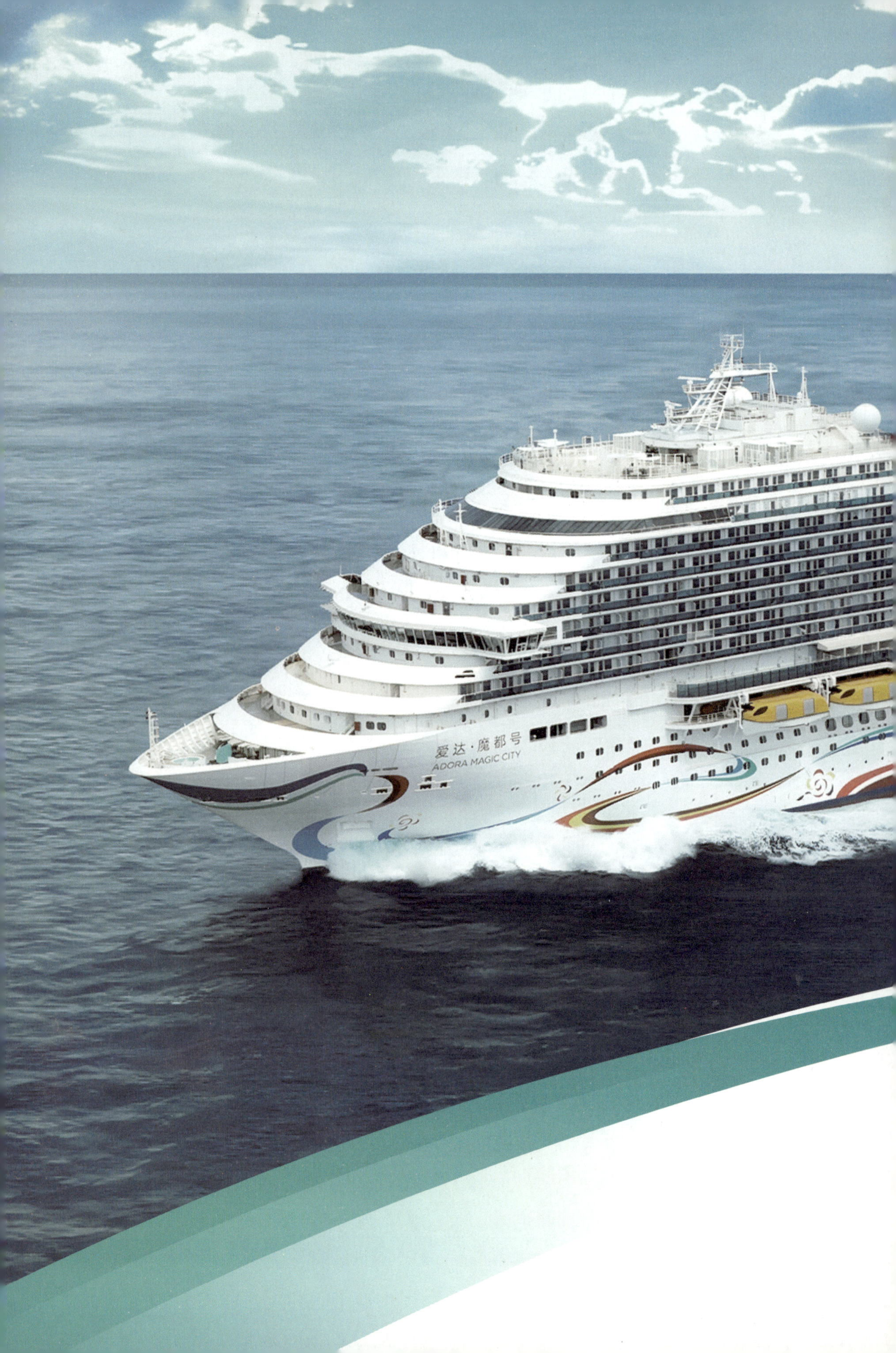
爱达·魔都号
ADORA MAGIC CITY

第四章
邮轮康乐服务心理

学习目标

了解邮轮康乐活动在现代邮轮旅游中的地位和作用、邮轮康乐服务的类型及特点、邮轮游客对康乐服务的心理需求;熟悉邮轮康乐服务中关于人际知觉的具体内容、人际知觉的偏见,以便准确把握邮轮康乐游客的心理需求,摆正主客之间的角色位置;深入体会邮轮康乐服务的要求,学习、了解并能从纵向、横向两个方面为游客提供温暖、贴心并且有针对性的心理服务。

邮轮游客对康乐服务的心理需求　第一节

在现代旅游活动中,"吃、住、行、游、购、娱"六大要素贯穿了整个旅游活动的始终,"吃、住、行"都是为了"游","购"和"娱"则是"游"的延伸和补充。邮轮旅游跟传统旅游相比有很大的差异,邮轮就是旅游目的地。有人说邮轮是一座漂浮在海上的"移动的宫殿"或称"移动的度假村"。这个"宫殿"除了极尽豪华的装饰,几千个不同档次的客舱和几乎 24 小时都有可以享用的美食外,还有一个重要特点,就是丰富多彩的康乐活动,如健身房、按摩室、美容美发中心、精品店、高级餐厅、酒吧、歌厅、赌场、表演舞台、游乐场、图书馆,以及室内外游泳池等基本设备。几乎所有的邮轮都非常重视康乐服务,可以说没有康乐服务就没有现代邮轮旅游的魅力。

一、邮轮康乐活动的地位和作用

(一)康乐活动是邮轮游客必不可少的活动项目

康乐服务是指为人们提供的一系列旨在提升身心健康和生活品质的服务。这些服务涵盖了多个领域,包括休闲娱乐、运动健身、社交活动、文化艺术等。康乐服务的目标是为人们创造一个积极的生活环境,促进社会和谐与快乐。邮轮本身就是旅游活动的目的地,在这个目的地参加各种精彩、刺激的娱乐活动是游客们最重要的旅游活动内容。如果没有康乐活动,游客的邮轮生活就会在很大程度上失去其光彩,毕竟绝大部分人不会仅仅为了吃和住来参加邮轮旅游。

1. 邮轮康乐活动能满足人们多层次、多样化的需求

现代邮轮旅游不仅能满足人们吃、住等低层次的基本需要,更能满足人们社交、自我实现等高层次的成长需要。很多邮轮科技化、智能化的设施设备,不仅表现在邮轮的整体结构上,更表现在各个康乐设施项目中。多彩而令人炫目的康乐活动可以充分满足人们

的好奇心和审美需要,如甲板跳伞、甲板冲浪等娱乐活动,愿意挑战自己勇气的人们还能够在其中找到自我实现的满足感。

2.需要的单一性与复杂性

在现实生活中,人的需要不仅仅表现在心理需要的高低层次上,还表现在单一性需要和复杂性需要中。

单一性需要,又称一致性需要,它是指人们在生活中总是寻求平衡、和谐、相同、可预见性和没有冲突。如在天天都要经过的上下班路上,人们需要顺顺利利到达单位上班、高高兴兴下班回家,途中不要发生堵车、肇事、汽车故障;在旅游情境中,单一性需要促使人们尽量寻找可提供标准化的旅游设施和服务,那些为大众所熟知和接受的名胜古迹、高速公路、餐馆、酒店、商店提供了一致的需要,给游客带来一定的踏实感和安全感,从众行为往往就在这种情况下产生。任何一种非单一性都会引起人的心理紧张,我们称之为"出岔子"了。所以,为了减轻心理紧张,人就会寻求单一性和可预见性。单一性需要是人们对安全、稳定生活的必然要求。

复杂性需要是指人们对新奇、变化、出乎意料和不可预测性事物或现象的向往和追求,又称多样性需要。多样性需要是人们外出旅游的目的,是旅游作为精神消费的核心所在。单一性和复杂性是人的对立统一的两种需要。诚然,生活需要稳定,但是过于单一稳定、一成不变的生活难免让人憋闷、倦怠。实验证明,刺激过少、信息过少的状况是人的中枢神经系统所无法忍受的。所以在稳定之外,人还需要一些新鲜、有趣、出乎意料的变化来调剂生活,当然,如果生活变得过于复杂,人的中枢神经系统又会因受到过多的刺激和要处理过多的信息而难以承受。因此当生活变得过于复杂时,人的防卫倾向又会推动人们去设法减少其复杂性,增加其单一性。

参加旅游活动正是人们摆脱紧张或倦怠,调剂自己日常生活的一种选择。比如,有的在校学生每天的生活几乎都是教室、食堂、宿舍三点一线,单一、枯燥、乏味,年轻的心就会在旅游中追求一种新奇、刺激的活动内容;有的企业管理人员每天处在复杂、多样而不可预见的工作环境中,充满了紧张、疲惫,这就会促使他们在旅游中追求一种放松、舒缓、休息式的活动内容以缓解压力。

不可否认的是,单一性和复杂性看似矛盾、实则统一,人们其实一直在两者之间寻求一种动态的平衡,即在安全、稳定、可控的范围内去认识世界,了解新的事物。当然,人与人之间是不同的,由于经历、个性、价值观等的差异,人们在追求单一性和复杂性的平衡中仍然存在着价值取向的差异。有的人倾向于不断挑战自我,积极上进,百折不挠;有的人保守、安于现状。邮轮旅游活动作为一种完全颠覆传统的新兴旅游方式,集"吃、住、行、游、购、娱"于一身,既能满足人们的单一性需要,也能满足其复杂性需要,尤其是丰富多彩的康乐服务项目更是异彩纷呈,无论是偏好闲适慢生活的老人,还是热衷于玩心跳刺激的年轻人,都能在不同的康乐活动中找到自己的乐趣所在。

所以,邮轮康乐服务是游客邮轮生活中必不可少的活动项目。

▌(二)康乐服务项目的种类、质量及科技水平决定着邮轮的级别

邮轮旅游业在发展过程中也在不断探索,如酒店一样,邮轮也有级别的高低。尽管星级的评定有一定的困难,但是孰好孰差,业界人士及广大邮轮旅游爱好者仍然心里有数。除了船上其他的软硬件,康乐服务设施和条件是其中的重要条件之一。尤其是现在很多

"年轻"的邮轮在建设时都非常注重康乐设施的配置和康乐服务的加强,有的甚至把高尔夫球场也"搬"上了邮轮,足见康乐服务在邮轮中的重要性。

(三)康乐服务是现代邮轮的重要收入来源

现代邮轮建设大都比较注重对康乐部的建设和扩张,除了客舱部和餐饮部以外,康乐部在邮轮中占的比例越来越大,有的甚至已超出其他部门成为邮轮最大的部门。优雅的环境气氛、完善的设施设备、高科技元素的运用,以及那些高颜值、高水平专业人员的指导和温暖贴心的服务,无一不在吸引着大量的游客。其中,有很多单位、企业把各种庆典、年会活动也放到了邮轮上进行。也有一些游客为了体验邮轮上的某些康乐活动而专门参加邮轮旅游,这些邮轮的经济效益因而得到大幅度增长。

知识链接

豪华的"海洋量子号"

美国皇家加勒比游轮公司的"海洋量子号"拥有18层甲板,总重16.8万吨,载客量4 180人。"海洋量子号"上的康乐活动项目应有尽有,可以说,只有游客想不到的,没有他们做不到的。船上值得体验的大项目有甲板冲浪、甲板飞人、海上碰碰车、北极星、游泳、攀岩、旱冰、篮球、赌场、星空影院等;小项目有桌上足球、Xbox、街机、沙狐球、乒乓球、桌球等。

(四)邮轮康乐部的个性化发展是竞争的必然趋势

邮轮从过去仅为运送邮件的交通工具发展到今天成为一种新兴的旅游方式,其发展变化最大的就是康乐部。从最初仅作为解闷的附属部门,渐渐变成邮轮中不可或缺的重要部门。活动种类越来越多,设备越来越先进,专业化程度越来越高,各种健身房、游泳馆、演艺厅、游乐场等也逐渐受到游客的关注。但是,社会上很多类似的专业场馆竞争非常激烈,给邮轮的康乐服务带来了巨大的压力。同质化的康乐产品显然面临着竞争危机。根据双因素理论的观点,同质化的康乐产品只能成为留住游客的维持因素,想要增强邮轮企业的竞争力,必须打造能给游客带来惊喜的个性化产品,提升邮轮的魅力因素。如市面上林林总总的游泳馆、健身房、瑜伽馆、游乐场,很多邮轮和陆地上都有,多半大同小异。陆地与邮轮、邮轮与邮轮之间的竞争都十分激烈。邮轮康乐部需要打造更有吸引力、更具个性化的康乐产品才能在市场中站稳脚跟。如果不能突破传统,独树一帜,就很难增强康乐产品的核心竞争力。

突破传统并不是要完全抛弃传统,而是要在传统的基础上有所突破。基本的游泳池、健身房及球类场馆是必需的,但其室内的设计及所有的设施设备也应该更加先进、更加人性化。同时,还应该开发出新的娱乐项目,以使其成为吸引邮轮旅游市场的魅力因素。例如,美国皇家加勒比游轮公司的"海洋量子号"上横空出世的北极星娱乐项目、让人心跳加速的甲板飞人娱乐项目等,这些项目一出现就立即吸睛无数,成为明星产品。

"海洋量子号"及其娱乐项目,如图4-1、4-2、4-3、4-4所示。

图 4-1　美国皇家加勒比游轮公司的"海洋量子号"

图 4-2　北极星娱乐项目

图 4-3　甲板飞人娱乐项目

图 4-4　海上多功能运动馆

二、邮轮康乐服务的类型及特点

娱乐是人们追求快乐、缓解压力的一种天性表现,无论身处何种时代、何种社会地位,娱乐的需求无处不在。康乐即健康娱乐,康乐服务是在旅游过程中为游客提供的以调节身心、恢复体力和振作精神等为目的的一系列休闲性和消遣性的康体健身、休闲娱乐服务。邮轮康乐活动是邮轮生活的重要活动内容,游客自然对康乐活动充满期待。

(一)邮轮康乐服务的类型

1. 文化观赏类

几乎所有的邮轮都讲究文化品位,注重文化娱乐服务,所以邮轮上大都有电影院、歌剧院、音乐厅等。来自世界各地的表演者每日上演着不同的歌舞、歌剧、主题晚会及音乐会,展示不同的文化和风土人情;奢华的 3D 影院、星空影院放映着世界各地的电影。

2. 互动类

(1)通过邮轮上相关专业人员与游客的互动交流,传授一些有趣、好玩的课程。如歌诗达邮轮公司"维多利亚号"上的"Today 欢乐时光",包括教游客们跳恰恰舞、学做水果雕塑,还有美工与手工等课程。

(2)休闲美容康体活动,如美容按摩、桑拿 SPA、足浴、篮球、瑜伽、太极等。

3. 自娱类

(1)歌舞厅、游乐场、美术室、图书馆等。

(2)运动健身类。大项目如游泳池、健身房、攀岩、网球场、400 米跑道、甲板冲浪、甲板跳伞、甲板飞人等,有的邮轮甚至有 18 洞高尔夫球场。小项目如台球、壁球、沙狐球、乒乓球室等。

(二)康乐服务的特点

1. 参与性

康乐服务是一种人与人之间高接触性的活动,具有很强的参与性,邮轮游客多半要参与其中才能感受到各种活动的乐趣。同时,服务人员也需要配合,并适时、恰当地参与进去,或指导或辅助才能进行主客双方的互动沟通和现场的快乐交流。

2. 专业性

康乐服务的专业性来自不同类型的康乐活动都有自己独特的游戏规则和设备要求,需要服务人员熟悉康乐活动规则,具备相应的服务技能,掌握各种康乐设施设备的使用和保养方法,并能指导游客顺利进行康乐活动。

3. 现场交流性

邮轮游客参加康乐活动就是为了获得身心的放松和愉悦,要达此目的,少不了康乐服务人员的帮助和服务。在服务与被服务、帮助与被帮助的过程中,主客双方在现场的沟通交流起着决定性的作用。

同步案例 1

足疗技师的过人之处

某邮轮的足疗中心有一位技师十分有名,许多游客来邮轮足疗中心消费时都点名要他服务,有的人甚至为了找这位技师做足疗而慕名前来参加邮轮旅游,回头客数不胜数。这位技师到底凭什么征服了这么多的游客呢?

邮轮康乐部经理经过对一些被服务过的游客的调查和一段时间的认真观察以后,发现这位技师的过人之处主要体现在如下几个方面:第一,他在服务的过程中总是仔细观察游客的反应,并根据每一位游客的足部反应情况与游客沟通,了解其最近的身体状况;第二,他总是耐心、细致地向游客讲解需要注意的一些健康事项和有关足疗的保健知识;第三,他为游客安排有针对性的按摩治疗,力道轻重适宜,使不同耐受性的游客都得到满意的服务;第四,他风趣幽默,引经据典,培养游客对足疗的兴趣。

问题:

为什么这名技师可以吸引众多的游客前来做足疗?

三、游客对康乐服务的心理需求

（一）安全需求

康乐活动能够使人获得一种释放的快感,但这个获得过程必须是在活动能够保证人身安全的前提下进行的。如果没有安全保障,那就意味着100减1等于0。游客参加康乐活动,首先考虑的一定是安全问题。如康乐活动场所的防火防盗设施是否齐全良好,康乐设备是否完好无损、使用性能如何,活动会不会有危险,服务人员有没有能力保护游客的安全等。

同步案例 2

游泳池里的惊魂一幕

某一邮轮的室外游泳池,每天都是熙熙攘攘、热闹非凡。一天中午,救生员迈克突然听到游泳池对面的深水区有人惊呼"有人溺水了! 快救人啊!"。迈克"扑通"一声跳下水,几个动作就游到了深水区,看到那个溺水的人正在吐着气泡往下沉,迈克马上潜下去把溺水的人救了上来。

溺水的人肚子鼓鼓的,奄奄一息。迈克熟练地垫高溺水者的腹部,使其头朝下,并按压他的背部。溺水者吸入的水从其口、鼻流了出来,但他似乎还是处于昏迷中,迈克马上检查他是否能自主呼吸,发现不能,他立即给游客做人工呼吸,之后双手叠加,一下又一下地对其心脏部位进行按压。终于,随着"哇"的一声,游客苏醒了过来。

问题:

总结预防发生事故的措施。

（二）新奇需求

求新、求奇,几乎是人的天性。好奇心和探索欲总是在驱使着人们不断地去发现、去尝试、去学习,无论是孩童还是成人,总有一颗不安于现状的心。对于许多人来说,好奇心的发展一直持续到成年,并不断发现新的满足方式。而邮轮上的各种音乐会、歌舞等节目表演,使得不同文化在这里不断地碰撞、交融。无论是具有夏威夷热带风情的草裙舞,还是那一边随着音乐翩翩起舞,一边挥舞着机械长臂的机器人调酒服务,这些活动都使人不断有新的发现、新的认识。如游客登上"海洋量子号"上的北极星,能360°俯瞰目之所及的所有地方,颇有"一览众山小"的感觉。康乐服务活动本来就具有开启、激发人的好奇心、求知欲的作用,而这也就是人们外出旅游最本质、最核心的追求。

(三)冒险刺激需求

冒险是在认知需求基础上派生出来的需求。对于那些喜欢挑战自我、探索未知可能性的人来说,冒险是一件激动人心的事情。虽然有时它很危险,但越是有风险的活动越是吸引着他们,有人甚至不惜冒着生命的危险。冒险一方面是为了认识世界;另一方面也是人对自身的挑战。冒险可以激发人的竞争意识及新异刺激的需求,所以很多人甘愿冒险,尤其是一些身强力壮的年轻人。邮轮上的某些康乐活动,正好迎合了人们这种追求冒险刺激的想法,但又是在安全可控的范围内进行,只要掌握要领,一般不会有太大的危险。所以,甲板冲浪、甲板跳伞、攀岩等各种冒险活动非常受年轻人的青睐。

(四)爱美需求

一般游客对于所到之处的自然美和艺术美都很看重,他们希望眼之所见、耳之所闻、鼻之所嗅、口之所尝、心之所感都是美好的(如图4-5所示)。

图4-5 "翡翠公主号"上的美丽中庭

(五)卫生需求

邮轮上虽然环境高雅,但载客量大,尤其是康乐场所,人员密集,各种设施使用频繁。所以游客对于有关设备是否消毒、封闭场所的空气是否流通、游泳池的水是否及时更换、美容美发器材是否卫生可靠等问题都是非常在意的。

📚 **同步案例** 3

患皮肤病的游客

一天晚上，某邮轮桑拿中心的服务人员艾米丽为一位女宾提供更衣服务时，突然发现该女宾的腰间有一圈颜色鲜红的小疹子。艾米丽怀疑该女宾有皮肤病，担心会传染，更担心其他游客有意见。虽然邮轮桑拿中心明确规定谢绝接待患有皮肤病和传染病的游客，但艾米丽觉得不便直接阻止游客进入。经过考虑，艾米丽婉转地询问该女宾："最近皮肤是否有什么不舒服？"随后在与该女宾聊天的过程中，顺便告诉该女宾自己家里以前有人得过这种病，桑拿浴可能会加重病情，对身体不好，在治疗期间不适合到公共场所洗桑拿浴等。然后，艾米丽给女宾端上一杯冷饮，请女宾考虑一下是否还要进入桑拿室。经过艾米丽礼貌周到的服务与劝说，该女宾打消了进入桑拿室的念头，临走时还向艾米丽表示了感谢。

问题：

本案例中服务人员艾米丽的哪些做法值得学习？

（六）社交、尊重需求

邮轮游客一般都希望自己所遇到的服务人员有热情的招呼、亲切的问候和真诚的微笑，希望从对方的言行中感受到自己是受欢迎、受重视的人，希望自己不熟悉的娱乐项目能得到服务人员或教练的耐心讲解、悉心指导。

📚 **同步案例** 4

记住游客的姓名

邮轮旅游由于其多功能的服务带来的舒适生活，引得很多游客也会多次参加邮轮旅游，也就会多次乘坐某艘邮轮，他们往往是邮轮的重要客源。有一位多次到邮轮上度假的英籍游客来到邮轮的美发厅门口时，还没等他开口，服务人员就主动微笑着打开门，并轻声称呼他的名字表示欢迎。这位英籍游客大为吃惊，因为他虽然来过邮轮多次，但来美发厅消费仅仅是第二次。他感觉自己得到了重视，受到了特殊的待遇，于是亲切地与服务人员交谈起来。接下来，他更加惊喜地发现，洗头的服务人员竟然了解他对洗发水的特殊偏好，而美发师也知道他只喜欢将头发吹至六成干的习惯。这些细节使这位游客大为赞叹，表示以后参加邮轮旅游还将继续选择这艘邮轮。

问题：

在本案例中，成功争取游客的秘诀是什么？

第二节 邮轮康乐服务中的人际知觉

一、人际知觉的概念

邮轮康乐服务是一个人际交流频繁的过程,人际交流实际上也是人与人之间相互知觉的过程,即人际知觉,又称为社会知觉。人际知觉是指通过观察人的外表、言语等外部行为表现,推测其内在的心理状态、行为动机、性格及其未来行为意向的过程。

人际知觉的主要内容有对他人的仪表、表情、性格、角色等内容的知觉。正确的人际知觉有助于人际交流的顺利进行,主客双方和谐、快乐。但是,在知觉过程中,由于经验、环境等主客观多方面因素的影响,极易给人际知觉带来一些偏差,结果导致了人际知觉的偏见。

二、人际知觉的内容

(一)对人的知觉

对人的知觉主要是指对他人的知觉,即通过对他人外表、言语、行为、角色等的知觉来了解其内心的状态。所谓"听其言、观其行而知其人",恰当揭示了人际知觉的整个过程和知觉的目的。对人的正确知觉,是建立正常人际关系的一个可靠依据,也是有效开展服务活动的首要条件。

1.对人仪表的知觉

仪表是指人的仪容和外表,由人的容貌、发型、体形、肤色、服饰等构成。当人们初次见面时,首先认知到的是对方的衣着、高矮胖瘦、发型及肢体动作等信息,同时把这些信息迅速整理、综合后形成对这个人初步的感性认识,由此判断该人的个性及文化修养。一个人的仪表,本来就是其内涵的自然流露。

同步案例 1

相由心生

从前一个手艺高超的雕塑家,非常喜欢雕塑神话里的夜叉及各种妖魔鬼怪,并且雕塑得惟妙惟肖、栩栩如生。有一天照镜子时,他突然发现自己的面貌越来越丑了。这种丑并不是说肤色和五官改变了,而是神情与神态变得狡诈、凶恶、古怪了。于是他遍访名医,均无办法治愈。

后来一个偶然的机会,他在游历一座庙宇时,把自己的苦衷向庙中的长老说了。长老说:"我可以治你的病,但不能白给你治,你必须为我先做一点儿工——雕塑几尊神态各异的观音像。"

雕塑家听后接受了这个条件,由于观音在中国的传统文化中就是慈祥、善良、温和、宽仁、正直的化身,雕塑家在塑造的过程中也在不断地研究、琢磨观音的德行言表,不断模拟观音神情,达到了忘我的程度。

渐渐地,他惊喜地发现自己的相貌已经变得神清气朗,端正庄严。他感谢长老治好了他的病。长老说:"不用谢,你的病是你自己治好的。"

如同美国总统林肯所言:"一个人40岁以前的长相是父母决定的,但40岁以后的长相却是自己决定的,每个人都要为自己40岁以后的长相负责。"

问题:

(1)这个雕塑家的容貌为什么会发生改变?

(2)这个故事说明了什么问题?

2. 对人表情的知觉

表情是人们情绪的表现方式之一,也是人们表情达意的重要手段。其中以面部表情最为重要。一个人的喜、怒、哀、乐等情绪均可以从表情中表现出来(见图 4-6、4-7、4-8、4-9)。如人生气时肌肉会下沉,脸会拉长;人高兴时肌肉会松弛,喜笑颜开。在面部表情中,眼神是最善于传情达意的表达方式。我们可以通过观察对方的眼部肌肉、眼球运动及瞳孔、视线的变化来对其做出相应的判断。所以,有经验的人可以通过"察言观色"来判断对方的性格,如外向型的人通常会主动迎接对方的目光,而内向型的人会由于害羞等原因有意回避对方的目光。同时也要学会巧妙使用眼神,向别人传递自己想要表达的意思。如果要给对方一种亲切感,就应该让眼睛闪现热情而诚恳的光芒;要给对方一种稳重感,就应该给出平静而诚挚的目光。

微笑是很多企业,特别是服务行业成功的重要法宝。美国"旅馆大王"希尔顿独创了"微笑服务"的经营策略,使希尔顿饭店成功打败了同行业的许多竞争对手,成为世界知名饭店之一,在行业内传为佳话。

邮轮服务人员应该以发自内心真诚的微笑向游客传递友好的信息,不仅提供功能服务,也应提供心理服务。

① 双眉上扬、聚拢

② 上眼皮上扬

③ 眼袋紧绷

④ 双唇向两耳水平方向略微拉伸

恐惧

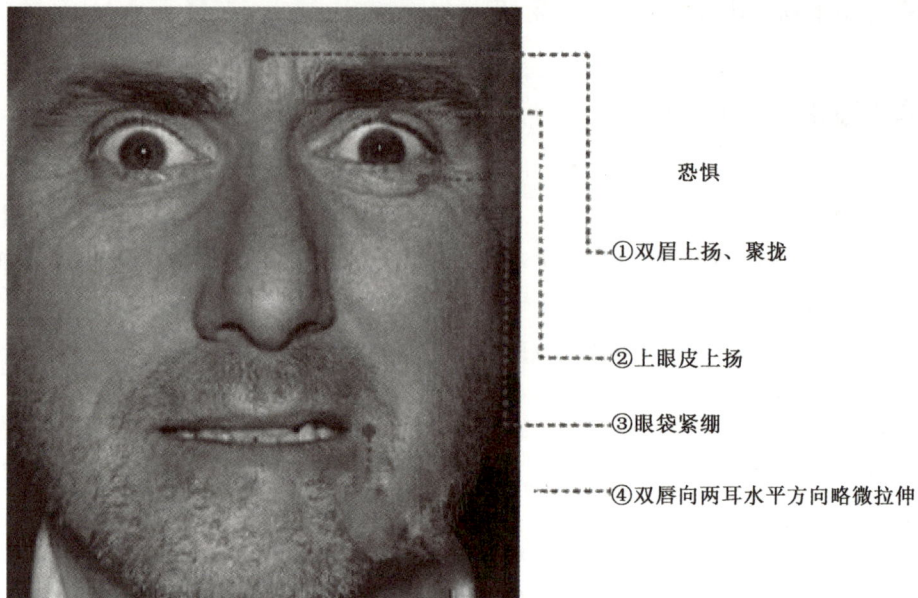

图 4-6　不同表情的脸部肌肉变化(图一)

快乐

① 眼角皱纹

② 脸颊鼓起

③ 眼睛周围肌肉运动

图 4-7　不同表情的脸部肌肉变化(图二)

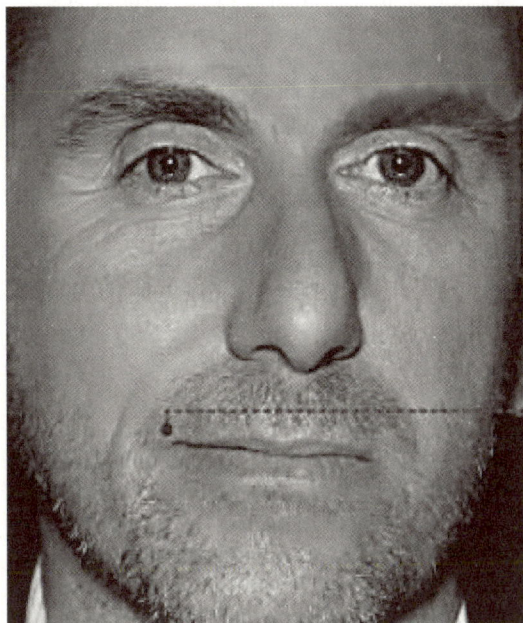

轻蔑

①只有脸一侧的嘴角紧闭、上扬

图 4-8　不同表情的脸部肌肉变化(图三)

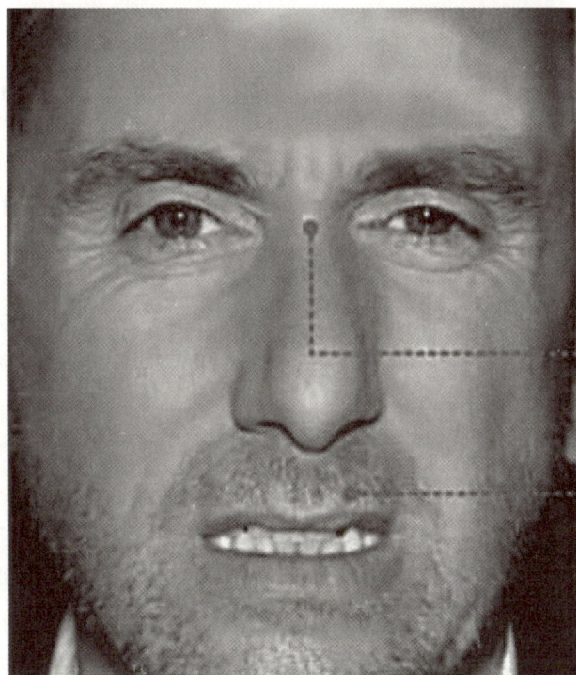

厌恶

①鼻子皱起

②上嘴唇上扬

图 4-9　不同表情的脸部肌肉变化(图四)

3. 对人言谈举止的知觉

(1)言语

一般情况下,言为心声。言语是思想的载体,是了解一个人内心世界和性格特征的有效途径。一个懂得运用交谈艺术与交谈规则的人往往会给他人留下美好的知觉印象,同时也由此体现出一个人的文化修养或性格。如,说话节奏快的人自信心都较强;无视他人话题、爱抢话的人支配欲较强;故意提高嗓门的人是想压倒对方;文化修养高的人说话都比较准确、文雅,并注意措辞。从对方说话的内容、口音、表达方式等可以判断出他的职业、家乡、价值取向等。当然,有的人不愿意别人了解他,常用沉默或模棱两可的言语进行遮掩。所以,听话也是一门艺术。听话,不仅要听懂对方已经说出来的话,也要善于根据说话的情境、言语表达方式、音量、语速、措辞等,听懂对方没有说出来的话。

（2）手势动作

手势是表达情绪的重要方式。手势动作配合言语的表达,更能增强说话者的表现力。需要注意的是,有些手势是通用的,而有些手势则有文化差异。比如,握手表示友好和交往的诚意;竖起大拇指则在不同的国家有不同的表达意义,在我国是夸奖对方,在美国和欧洲部分地区的公路上使用这一手势表示想搭车,而在巴基斯坦却是一种下流手势。所以,邮轮服务人员应了解各国文化与风俗习惯,以正确知觉各国游客的动作信号。

心理学家们警告人们不要为动作的假象所迷惑时,提出了四条原则,可供参考:

①离脸部越远,发生的动作越真实;

②越不自觉的动作越真实;

③越不明显的动作越真实;

④越不经意的动作越真实。

▌(二)角色知觉

角色是指围绕着人在社会上所处的地位、从事的职业、承担的责任及与此有关的一套行为模式。角色表明人在社会关系中的作用、权利和责任,反映着人们对个体的期望和要求。在现实社会中,一个人的角色是多重而非单一的,因为他总是生活在各种各样的社会群体中,在不同的社会群体中占有不同的地位,承担着不同的责任,社会对他所承担的角色赋予相应的期望。如,一个教师在学生的期望中,他应该是一个学识渊博、条理分明、表达清楚、深入浅出、生动有趣的讲授者。但是他回到家里,孩子希望他是一个慈祥、亲切、和蔼的父亲;妻子希望他是一个温柔、顾家、有责任心的丈夫。一个康乐服务人员在游客眼里就应该是一个端庄大方、热情亲切、专业知识丰富、专业技能娴熟的人;在上级的眼里,他应该是一个忠诚有责、工作认真的人。正因为角色身份经常随着社会关系的变化而变化,所以个体对自己所充当角色的职责、任务、行为规范和形象就应该有明确的认知。

游客和服务人员之间是一种与私人关系不一样的角色关系,他们是一种主人与客人、接待与被接待、服务与被服务的角色关系。从心理分析的角度看,游客对旅游服务的满意程度,与服务人员是否进入角色、发挥角色作用的程度有关。如果服务人员不能适应他们所充当的角色,不善于履行自己的角色义务,就很难与游客相处,从而带来服务质量上的问题。旅游服务的口号"游客永远是对的"就是强调服务人员要充分尊重游客,维护游客的利益。即使游客犯了错,也要把"对"的一面让给游客,自觉站在游客的立场上,设身处地,换位思考。

人是有个性的,而角色只有规范,没有个性。不管充当某种角色的人是谁,不管他是什么个性,只要他充当了某种角色,他就必须按照社会角色所赋予的角色规范去行动。

游客与服务人员的争吵

在邮轮上的某个餐厅里,一位游客对服务人员迟迟不来为他服务大为不满,大声嚷道:"怎么还不过来,你磨蹭什么呀?"服务人员听了他的话很反感,不客气地回敬他一句:"你嚷什么,没看见我正忙着吗?"两个人立刻争吵起来。游客说:"你知道吗? 我是你们的游客,你这个服务人员怎么能这样跟我说话?"服务人员说:"游客怎么啦? 你是人,我也是人,你能这么说,我就能这么说!"结果,两个人越吵越凶。

问题:

(1)为什么会发生这样的争吵?

(2)服务人员应该从中吸取什么样的教训?

角色知觉分为自我角色知觉和他人角色知觉。自我角色知觉是个体对所充当角色的职责、义务和应有形象的认知。他人角色知觉是根据社会既有标准对自身以外社会成员角色的认知。他人角色知觉一般从以下几个方面进行:

1.情绪表现

由于角色的需要与长期的行为养成,使人不仅在处事行为上,且在情感情绪的表现上也会渐渐形成与这一角色相应的表现方式。如一个政府官员多半是情绪稳定、喜怒不形于色、说话慎重的。

2.气质风度

人们在社会上担任何种角色,便会逐渐形成与角色相应的气质风度。气质是人的心理活动在强度、速度和灵活性方面典型的、稳定的心理特征。风度则是一个人气质的外在表现。如,长期从事旅游接待的服务人员,在与成百上千的游客打交道的过程中,渐渐变得善于观察、反应灵敏、彬彬有礼,表现于外的则是具有整洁大方的仪容仪表、文明礼貌的言谈举止和热情友好的服务态度。

3.角色的动机爱好

不同的游客由于在社会生活中所扮演的角色不同,他们参加旅游活动的动机也不同,但是他们都希望自己的动机爱好在旅游活动中得到满足。所以,邮轮服务人员要善于判断游客在社会上的角色及其相应的动机爱好,并有针对性地为游客提供服务,这样才能收到事半功倍的效果。

(三)自我知觉

自我知觉是指一个人通过对自己行为的观察而对自己心理状况的认知。它是个体对自我的认知。自我既是认知的主体,同时也是认知的客体。它是社会观念在个人身上的内化。

自我知觉的具体内容包括:

(1)对自我外部特征的知觉,如容貌、肤色、体型等;

(2)对自我个性特点的知觉,如喜怒哀乐、意志力、价值观、气质、性格、能力等。

人的社会生活离不开自我知觉,因为自我知觉决定着人自我行为的基本形态和生活态度。正确的自我知觉有助于人们认清自己想要什么、可以做什么、应该回避什么,由此来不断调整自己的行为,使自己在群体中行为得体。相反,一个缺乏自知之明的人常常使自己的行为遭受各种不应有的挫折。

自我知觉是在交往过程中随着对他人的知觉而形成的。通过对他人知觉的结果和自我加以对照、比较才使他产生对自己的认知。马克思曾指出:"人降生是没有带镜子来的,他是把别人当镜子来照自己的。"

邮轮服务人员对自我进行正确、客观的认知十分重要,它同时与客我之间的角色关系的正确认知也有密切关系。尤其在康乐服务工作中,康乐服务人员有时既是指导者又是服务者,应充分认识自己的角色和应承担的义务。缺乏正确的认识往往导致有的服务人员对服务过程中的规范、客我的角色关系出现认识偏差,自卑感明显,只要游客的言行稍有不慎,便自尊心爆棚,与游客大吵大闹,伤害了游客,也伤害了自己,把游客气走,影响了企业的声誉,最终使企业蒙受损失。

三、人际知觉的偏见

▍(一)首因效应

首因效应是指首次接触时留下的第一印象。其对总体印象的形成,乃至对后续信息的理解具有强大的影响和作用。双方首次接触时的新鲜感,总是给知觉的对方留下深刻的印象。如果一个人在初次见面时给人留下良好的印象,就会对人产生吸引力,使之愿意接近他并与之继续深入交往。反之,如果初次见面给人留下的是不良印象,则会导致别人的否定评价,并且会阻碍后续的交往。

首因效应之所以能起这么重要的作用,关键是人们在知觉过程中存在的"先入为主"的现象。当人们初次获得了关于某人的少量信息时,会力图根据自己的经验对此人的其他特征做出相应的推测和判断,以期对其形成一个一致的印象,并且在以后的交往中,人们也倾向于用最初形成的印象来解释对方的行为。

📚 知识链接 1

罪犯还是学者

心理学家曾做过这么一个实验:给两组大学生看同一个人的同一张照片。在看这张照片之前,对一组大学生说,照片上的人是一位屡教不改的罪犯;对另一组大学生说,照片上的人是一位著名的学者。然后,让这两组大学生分别从这个人的外貌中说明他的性格特征。结果两组学生的解释截然不同:第一组大学生说,深沉的目光里隐藏着险恶,突出的下巴表现他死不悔改的决心;第二组大学生说,深沉的目光表明他思想的深刻性,突出的下巴表明了他在科学道路上勇于攀登的坚强意志。

这个实验充分说明了第一印象对于人际知觉的重要作用。

在旅游过程中,每一个人都会不可避免地受首因效应的影响,尤其是在邮轮康乐服务这样高接触性的环境里,游客不断变换,双方都来不及进行更多的了解。因此旅游工作者给游客留下良好的第一印象非常重要。对康乐服务人员来说,从准备工作、迎宾服务、对客服务、送客服务到最后的收拾整理都必须认真仔细,一丝不苟,避免慵懒无力的精神状态和待客时的心不在焉给游客留下不良的第一印象。

▌(二)晕轮效应

晕轮效应又称光环效应,是指人们认识事物时易于从知觉对象的某种特征推及知觉对象的整体特征,从而产生美化或丑化对象的印象。就像月晕一样,由于光环的虚幻印象,使人看不清对方的真实面目。比如,我们在观察某人时,如果这个人外表充满魅力,即使我们对这个人的其他特征一无所知,也会对其做出好的评价;购买某一商品时,商品的包装也会在很大程度上影响我们的购买决策,包装好的商品往往会促使我们下决心购买。这就是所谓"一好百好"的道理。反之,如果人们认识的某个人身上有一突出的缺点令人厌恶,即使他有其他方面的优点也会被忽略不计。所以,晕轮效应既能美化对象,也能丑化对象。

晕轮效应在人际知觉中的影响是以点带面,以偏概全。它与首因效应的影响都是使人"一叶障目""只见树木,不见森林",形成偏见。二者的区别在于第一印象是从时间顺序上形成的偏见,晕轮效应是从内容上形成的偏见。

在邮轮服务实践中,晕轮效应影响着游客对旅游服务的整体评价,同样也会因康乐服务中的某一细节而影响到康乐部的整体评价,影响到整个邮轮服务。所以,一定要做好每个细节,防止由于晕轮效应使游客把对某一劣质产品或劣质服务的评价扩散为对整个邮轮甚至是对邮轮公司的评价。

▌同步案例 3

健身房:满意的服务从细节做起

健身房的电脑记录显示,史密斯先生曾到邮轮健身房健身过 7 次,7 次都只到健身房二部去锻炼,每次经过健身房一部门口都径直走过而不进去。这引起了一部主管杰克的注意,照理说,从史密斯先生的客舱到健身房,一部要比二部的距离近很多,而且一部的设施以及健身教练的配备及其他硬件组合都要比二部好很多。为什么这位史密斯先生每次都不去一部而只选二部呢?

终于有一天,杰克找到了一个机会对史密斯先生提出了这个让他疑惑了很久的问题。史密斯先生的一番话让他茅塞顿开。原来史密斯先生从一部门口路过时朝健身房里面看,每次都看见一部的服务人员有的在聊天,有的在健身器材上玩闹,很少有人老老实实站在那里等候游客,准备服务。这令他很反感,于是直接从门口走了过去。反观二部,虽然设施比一部稍微差了一点,但是服务人员的穿着都很整齐,服务态度很好,让他很满意。所以,他每次都选择去二部而不去一部。听了史密斯先生的一番话,杰克终于认识到了一部每次评比都要输给二部的原因。

问题：

(1)请问这个案例对你有什么启示？

(2)你对于一部的管理建议是什么？

(三)刻板印象

刻板印象是指社会上部分人对某类事物或人物所持的共同的、笼统的、固定不变的印象。在人际知觉过程中，人们总习惯于将不同的人进行归类，并对各类人持有一套固定的看法，且以此作为判断、评价他人的标准和依据。因此往往对不同职业、地区、性别、年龄、民族等群体的人们赋予一些相同的特征，并形成较为固定的看法。比如，人们习惯认为年轻人冲动莽撞，老年人保守多虑，教师温文尔雅、文质彬彬，商人精打细算、奸诈狡猾，男人果断独立，女人温柔体贴等。

当人们采用一贯的固定看法去识别一个具体的人时，就有可能出现偏差。例如，在我国人们一般认为北方人身材高大、性格直爽，而南方人体型较小、性情温和。但其实北方人中也不乏身材娇小之人，而南方人中性情豪爽之士也不少。可见，凭借固定看法去判断某个个体时未免会有失偏颇。

刻板印象的形成主要是由于在人际交往中，我们不可能对社会中的每一个人都进行深入的了解，而只能与其中的少部分人接触，因而只能由部分推知整体，将具有类似特征的人们归为不同的群体。当人们在知觉某人时，就可以根据他的外在特征找到他所归属的群体，并依据该群体所具备的一般特征来推断这个人的心理和行为。不仅如此，人们甚至对自己从未见过面的人或事也会根据间接的资料与信息产生刻板印象。俗话说"物以类聚，人以群分"就体现了刻板印象的道理。一方面，刻板印象有助于简化和提高认识的效率，有助于我们对各种各样的游客作概括性的了解。因为，每一个社会群体都有其共同特征，运用这些共同特征去观察了解群体中的个体成员，有时的确是知觉别人的有效途径。但另一方面，刻板印象毕竟只是一种概括而笼统、呆板而没有变通的模式化印象，而每一个鲜活的游客其具体情况是不尽相同的，因而容易歪曲事实，使人走入以偏概全的误区。

邮轮服务人员应该注意，在接待来自四面八方的游客时，除了了解他们的共同属性外，还应注意避免刻板印象的影响，用心观察游客的具体消费特征，从而提供及时有效的服务。

知识链接2

各国人的特点

心理学家卡茨曾调查了美国普林斯顿大学学生对于各个国家的人的看法，发现大学生们对于同一个国家的人有着一致的看法。他们认为：英国人最有绅士风范，但因循守旧，较为传统、保守；德国人有科学头脑，认真、勤奋同时又有些呆板；日本人聪明、勤劳、有进取心，也很机灵、狡猾；美国人民主、热情、天真等。该实验说明了人们对不同国家、不同民族的人所形成的刻板印象。

西方一些发达国家的饭店在招聘新员工时，曾出现过这样的要求："无工作经验者优先。"那么,这与一般企业招收新员工的要求不是大相径庭吗?这是为什么呢?因为,通常的经验在应付常规问题时作用明显,而在面对非常规问题时常常是无能为力的,有时甚至对解决新问题还有妨碍作用。另外,人一旦形成某种行为习惯就很难改变。与其花费很多精力去改变一个人的旧有习惯,不如在一个"无知"的人身上建立一套新的行为模式更经济。

▌(四)投射效应

在现实生活中,人们往往有一种明显的倾向,即总是站在自己的角度,主观地认为他人和自己的想法是一样的,尤其在知道了他人的年龄、民族、国籍、社会地位等因素与自己相近时更是如此。这种"以己度人"的现象即是投射效应。如,一个喜欢聚会、热闹的人以为别人也喜欢热闹;一个心地善良的人总以为别人都是善良的,对他人缺乏应有的提防,结果经常上坏人的当;一个经常处心积虑算计别人的人会觉得别人同时也在算计自己,因此不断引发人际矛盾和冲突。古话说"以小人之心度君子之腹"就反映了投射效应。小人的心胸是很狭隘的,他们往往会把心胸坦荡的君子也想象成和自己一样的小人。由于人都有一定的共同性,都有一些相同的欲望和要求,所以在很多情况下,我们对别人做出的推测是正确的。但人毕竟有个体差异,如果总是站在自己的角度去推测别人,总会有出错的时候。

在旅游服务实践中,投射效应较多地表现在态度喜好中,人们经常会下意识地认为,自己喜欢的别人也喜欢,自己讨厌的别人也讨厌。这种现象在旅游服务过程中时有发生。如,有些身体健壮的服务人员在为游客做按摩服务时,主观地认为按摩的力度越大游客才越舒服,结果导致有些敏感、耐受性差的游客痛苦不堪;有些服务人员听音乐时喜欢把音量开得很大,使游客被迫忍受噪声的困扰。再如,一个大汗淋漓的游客走进棋牌室要求服务人员开冷气时,有些服务人员会很不情愿地打开冷气,嘴里还会小声嘟囔着:"这种天气我还觉得冷呢,开什么冷气!"可见,投射效应往往会歪曲别人的想法。作为邮轮服务人员,应该认清自己与游客之间的差异,多站在游客的角度考虑问题,用心观察游客的喜好,尽量避免"以己之心度他人之腹",接纳游客的不同之处,以便更好地为他们提供优质的服务。

📚 同步案例4

到底是什么?

宋代著名学者苏轼和佛印和尚是好朋友。一天,苏轼去拜访佛印,与佛印相对而坐。苏轼对佛印开玩笑说:"我看你是一堆狗屎。"而佛印则微笑着说:"我看你是一尊金佛。"苏轼觉得自己占了便宜,很是得意。回家以后,苏轼得意地向妹妹提起了这件事。苏小妹说:"哥哥你错了,佛家说'佛心自现',你看别人是什么,就表示你看自己是什么。"

问题:

(1)苏小妹说的话是什么意思?

(2)两位好朋友的玩笑话说明了什么问题?

邮轮康乐服务中的心理策略 第三节

一、邮轮康乐服务的基本要求

(一)对康乐服务设施设备的基本要求

对康乐服务设施设备的要求包括设施设备的先进程度、舒适程度、方便程度、安全程度以及完好程度。康乐活动的设施设备性能指标应达到康乐服务运作的要求,并符合国际安全卫生标准、噪声标准、使用寿命标准等。此外,科学合理地更新设施有利于从根本上提高康乐服务质量,提高邮轮的消费档次,符合时代潮流。

(二)对康乐服务环境的基本要求

对康乐服务环境的要求是具有专业性和舒适安全性。康乐场所的环境设计、装饰与布置、灯光色彩、设施设备的配置应为游客营造轻松、热烈、愉快和专业的消费环境与场所氛围。邮轮服务人员、管理者与游客三者之间的相互友好、和谐的人际关系和互动也能为游客创造出愉悦的消费环境。

(三)对康乐服务人员的基本要求

康乐服务工作具有专业性强、技术要求高和独立工作性强的特点。康乐部门要想为游客提供高质量的服务,就必须拥有一批高素质的专业服务团队。随着邮轮旅游的快速发展,邮轮上的康乐设施设备种类越来越多,科技含量越来越高,游客的康乐品位也越来越高,对康乐服务人员在文化层次、工作经验、专业知识、专业能力、身体素质、人际沟通等方面都有很高的要求。不同的康乐服务项目对服务人员也有不同的要求。

二、邮轮康乐服务的满足游客心理需要

邮轮康乐活动是邮轮旅游的重头戏,应该从纵向、横向两方面来满足邮轮康乐活动中游客的心理需要。

▎(一)纵向

1. 准备充分,按时上岗

(1)服务人员上岗前要进行自我检查:按规定着装,佩戴工号牌,检查仪容仪表,准时到岗,接受任务,服从工作安排,快速做好接待准备。

(2)做好卫生工作,保持康乐场所高雅、整洁、美观。

2. 检查设施设备,使其保持清洁完好

定期检查和清洁设施设备,发现问题及时解决,使其保持清洁完好。

3. 眼观六路,注意控场

(1)主动向游客介绍各种设施的使用方法和功能。

(2)注意观察服务场地的游客动向,及时、快速地回应游客招呼,满足游客需求。

(3)注意站姿和站立的位置,不要遮挡游客视线。

(4)留意游客的手势,注意游客的反应和要求,迅速给予服务和满足。

4. 温馨提示,礼貌送别

主动提醒游客不要忘记随身物品,礼貌地向游客告别。

📚 同步案例 1

衣领的礼仪

一天,某大型邮轮的高尔夫球场服务人员阿美接待了一位韩国游客。这位游客老是对阿美的服务挑三拣四,不管阿美用什么样的方法,这位游客对她的态度都没有改变,整个服务过程显得很沉闷。阿美很纳闷,自己的服务态度和服务质量都没有什么问题,为什么这位游客老是不高兴呢?

正当她百思不得其解的时候,球场的老服务人员安妮给了她答案。原来阿美是新来球场工作的,不是很清楚高尔夫球场礼仪。在提供服务时,进入球场的任何人都必须穿有领的衣服,恰恰那天天气比较热,阿美就把工作服给脱下来,换了件圆领的衣服。而韩国游客一般都很注重礼仪方面的问题,于是就出现了服务中的不愉快。

问题:

(1)韩国游客为什么挑三拣四,反感阿美服务?

(2)打高尔夫球对着装有什么要求?

同步案例 2

不合时宜的扭动

某天,查尔斯先生和朋友来到某邮轮酒吧,迎宾员主动迎上去并致以问候:"先生,晚上好！欢迎光临！"进入后,领座员根据查尔斯先生的要求引导他们到合适座位入座。

当时酒吧正在上演拉丁风情的舞蹈节目。在激情音乐的感染下,游客们都十分投入,环境显得有些嘈杂。查尔斯先生和朋友入座后,服务人员马上面带微笑,上身微微前倾,双手递上酒水单和食品单请游客选择。在等待的过程中,这名服务人员的身体开始随着音乐节拍不自觉地扭动起来,并且与旁边另一位服务人员说笑,忽略了关注查尔斯先生的眼神和要求。直到查尔斯先生大声询问,服务人员才回过神来。查尔斯先生极为不快,要求重新更换一位服务人员前来服务。

问题:

我们从本案例服务人员身上能得到哪些启示?

(二)横向

1. 亲切、热情、主动,面带微笑,态度友好

康乐服务中,无论在哪一个场所,热情、主动都是首要的,也是必需的。迎宾时应热情、有礼貌地主动问好,主动接待,亲切微笑,并根据游客的特点引领其到适当的座位入座,如:看上去是情侣的游客可以把他们安排在僻静优雅之处或包厢内;衣饰华丽的游客可安排在中央较显眼的位置;一群集体游客则安排得集中一些,免得游客随意挪动座椅。如果游客到达时没有空位,应向游客致歉,请游客在休息厅等候并告知大概的等候时间。当游客离开时,要主动告别并致谢。

2. 保障游客安全

康乐服务工作中的安全问题也是一个重要问题,服务人员应尽己所能保护游客的人身和财产安全。

(1)防止火灾事故。许多康乐设施都是易燃或可燃物,稍有不慎,就容易引发火灾。服务人员应认真学习并执行防火制度,掌握防火的方法和手段,学会使用灭火器,熟悉安全疏散路线。安全门和安全通道要畅通无阻,一旦发生火灾,应迅速组织游客安全离开。

(2)防止触电、摔伤或运动器械的冲撞。康乐场所的电器应加强安全保养,安装应安全可靠,确保衔接部位牢固,使用时不会发生任何问题,损坏的电器应停止使用并及时修理好以防触电事故。

(3)防止溺水及其他水上安全事故。水上服务人员要有高度的安全意识,掌握熟练的水中救生和陆地人工呼吸抢救技术。工作时坚守岗位,人不离池,注意力集中,反应灵活,注意观察池内泳客动态,确保泳客的生命安全。

(4)加强对整个场所的关注和巡视。康乐活动对于有些游客来说是有安全风险的,所以应加强对整个康乐场所的巡视和安全防护。在桑拿浴室门口应明确公告:"患心脏病、高血压、脑出血等病症的游客不得使用桑拿浴。"但即便如此,对年老体弱的桑拿浴游客仍然要加强关注和巡视,一旦游客感觉不适或发生意外,要及时组织抢救。另外,要防止地面太滑导致游客摔倒受伤;打高尔夫球时,发球应注意安全,防止球及球杆伤人。

3.善于观察,周到细致,随时满足游客需求

在有的康乐活动场所,游客较多,这就更需要服务人员善于在众多的游客中一眼看出游客所需的服务,并且能在游客开口之前提供周到细致的服务。

同步案例 3

晕倒的游客

在某邮轮健身房的桑拿洗浴中心,这一天的游客格外多,服务人员珍妮像以往一样,在中心所有的区域不断巡视。当她来到女宾部的二浴室时,意外发现有一位女游客脸色惨白,斜倚在板壁上,头耷拉在胸前,四肢不停地抽搐。职业敏感告诉珍妮,这位游客目前的情况应是桑拿浴室的高温缺氧所致,情况十分危险,稍一拖延便可能危及性命。珍妮立刻唤来教练琳达,两人把已经昏迷不醒的游客抬出桑拿浴室,平放到四面通风的安全处。同时,珍妮又让人马上联系邮轮医疗中心的医生迅速前来抢救。

上述工作在短短几分钟之内完成。在邮轮医疗中心医生的及时抢救下,游客渐渐恢复了知觉,基本脱离了险境。

问题:

游客的这次历险经历给邮轮服务人员什么启示?

同步案例 4

桑拿中心事故

某邮轮上,保罗先生喝完酒后,与朋友一起来到桑拿中心洗浴。桑拿中心服务人员见状连忙进行阻拦,告知他们酒后洗浴的种种危害。但是保罗先生不听劝阻,仍然与朋友一起进入桑拿浴室。

洗头时,保罗先生想将手中的一次性洗浴用品袋扔进远处的垃圾桶中,但由于用力过猛,加之浴室内的地板砖湿滑,保罗先生整个身体一下子失去平衡,重重摔倒在浴室对面的蒸汽房玻璃门上。只听见"哗啦"一声,玻璃门被撞碎,碎玻璃将保罗先生的右胳膊划伤,血流不止。保罗先生的朋友见状大声呼救。桑拿中心经理马上和保罗先生的朋友一起将他送到医疗室救护,并垫付了相关医疗费用。

保罗先生回到家的半年后,因创口不适,再次到医院治疗,花费较多。于是保罗先生向邮轮桑拿中心索赔医药费,无果后向法院提起了诉讼。

问题:

(1)请分析这次事故的责任。

(2)你从本案例中得到什么启示?

同步案例 5

珍贵的礼物

来自上海的张先生随公司组织的年会上了邮轮,晚上,同事们一起到邮轮的歌厅去唱歌。在热烈的气氛中,张先生点了一首歌曲,唱完之后他拿着麦克风说:"今天我很开心,大家不仅是工作中的同事,也是永远的朋友,遗憾的是不能把今天这欢乐的时刻带回家。如果大家喜欢,我就再为朋友们唱一首《朋友》。"又是一阵雷鸣般的掌声……

临近散场,意犹未尽的张先生正待起身,旁边一位笑容可掬的服务人员走过来,十分礼貌地递上一张 CD 并对他说:"先生,十分感谢您为大家带来如此动听的歌声,我们的音响师已经将您刚才演唱的《朋友》录制了下来,让您可以把欢乐带回家。"接过这张 CD,张先生的惊喜之情难以言表,十分感动,连连说"这是一份最珍贵的礼物"。

问题:

(1)本案例体现了游客的什么心理需求?

(2)你从本案例中得到什么启示?

4. 主动陪练,行为鼓励

在现代邮轮上,有很多康乐项目专业性越来越强,技术要求高,需要服务人员不仅要熟悉所负责的设施设备的性能、结构、特点,而且要掌握相关的娱乐规则、比赛方式,甚至还要掌握相关的保健知识,更重要的是,自己也要能熟练操作设备并形成系统的行为模式。对于初次尝试者,服务人员应热情而耐心地讲解运动器具的性能、作用和使用方法,并为游客做必要的示范。游客锻炼时,服务人员应在旁边注意观察,及时正确指导。如果游客是独自来的,服务人员可以陪伴他一起练习,当然要有分寸,不可与游客争输赢,以免伤害其自尊心。如果游客有朋友一起结伴而来,服务人员可以给他们当记分员或裁判。

5. 准确把握康乐服务中的"控制"问题

(1)康乐服务中"度"的把控

康乐服务中"度"的把控体现在以下几个方面:

从服务角度来说,对表演性的康乐节目,除了加强节目质量的控制和节目内容的筛选外,应严格控制现场表演的尺度,使整个活动过程在健康愉快的气氛中进行。对自娱性的康乐活动,邮轮应努力建设健康、高尚的康乐文化,引导游客情绪,把握康乐导向,使游客的康乐行为符合其身份,不至于出现越轨行为。对运动性康乐活动,服务人员应该在服务和陪练中,注意游客的运动强度,适时提出合乎身份的指导,使游客的运动不至于过分激烈而造成意外伤害。在保健性康乐活动中,很多场合都需要主客双方有身体上的接触,这就需要把服务行为规范严格控制在职业操作行为的许可范围内,不越界,也不迁就游客提出的过分要求。

(2)康乐服务内容的把控

由于多种因素的影响,康乐行业中的确出现过色情元素。所以,发展健康娱乐与杜绝色情已成为康乐服务逐渐健全、规范的两种客观要求,一旦掺入色情成分,任何康乐服务都将斯文扫地,光彩尽失。所以必须对康乐服务的内容进行严格的管控,坚决杜绝低俗和色情内容,使游客得到健康的服务体验。

(3)康乐服务过程的安全控制

康乐活动之所以有越来越多的人乐于参加,是因为它能使人获得一种释放的快感。但是这种快感的获得必须是在安全的范围内进行的,所以,无论是康乐环境的营造,还是康乐设施的配置,首先应考虑的就是里面所有人的人身安全问题。当然,现在的邮轮旅游在启航前,邮轮都会组织游客们进行一次逃生演习。但除此之外,演艺厅、桑拿洗浴中心及运动健身中心等人员密集的地方应都有应急的逃生设备或逃生通道,各种运动项目都要有安全防护制度和应急处理措施。游泳池应有救生员和安全防护制度与措施,美容中心应有卫生安全制度和安全操作规范,等等。只有建立在安全服务基础上的康乐活动和康乐服务,才能使游客真正获得康乐活动的快乐体验。因此,每一位康乐服务人员和管理人员都应树立"安全第一"的服务意识。

本章概要

邮轮康乐部是现代邮轮中非常重要的一个部门,其在邮轮旅游中所占的比重越来越大,有的甚至已成为邮轮上最大的部门。邮轮康乐活动逐渐成为游客们最主要的活动内容之一,也成为邮轮企业最重要的收入来源之一,所以深入了解游客在康乐服务中的心理需求非常重要。为了准确把握游客在康乐服务中的具体需要,服务人员需要全方位、多层次了解康乐服务的特点,了解康乐服务中人际知觉的具体内容和知觉的目的,正确把握主客双方的角色定位,避免人际知觉偏见,以最好的状态展示在游客面前,最终能够从纵向、横向两个方面全方位地满足游客的多样化需求。本章内容既有完整、清晰的理论描述,也有大量的实际案例;有服务行业的普遍规律体现,也有康乐服务自身的特点。同时融入时下最先进的邮轮信息,配以实际图例,希望能呈现出一个完整、清晰的知识体系。

本章练习

一、选择题

1.邮轮康乐服务的特点是_____。

　A.参与性　　　　　　　　　　B.体验性

　C.观赏性　　　　　　　　　　D.专业性

　E.现场交流性

2.下列属于邮轮游客的康乐心理需求的是_____。

　A.安全需求　　　　　　　　　B.新奇需求

　C.安静需求　　　　　　　　　D.社交、尊重需求

　E.卫生需求

3.人际知觉中的偏见是_____。

　A.首因效应　　　　　　　　　B.晕轮效应

　C.刻板印象　　　　　　　　　D.投射效应

　E.多米诺效应

二、名词解释

人际知觉　角色知觉　自我知觉　首因效应　晕轮效应　刻板印象　投射效应

三、简答题

1. 邮轮游客的康乐服务心理需求是什么？

2. 人际知觉有哪些内容？人际知觉的偏见有哪些？

3. 什么是角色知觉？什么是自我知觉？

4. 满足游客康乐心理需求的策略有哪些？

5. 康乐活动在现代邮轮中的地位和作用是什么？

四、讨论题

如何理解人的个性与角色的关系？在康乐服务及其他服务场所应如何摆正个性与角色的关系？

本章参考文献

[1] 马莹. 旅游心理学[M]. 北京:中国轻工业出版社,2002.

[2] [美]J. L. 弗里德曼,D. O. 西尔斯,J. M. 卡尔史密斯. 社会心理学[M]. 高地,高佳,等译. 哈尔滨:黑龙江人民出版社,1984.

[3] 陈琦. 旅游心理学[M]. 北京:北京大学出版社,2006.

[4] 郑向敏. 旅游服务学[M]. 天津:南开大学出版社,2007.

[5] 魏乃昌,魏虹. 服务心理学[M]. 北京:中国物资出版社,2006.

[6] 劳动部教材办公室. 饭店服务心理[M]. 北京:中国劳动出版社,1994.

[7] 吴正平. 旅游心理学教程[M]. 北京:旅游教育出版社,1994.

[8] 国家旅游局人事劳动教育司. 旅游心理学[M]. 北京:旅游教育出版社,1999.

[9] 彭萍. 旅游心理学[M]. 重庆:重庆大学出版社,2008.

[10] 张蕊,龙京红. 邮轮服务心理学[M]. 北京:中国旅游出版社,2015.

第五章
邮轮购物服务心理

学习目标

　　经过本章的学习,学生应深入了解并掌握游客在邮轮购物时的心理需求,从而为他们提供恰当的服务。学生应能够精准阐述游客在邮轮购物时产生购买行为的内在动机和外部因素。同时,学生需根据不同群体、不同年龄段的游客行为,洞察他们在邮轮购物时的心理变化,进而分析邮轮购物的服务心理。基于游客对购物服务的心理需求,学生应能够制定并实施有效的邮轮购物服务策略,以确保这些策略在实际操作中能够灵活应用。

第一节　邮轮游客对购物服务的心理需求

邮轮购物旅游产品在邮轮旅游产业的发展中占据举足轻重的地位,其产品质量、种类及特色对邮轮旅游体验评价具有显著影响。旅游业作为第三产业,其服务水平相较于第一、第二产业有更高要求。随着邮轮旅游市场的演进,邮轮旅游已从单纯的观光转变为更加注重体验的综合模式。在当前邮轮旅游业态不断演变和发展的背景下,邮轮旅游购物服务成为邮轮旅游过程中不可或缺的环节,对于满足邮轮游客的心理和生理需求,推动邮轮旅游经济增长,促进邮轮市场繁荣具有不可替代的作用。尤其随着邮轮旅游在中国市场的逐渐普及,越来越多的游客选择以邮轮为平台出国旅游购物。邮轮本身就是一个独特的旅游目的地。船上设有各式各样的购物商店,以满足不同游客的需求。为了更好地在邮轮上提供购物服务,深入研究游客的购物心理需求显得尤为重要。

一、邮轮游客的购物动机分析

购物动机是游客购物行为发生的内在原因,购物行为的发生则是购物动机的具体表现形式。深入理解邮轮游客的购物动机是提升邮轮购物服务质量的基石。鉴于邮轮游客个体背景的多样性,其购物动机呈现出丰富多样的特点,这些动机背后反映出不同的购物心理需求。

（一）纪念动机

寻求纪念动机的游客倾向于选购那些具有象征意义的旅游纪念品,这不仅是为了留存自己曾经参加邮轮旅游的记忆,同时也是为了在日后能够通过这些物品回味那段难忘的邮轮旅程。此外,这些纪念品还扮演了凭证的角色,证明游客确实访问过某个特定的地方。举例来说,当游客乘坐"公主号"邮轮前往日本时,他们可能会选择购买"公主号"邮轮模型或与日本文化相关的纪念品;而在前往埃及的邮轮上,他们则可能购买金字塔复制品、沙草画等具有当地特色的旅游商品。为了满足游客的这一购买动机，我们在为游客提供服务时，应着重强调商品的纪念意义，并介绍商品与旅游目的地之间的文化联系，以此凸显其独特的纪念价值和购买价值。

▌ (二)馈赠动机

在旅游归来后送一些在旅游地购买的商品给朋友、亲戚、同事，这是在中国很普遍的一种现象。虽然现代社会人们的购物渠道变得多样化，许多外地的东西均可以通过购物网站、海外代购等买到，但是从旅游地带回来的商品则包含了丰富的情感因素，这对注重人情的中国人来说具有一番别样的意义。当然，这种现象并不仅仅存在于中国社会，如日本人外出或旅游归来也会向亲朋好友赠送礼物；美国人来到中国也常常会买一些茶叶、瓷器、京剧脸谱带回国作为礼品赠送。这种行为已经形成了一种礼节，如果远游归乡却没有礼物赠送亲朋好友，则会被认为是没有礼貌的。那么对于具有馈赠这一购买动机的游客来说，旅游商品的特色、便于携带、趣味性、品质、价格则成为游客重点考虑的因素，在为这部分游客提供购买服务时就要抓住其注重赠送对象、商品需求档次、品种、携带方便程度、价格要求等心理特点来进行有效服务。游客在邮轮上购买商品时常常会遇到东西携带不方便、旅行箱收纳空间不足等问题，如果这些问题不能及时得到解决，游客会产生减少消费的心理。因此，邮轮公司需及时为游客排忧解难，如提供打包邮寄、礼品包装及附赠寄语等服务，使游客感受到贴心与温馨，从而增强其对邮轮购物服务的满意度。

▌ (三)实用动机

实用性是人们购买商品的一个普遍心理需求。游客在购物时特别注意商品的品牌、质量、功能和实用价值，买的东西不管是自用，还是馈赠亲友，首先看它是否有实用价值，能否在生活上派上用场，然后考虑是否购买。例如，有的日本和东南亚国家的游客到中国旅游，习惯购买中国的名贵中药，这些都是从实用的角度考虑的。针对这样的游客，在进行服务时应该注重介绍产品的实用性，并详细介绍此类产品的受众群体，同时将产品的用法、时效、售后等信息及时提供给游客。而且还要考虑到游客对于产品的回购的便捷性，提供相应的除现场购买以外的回购渠道。

▌ (四)新异动机

求新求异是人们彰显个性的一种外在表现形式，追新猎奇是许多游客固有的心理需要。他们对于异国他乡具有新奇性的物品一般都喜欢购买，对于落后陈旧、毫无新意的商品均不愿意购买。他们更倾向于选择购买具有当地特色、非同质化、具有观赏性等特点的商品。例如，在前往日本的邮轮上，喜欢动漫的游客希望在邮轮上就能购买到一部分心仪的动漫周边产品。那么这就对邮轮上的购物产品的丰富性、独特性、新颖性提出了很高的要求。需要增加邮轮购物产品的种类、进货渠道，还要针对不同人群对于新异产品的需要做出相应的产品分析和产品摆放。在邮轮这一有限的空间中要真正做到有效地提供且销售出具有新异性的东西应该结合邮轮不同于陆地等常见购物环境，将产品与自身的特点结合起来突出产品的新异。

▌(五)审美动机

众多游客在选购商品时,会着重考虑商品的审美价值及艺术特质,他们重视商品对于个人形象的提升、对于生活环境的装点,以及对于精神世界的熏陶。特别是那些融入了民族特色、地域特色以及具有独特审美价值的旅游商品,如制作精美的邮轮模型、手工艺品、民族服饰等,往往能吸引他们的目光。这些商品的艺术美感、色彩搭配以及造型设计,都是游客所关注的重点。

为了满足游客的购买需求,我们在提供服务时,需要深入了解游客的个人品位和喜好。我们应该着重强调商品的装饰功能,掌握游客的装饰习惯和方式,从而有针对性地推荐符合他们需求的商品。同时,我们也要尊重游客的信仰和禁忌,避免向他们推荐可能引发不适或冒犯的带有浓厚宗教色彩的装饰性旅游商品。

▌(六)珍藏动机

游客的兴趣爱好多种多样,他们在旅途中寻求不同的收藏品,如火柴盒、香烟盒、邮票、手表,甚至是具有保存价值的工艺品。为了满足这些需求,邮轮在提供购买服务时,必须高度重视产品的品质。只有那些工艺精湛、制作精细的产品,才具有真正的珍藏价值。即便价格并不高昂,购买者也会对其品质提出严格要求。

一般而言,人们通常认为具有珍藏价值的产品其价格必然高昂,因为价格往往是产品价值的一种体现。然而,这种心理预期往往导致服务人员将游客的经济能力作为服务态度的衡量标准,这是一个需要警惕的误区。在为这类游客提供服务时,经济能力只能作为推荐产品的参考,而不能成为决定服务态度的主要因素。

同时,具有珍藏价值的商品在运输和保存方面也存在一定的问题。服务人员应当为游客提供相应的帮助,确保这些商品能够安全、完好地到达目的地。在选购具有珍藏价值的产品时,人们往往看重其独特性。这些产品通常具有独特的设计和制作工艺,使得它们在其他地方难以购买到。例如,星巴克推出的城市杯就是一个很好的例子。这些杯子的设计独特,每个城市的杯子只能在当地的星巴克购买到,因此成为许多杯子收藏爱好者的首选。

综上所述,面对具有珍藏购买动机的游客,邮轮服务人员应当重视产品的品质、独特性和运输保存问题,同时避免将游客的经济能力作为服务态度的唯一标准。通过提供专业和周到的服务,确保游客能够满意地购买到心仪的珍藏品。

▌二、邮轮游客购物行为分析

邮轮游客在购物过程中的消费行为受到其认知及意志活动的共同影响。换言之,邮轮游客在购买商品时,会经历一系列的心理过程,包括感觉、知觉、记忆、思维、想象、情感及意志等。然而,值得注意的是,不同性别和年龄的游客在购物过程中所展现出的行为特点存在显著差异。

▌(一)青年游客购物行为

青年通常是指年龄在 15 岁到 30 岁之间的人。青年人富有活力和朝气,精力充沛,是游客中,尤其是邮轮旅游这种新兴旅游方式中的庞大群体,也是邮轮旅游商品购买者中最活跃、数量最多的人群。青年游客的消费心理和行为有以下特点。

1. 追逐新潮时尚

青年人思维活跃,富于幻想,有冒险精神,对新事物有很强的敏锐性和预见性,这使很多青年人成为邮轮旅游这种新兴旅游产品最早的尝试者和最有力的推广者。特别是对一些具有高科技含量的旅游纪念品,邮轮在展示这些新潮时尚旅游产品方面具有显著优势。选择邮轮作为旅行方式,游客的大部分时间将在邮轮上度过。因此,邮轮购物服务可为他们提供比传统商场更丰富的体验方式。在邮轮上,我们可以随时展示商品的潮流与时尚,将购物服务融入无形之中。这不仅会加深游客对产品的印象,还会通过身临其境的体验让他们全面了解产品特点,进而在心理上强化他们的购买意愿。

2. 追求个性张扬

随着自我意识的增强,青年游客倾向于选择能够体现自我个性的商品,追求独特的消费体验,以展示自己的与众不同。邮轮作为一个集住宿、娱乐、购物、商务和餐饮于一体的移动酒店,其特点与青年人对个性表达的追求高度契合。因此,邮轮上销售的旅游产品应大量融入能够彰显个性的元素和项目,以区别于其他旅游产品。例如,提供 DIY 类旅游商品,让游客亲手制作旅游产品。这些产品应简单易操作,充满趣味性,允许游客充分发挥想象力,同时便于携带。现场应有专业人士提供操作指导。

3. 重感情易冲动

青年游客在购物决策时容易受到情感的影响,他们的购买行为往往带有冲动性,更容易受到环境因素的影响。在理智与情感发生冲突时,情感往往占据主导地位,导致冲动性购买多于计划性购买。他们往往更关注商品的款式和颜色,而忽视其综合性。因此,在提供购物服务时,我们应准确把握青年人的情感特点,强调产品的个性化和独特性,以激发他们的购买欲望。

(二)老年游客购物行为

人们通常将年满 60 岁及以上的人称为老年人。老年游客群体通常具有较强的经济能力,其购物选择也相对宽泛。然而,老年游客的消费心理和行为模式往往表现得更为成熟。

1. 全面评价商品

老年游客经验丰富、见识广博,能够对商品进行全方位的评价。他们不仅注重商品的外观设计和新颖性,还更加注重商品的内在品质和价值。一般的广告宣传和促销手段对他们的购买决策影响有限。这就要求服务人员具备详尽的产品知识,能够全面展示产品的各项特点,而不仅仅是片面强调某一方面。

2. 讲求实用价值

在购买旅游商品时,老年游客通常将实用性视为首要考量因素。他们强调商品的实用性、舒适性和安全性,并根据自身的生理特点,还注重商品的便携性和多功能性。为老年游客提供亲身体验商品的机会至关重要,服务人员应确保他们从服务中感受到商品在生活中的实际价值和便利性。对于实用性强的商品,可以考虑在邮轮上提供免费体验服务,以增强他们对产品的了解,并减少对销售人员过度推销的误解。

3. 强调服务质量

老年游客凭借丰富的生活经验,对服务质量的期望超过年轻游客。他们喜欢比较不同商品的款式、价格和实用性,并对服务人员的态度保持警惕。一旦他们对服务质量表示不满,将极大地降低购买意愿。因此,服务人员应具备较高的服务素质、专业的服务方式和优质的服务态度。在向老年游客推荐旅游商品时,应注重推荐的方式和态度,以确保他们的购物体验愉快而满意。

4. 带有馈赠动机

老年游客在旅途中购买旅游纪念品时往往带有馈赠亲友的意愿。他们更注重商品的实用价值和保存价值,而不仅仅是外观。服务人员应敏锐地捕捉到老年游客的这一需求,并重点推荐适合馈赠的商品。无论是价格还是款式都应符合老年游客的审美和实际需求。

（三）女性游客购物行为

在旅游活动中,女性游客与男性游客之间表现出明显的购物行为差异,其中最为显著的是女性游客更倾向于在旅途中购买所需商品。因此,我们经常观察到女性游客在旅行结束后总是满载而归。一般而言,女性游客的购物行为具有以下特点:

1. 注重商品的外观和情感效果

这些因素的影响在她们为亲友选购商品时尤为显著,往往容易引发冲动性购买行为,特别是青年女性。因此,为女性游客提供购物服务时,应注重营造商品使用场景感,以激发其购买欲望。

2. 讲究商品的实用性和具体利益

女性游客除了要求商品的外观美外,还要求商品必须具备一定的实际性。例如,食品类商品需具备丰富的品种和优良的口感;服饰类商品需具备良好的质感、合理的价格、时尚的款式和知名的品牌等优势;护肤品则更看重品质和效果。因此,在服务过程中,应着重向女性游客推荐商品的实用效果,让她们能够快速体验到产品的优越性。

3. 具有较强的自我表现意识

女性游客喜欢展示自己购买的旅游商品,渴望获得他人的赞美和认可,满足自尊心。这一特点在服饰、化妆品和饰品等商品的购买中尤为明显。对于女性游客而言,赞美往往能在一定程度上激发其购买动力。因此,为她们推荐符合其气质、彰显个性和审美价值的商品至关重要。同时,要注意不同年龄、品味和审美观的女性游客可能对不同的产品有所偏好。因此,通过观察其言行举止、穿着打扮等,可以为她们提供更为精准的服务。然而,在服务过程中,切忌以貌取人,而应通过沟通了解游客的喜好,以确保为她们提供优质的服务。

同步案例

产品销售情景案例

一、品牌服饰

随着社会物质与文化水平的不断提升,上层社会对服饰的期待亦日益提高。服饰不仅要展现华丽与高贵的气质,还需兼顾时尚与舒适的穿着体验。服饰未来的发展趋势是实现与人的完美融合,以展现每个人独特而神秘的内在美。服饰不仅能够体现生活方式,更是展现个人身份、社会地位及修养的重要载体。在社交场合中,服饰成为个人品牌的重要标识,最理想的服饰应是个人风格的完美体现。当个人与品牌风格相互契合时,方能达成最和谐的相遇。

1. 搞定求全心理的游客

在销售过程中,若游客的求全心理无法得到满足,往往会导致其放弃购买。此时,销售人员若能灵活应对,主动提供多元化的解决方案,仍有很大机会说服游客。当销售人员推荐的衣物符合游客期望时,交易成功的概率会显著提高。这是因为此类游客深知自己的要求较为苛刻,即便更换品牌,也未必能找到合适的衣物。

在与求全心理的游客沟通时,销售人员应避免使用以下措辞:

(1)"对不起,我们这里没有。"此类回答可能导致游客立即离开,即使那些仍抱有一线希望的游客,在听到这样的话后,也可能失去继续寻找的意愿。

(2)"您的要求太高了,相信您到哪里也找不到这种款式。"这种回答容易激发游客的逆反心理,甚至可能导致其永远不愿再次光顾您的门店。游客的要求高低是其个人选择,不会因为销售人员的言论而改变。

(3)"那您再逛逛。"虽然这是一种较为温和的拒绝方式,但往往预示着销售将无果而终。

情景再现

销售人员:您好,想让身材显得更苗条一些,通过色彩、款式的搭配都可以达到;想要符合职业和多种场合身份,也可以通过搭配达到。那么请问您的职业是什么? 一般需要出席哪些场合呢?

游客:我是一名教师,想买一件上班、聚会、逛街都能穿的衣服。

销售人员:那我建议您选择今年比较流行的黑色搭配。穿着这种颜色的服装上班,一般会给人一种稳重、内敛的印象。如果朋友聚会的话,搭配一些有光泽质感的饰品,就会变得优雅华丽。如果逛街穿呢,搭配一些比较明快的浅色鞋和包,比如白色的鞋和包,就能够既休闲又时尚。另外,这样的颜色因为比较深一些,所以也能很好地修饰身材。我们有好几款这种颜色的款式,您要不要试试看?

游客:好啊!

2. 抓住"卖点"促其购买

在服装销售中,我们推销的不仅仅是产品,更是产品的综合优势。这包括优质的面料、时尚的款式、协调的色彩搭配以及精湛的做工。每个品牌都有其独特的价值追求和审美理念,而流行趋势则是这些品牌在市场上展示自己的重要方式。因此,作为奢侈品销售人员,我们需要敏锐地捕捉并理解这些"卖点",以专业、精准的方式向游客进行推荐。只有这样,我们才能真正打动游客,激发他们的购买欲望,从而实现销售目标。

情景再现

销售人员:本款女装简单、大气,裁剪相当收身,腰间的腰带设计以及袖子的格子走线、胸口的对称口袋、细节处的怀旧 logo,都让本款女装相当大气。这款衣服在寒冷的季节,能够让您温度与高雅并存、曲线与温暖同在。

销售人员:这一短款双排扣皮包边女式风衣,采用高档面料裁剪而成,以纯蓝色为打底布料设计,展现了青春与活力。领口处采用了圆领的翻领设计,袖口用环扣松紧设计,适合紧身穿着,正面用双排扣的设计,肩部与正面的扣子连体,使整体的设计更具有统一性,上身效果极好,后背用天蓝色的刺绣设计出了品牌的标识。

销售人员:这款高领撞色长袖连衣裙,巧妙地运用撞色将两种反差的色调在一件服装上进行设计,以及简单的收腰设计,穿着后会随着身体的弧线而下。成曲线的设计,面料柔软,穿着舒适,撞色的设计往往让人眼前一亮,整体的感觉产生出来,颜色设计更为大胆,加上高领的设计让这款衣服增加了保暖性,正适合秋季穿着。

二、香水余味

香水,一种拥有至少 6 000 年历史的精致产品,自其诞生之日起,便与时尚、炫耀和奢华紧密相连。作为"高级时装"中的佼佼者,香水以其独特的浪漫气息和深刻印象,展现着无与伦比的奢侈魅力。它的香气,犹如爱情的气息,虽无法看见或触摸,却总能让人难以忘怀。

每一瓶经典的香水,无论是清新淡雅、神秘高贵,还是活泼雅致,都散发着独特的魅力,如同涓涓细流般逐渐释放,激发着人们无尽的遐想。这种魅力,正是香水所独有的,它以其独特的方式,诠释着时尚与品位的完美结合。

1. 香水的前、中、后调

游客:香水的留香时间有多长?

销售人员:这是因人而异的,一般来说,女士香水的留香时间要比男士香水的留香时间长。

游客:什么因素会使香水的留香时间更长久?

销售人员:一般香精浓度高的香水会持久些,如檀香型留香时间会持久;低温比高温持久;油性皮肤比干性皮肤持久。

游客:你们这个香水的留香时间怎么样?

销售人员:我们的香水都比较偏向于轻松、活泼的香型,相对一些浓厚、正统的香水留香时间要稍微短一些。

游客:为什么喷香水后不久,我就闻不到香味了?

销售人员:首先,因为您的鼻子已经习惯了这种香味,对这种味道不敏感了,但您旁边的人还是会闻到香味的;其次,香水的前香会浓一些,中香、尾香会慢慢变淡。

游客:是否不同的人闻同一款香水会有不同的感觉?

销售人员:是的,每个人对香味都有不同的感觉和反应。例如,有些人对某些香味特别敏感,而有些人对这种香味则没有什么感觉。

游客:这款香水对我来说是不是太浓了?酒精味是不是太大了?

销售人员:您闻的是香水的前调,是会浓一些,还有点酒精的味道。请您再等一两分钟,等前调散开了,到了中调才是选择香水的最佳时段。

2. 男香之味

现今,市场中主流的香水品牌均推出了男士香水系列,这足以证明男士香水市场的庞大潜力。对于男士而言,他们在选择香水时,对品质的要求尤为严格。他们倾向于认为,若要使用香水,便应选用最优质的产品。这种消费心理在众多男性香水购买者中具有一定的普遍性。因此,当销售人员向男性游客推荐香水时,应将重点放在香水的品质上,而非单纯强调价格因素。

情景再现

销售人员:小姐,您想要挑一款怎样的香水?

游客:我想买一款男士香水,给我老公当生日礼物。

销售人员:这款就相当不错,××品牌的香水可是美国第一任总统乔治·华盛顿的最爱,在那个年代曾经是男性必备的香水品牌。

游客:是吗,香味怎样?

销售人员:请您闻闻,就是这个味道,配有柠檬、橙花油及迷迭香,可以让人显得生气勃勃,塑造出新时代男性的新形象,给人一种爽朗宜人、充满阳刚气息的感觉。

销售人员:先生,我们这款××来自前卫而浪漫的法国,清晰、敏感、淡雅而温情的芳香受到很多喜欢休闲男士的喜爱。它能让您显得浪漫、潇洒、不羁和自由,让人仿佛置身于宽广的原始草原或者投身于大海的中央,一种心胸开阔的感觉随之而来。

销售人员:这款男士淡香水由四种独特香调相辅相成,让每个人以不同的方式诠释男性的魅力。结合清新、辛辣与木香调,组成四种相互平衡和谐的动态香气(清新调、辛辣调、木香调、感性调)。

三、腕表风情

稍纵即逝的时间,在美轮美奂的腕表中呈现,留给每个拥有者无尽的浪漫时光。一款经典的腕表,哪怕只拥有一件,都值得一生珍存。腕表,如今已经是一种象征。

1. 腕表象征身份与地位

小小一块手表,动辄成百上千,这不禁让人想起一句老话——"时间就是金钱"。不得不承认,手表是最容易让男士欣喜若狂的物品之一。男士对精密机械的那份狂热似乎是与生俱来的。因此,销售人员可以借助这一点来向游客推荐。

情景再现

销售人员:商场如战场,平时您可以随意一点,但在商务活动中则需要足以傲视群雄的重要装备。因此,您可以将商务礼仪中男性不可或缺的符号——正装腕表置办齐备!

游客:是吗? 腕表有如此强大的力量?

销售人员:当然,对于您这样经常出席商务场合的人士,顶级品牌正装腕表往往会成为谈判成功的秘密武器。因为这一块表,您便已赢得了对手的尊重。

游客:我已经有一款××牌的腕表了,现在想看看这款腕表有什么特色。

销售人员:先生可真是一位高人,如今手表已不仅仅满足人们掌握时间的要求,也是人们身份、地位的象征。我们的腕表拥有的高质量机芯及经典外形,可以体现出您的身份。

2. 腕表体现品牌具有的收藏价值

销售人员在向游客推荐腕表时,一定要强调该品牌的腕表所具有的收藏价值。腕表的收藏始于20世纪80年代中期。1985年,美国上层社会的一些名流忽然戴上了第二次世界大战以前的老表,并且这股风潮很快席卷了全球。一些有眼光的收藏家、投资家开始关注并且迅速加入收藏腕表的行列,腕表成了收藏界的新宠。近几年,腕表收藏热一浪高过一浪,从各大拍卖行屡屡高价成交中不难看出,人们对腕表收藏的狂热正与日俱增。

情景再现

游客:除了品牌之外,如何才能挑选一款具有收藏价值的腕表呢?

销售人员:稀有材质与工艺技术能增加腕表的价值,但除了宝石本身的质量外,工艺更为重要。蛋白石、玉、珊瑚与钻石镶嵌的珠宝腕表,或采用珐琅彩绘的表盘,让腕表如艺术品一般,值得收藏。

游客:那还有其他哪些方面?

销售人员:其次就是机芯设计,因为制表工艺与技术,重点在于机芯。机芯的挑选,最简单的分别就是机械表绝对胜过石英表,石英表机芯来自 IC 电路,会随时老化被淘汰;而机械表只要保养得当,使用百年绝不成问题。机械表最有价值的地方,就在于通过小小的机芯就能把日历、报时等各种复杂功能展现出来,也彰显了表厂独特精湛的技术。

情景再现

游客:你们这款腕表能否保值?

销售人员:腕表保值与否跟采用的金属有极大的关系。一般来说,一块腕表的制作,机芯大多采用黄铜,表壳的部分则有黄 K 金、玫瑰金,或者是白 K 金。我们这款腕表的表壳是铂金,是最具有保值价值的,所以您尽可以放心购买收藏。

问题:

1. 说出以上三个案例中销售人员把握了游客的哪些旅游购物心理需求。

2. 分析案例中销售人员的具体做法是什么,并说说你认为这些做法所达到的效果如何。

3. 说出案例中销售人员在销售过程中哪些做法你认为不合理。

4. 如果你是销售人员,针对案例中游客的特点,你会怎么做?

分析提示:

1. 抓住游客在旅游购物中的心理需求类型。

2. 将自身在实际生活中的经验运用到具体的操作当中。

3. 学会与游客换位思考。

第二节　邮轮购物服务心理策略

邮轮购物是旅游经济的关键构成,而旅游经济又隶属于服务经济,优化旅游购物服务对于提升游客的购物体验具有至关重要的促进作用。旅游活动涵盖"吃、住、行、游、购、娱"六大基本要素,其中,购物服务作为不可或缺的一环,对于地区及品牌旅游的消费成交量具有决定性影响。购物服务的水平与质量,往往直接反映出该地区或国家的旅游发展状况及旅游从业人员的职业素养。

在深入研究邮轮购物服务时,全面把握游客的消费心理并据此制定有效的服务策略至关重要。本节将深入探讨邮轮旅游商品市场状况、邮轮旅游商品开发和购物服务策略、邮轮游客消费心理及消费行为认知等方面,并提出针对性的购物服务心理策略。这些策略对于进一步推动邮轮购物的发展具有重要意义。

一、邮轮旅游商品市场状况

在旅游消费领域,旅游购物占据了显著的地位,其潜在的增值空间巨大,这已成为各国旅游业的广泛共识。作为近年来旅游购物领域的崭新力量,邮轮购物的发展状况与整体旅游环境中的旅游商品市场紧密相连,二者相互影响,密不可分。

(一)邮轮旅游商品缺乏独特性和创新性

邮轮旅游商品市场当前面临的核心挑战在于其旅游商品缺乏独特性和创新性。举例来说,在从中国出发至海外的邮轮上,游客都能购买到北京烤鸭、云南大理扎染、陕西剪纸等商品。在餐饮方面,邮轮更是竭力迎合游客的口味,提供了众多"家乡"风味的美食。这种现象在表面上似乎展示了邮轮旅游商品的多元化,但深入分析后,我们发现这些特色商品并未真正凸显其独特性。此外,这些邮轮旅游商品在包装和内容上缺乏新意,这种缺乏创新性的做法难以吸引游客,相当于放弃了庞大的潜在市场。因此,邮轮旅游商品市场亟需通过提升商品独特性和创新性,以吸引更多游客,开拓更广阔的市场空间。

(二)邮轮旅游商品实用性不足

邮轮旅游购物市场的发展疲软,其中一个重要原因是邮轮旅游商品的实用性不足。观察发现,邮轮旅游商品与普通旅游市场商品在种类上并无显著差异,如银饰、竹制品等常见的旅游商品在邮轮上同样可见。然而,这些商品在制作过程中往往忽视了实用价值,导致消费者虽然对它们感兴趣,但最终购买意愿不高,进而形成了"看的人多,买的人少"的局面。

(三)邮轮旅游商品质量差、信誉度低

邮轮旅游市场的蓬勃发展为旅游商品市场注入了新的活力,众多旅游商品应运而生。然而,受资金短缺、规模有限、技术水平不高以及粗制滥造等因素的影响,这些旅游商品的质量普遍下滑。对于邮轮游客而言,他们对这类商品的购买意愿明显减弱。

二、邮轮旅游商品开发和购物服务策略

(一)邮轮旅游商品开发策略

旅游是一种异地、异时、异常的消费活动,受时空的制约。首先,由于邮轮游客的消费水平普遍较高,他们对于旅游商品的纪念性和艺术性要求更高,因此,商品设计应追求美观大方、款式新颖、工艺精巧,以符合游客的审美需求。例如,可以考虑将四大名绣的工艺运用到女士衬衫、围巾等商品上,以彰显其秀丽、高雅的艺术品质。

其次,应注重开发具有当地优势、民族特色和地方风情的邮轮旅游商品。这类商品应充分体现旅游目的地的地域特色和文化内涵,以吸引游客在异地购买。设计者可以运用当地风光、历史传说或典型建筑等元素来设计商品的造型与图案,并采用当地特产材料制作,以凸显民族特色和地方风情。

再次,应加大科技投入,开发具有高科技含量的邮轮旅游商品,以吸引游客的好奇心并防止快速仿制。同时,邮轮旅游商品应多样化,以满足不同游客的需求。邮轮旅游商品的开发应小批量、少而精,具有较大的选择性,并突出个性与特色。

此外,在销售过程中,应建立和促进有信誉的相关鉴定行业的兴起,以确保邮轮旅游商品的质量。对于价格昂贵的商品,应提供权威的行家或信誉部门的鉴定证书,以消除游客的疑虑。同时,可举办有影响力的活动,推出邮轮特有的旅游商品,以提升其知名度和销售量。

最后,合理确定旅游商品价格至关重要。应确保商品按质论价,提供货真价实的产品,以树立良好的形象并赢得游客的信任。优质的旅游商品是邮轮旅游购物服务工作的基础,通过多种促销方法,可以进一步扩大邮轮旅游商品的销售。

(二)邮轮旅游购物服务策略

在邮轮旅游购物服务工作中,深入理解游客的购物心理是至关重要的前提。邮轮上的游客拥有不同的背景、性别、阶层和性格,因此,服务人员需洞察游客的心理特点,以便

为他们提供个性化的商品销售服务。例如,对于充满活力和追求潮流的青年游客,我们可推荐富含高新技术的旅游商品,以满足他们展现个性和追求时尚的购物需求。而对于更注重实际与品质的老年游客,我们应提供内外兼修、物有所值的旅游商品,以符合他们的购物心理预期。

在邮轮旅游购物服务中,服务人员的态度至关重要。无论是在邮轮内部还是普通商店,游客的购物体验都受到服务人员态度的影响。服务人员应注意自己的言行举止、服务态度,保持礼貌和尊重,这是提供优质旅游购物服务的基石。

抓住适当的销售时机也是邮轮旅游购物服务的关键。邮轮游客进入商店的目的各异,可能是购买商品,也可能是了解行情或仅仅参观。服务人员需敏锐观察游客的举止和神态,判断其心理状态,并在合适的时机主动介绍商品,激发游客的购买意愿。通过热情的服务和精准的推荐,我们可以有效促进游客的购买行为,从而提升邮轮旅游购物服务的质量。

三、邮轮游客消费心理及消费行为认知

(一)从"心"突破

情景营销,指的是在销售流程中,销售人员通过运用生动而形象的语言,向游客展现产品使用后的理想效果,以此激发游客对于该场景的向往,并有效激发游客的购买欲望。

游客在购物时,主要基于三种利益考量:功能利益、情感利益和象征性利益。尤其在奢侈品消费领域,游客所追求的核心价值已不再仅仅聚焦于商品本身的功能性,而是更加关注商品所承载的"符号象征"价值,即物品的象征性利益。游客购买服装等奢侈品,往往是为了实现自我价值,彰显其独特的生活方式和品味,展示其社会地位和能力。

游客对于奢侈品象征性利益的追求,为情景营销的成功提供了坚实的基础。在销售现场,销售人员通过富有情感色彩的描绘,能够帮助游客将这些场景与其个人经历相结合,满足其心理预期,进而打动游客的心。游客的购买行为在很大程度上是由情感驱动的,如果销售人员所描述的场景与游客的内心想法高度契合,这种情感化的沟通方式将更容易说服游客,从而显著提高销售成功率。

(二)接近游客,把握时机

为了满足游客的需求,我们必须与他们建立联系,这种初步接触是销售流程中不可或缺的环节。当这一接触过程自然、和谐时,我们便能有效地引导游客继续参与后续的销售活动。相反,如果这一"序幕"未能成功上演,游客将难以继续参与后续的环节。在销售过程中,选择正确的时机和方式接近游客至关重要,错误的做法可能导致游客的流失。

1.接近游客的机会

(1)当游客展现明确兴趣时,销售人员应把握时机。一位女士径直走向 BURBERRY LONDON 香水,驻足凝视,显示出她对这一产品的熟悉与偏好。此时,销售人员可从适当角度接近,以赞赏的口吻为游客提供相关信息,促进交易的可能性。

(2)面对游客的搜寻行为,销售人员需积极协助。一位年轻女士进店后目光游移,表明她有购买意向但尚未确定目标。销售人员应迅速响应,为游客提供引导,帮助她高效找

到所需商品,提升购物体验。

(3)游客对商品的触摸与检视,意味着更深层次的了解需求。如当一位女士游客从货架上取下大衣,仔细触摸面料、查看标签时,销售人员应耐心等待,待游客想要对商品有更深入了解后,再上前介绍,以激发其购买欲望。

(4)游客与销售人员之间的目光接触,是建立沟通的关键时刻。如当一位女士游客在店内巡视后,停下脚步与销售人员对视,表明她希望得到帮助。此时,销售人员应以点头、微笑等礼貌方式回应,并进行初步交流,以展现专业素养和服务热情。

2.接近游客注意事项

在接近游客的过程中,销售人员应遵循以下准则以确保交流的顺畅与游客的舒适体验:

首先,销售人员应从正前方接近游客,以确保游客能够自然地看到销售人员的到来,避免产生不必要的紧张或不安。这样的接近方式有助于建立游客对销售人员的信任感。

其次,接近游客时的动作应轻柔且自然,避免过于突兀或悄无声息。销售人员应按照正常的步行速度,平稳而自信地接近游客,以展现专业素养与自信。

再次,与游客保持适当的距离同样重要。根据心理学研究,人们在与父母、兄弟、配偶、孩子或极亲密的朋友相处时,才愿意保持近距离。因此,销售人员在面对游客时,应保持1至1.5米的距离,以确保游客的舒适感。最近距离不应少于45厘米,以免让游客感到局促不安。

此外,在接近游客后,销售人员应立即以微笑和友好的语气与游客交流。保持沉默可能会让游客误以为销售人员在监视他们,从而引发不满。因此,积极主动地与游客建立沟通是至关重要的。

最后,在与游客交谈时,销售人员应不时地与游客进行目光接触,这有助于建立与游客的联系并增强交流效果。然而,目光接触不宜过于紧盯不放,以免给游客带来不安和压力。适度的目光交流能够更好地促进销售人员与游客之间的互动与理解。

(三)识别游客购买信号

在消费者表示认同并决定购买销售人员所推荐的商品时,他们往往会不自觉地展现出某些购买信号,诸如使用积极肯定的语言、展现出认同感的微笑或者通过眼神表达出对商品的理解等。销售人员应当时刻保持敏锐的洞察力,准确识别这些微妙的信号,并根据实际情况采取相应的销售策略,以促进交易的顺利达成。

1.表情信号

以下是一些游客成交前的表情信号:

(1)眼睛发亮,瞳孔放大,脸上露出兴奋的表情。

(2)由咬牙沉思或托腮沉思变为脸部表情明朗轻松、活泼友好。

(3)情感由冷漠、怀疑、深沉变为自然、大方、随和、亲切。

(4)面露兴奋的神情,盯着商品思考。

(5)游客紧锁的双眉分开,眼角舒展,面部露出友善而自然的微笑。

(6)游客身体微微向前倾,并频频点头,表现出有兴趣的样子。

2.行为信号

游客一旦拿定主意购买商品,也会不自觉地通过其肢体语言和动作行为表现出某些成交的信号。以下是游客成交前常表现的行为信号：

（1）拿起商品认真地赏玩或操作，并查看商品有无瑕疵，表现出一副爱不释手的模样。

（2）重新回来观看同一种商品或同时索取几个相同商品来比较、挑选。

（3）表示愿意先试商品。

（4）开始注意或感兴趣，比如反复翻看价格单、翻阅商品说明和有关宣传材料。

（5）不再发问，若有所思，或不断地观察和盘算。

（6）离开后又转回来，并查看同一商品或转向旁边的人问："你看怎样？"

（7）突然变得轻松起来，态度友好。

（8）突然放开抱在胸前的手（双手交叉抱在胸前表示否定，当把它们放下时，障碍即告消除）或松开了原本紧握的拳头。

（9）身体前倾或后仰，变得松弛起来。

（10）不断点头。当游客一边看商品，一边微笑地点头时，表示他对此商品很有好感。

3. 语言信号

如果游客的语言由提出异议、问题等转为谈论商品内容，则为游客发出了成交的信号。游客在决定购买时，通常会提出带有以下内容的问题：

（1）关于商品使用与保养的注意事项、零配件的供应等。如可以退货吗？你们将如何进行售后服务？

（2）对商品的一些小问题，如包装、颜色、规格等提出具体的修改意见与要求。如我以前买的××牌质量让人感到不放心，不知你们的怎样？

（3）用假定的口吻与语句谈及购买等。

(四)时刻注意专业形象

在销售人员为游客提供导购服务时，其言谈举止对于给对方留下的印象具有至关重要的作用。销售人员应以专家形象出现在游客面前，若其言谈举止粗鄙或失礼，将给游客留下表里不一的不良印象。

首先，销售人员在与游客交谈时，应避免双手交叉于胸前，这一姿势可能传达出傲慢的态度，因为自高自大的人常倾向于采用此种姿势。为了保持与游客的交流氛围融洽，销售人员应避免此类行为。

其次，当面对已有初步购买意向的游客时，建议销售人员邀请对方一同坐下交谈。坐下后，人的肌肉会自然松弛，使得与游客的对话更加自然、平静。而且，坐下交谈有助于营造坦诚的氛围，有利于交易的顺利进行。在谈论开单及售后事宜时，站立交谈可能使游客感到随时可以离开，而坐下交谈则能增加彼此的亲近感，促进交易的成功。

再次，当与游客坐下交谈时，销售人员应全神贯注地注视对方。在游客发言时，应不时点头示意，并展现出专注或感兴趣的表情。轻微摇头可能引起游客的误解，认为销售人员不赞同其观点或认为其言论有误，从而导致游客停止发言。即使游客提出不合理的条件，销售人员也应先点头表示理解，再进行详细的解释。

最后，在导购活动中，销售人员应保持积极的心态，不因交易未成功而沮丧或表现出不悦。短暂的得失不应过分计较，以免给游客留下不良印象。在告别时，销售人员应更加热情、礼貌，利用这一机会塑造美好的专业形象，为未来交易创造更多机会。

（五）针对不同游客进行销售

行为是心理的表现。销售人员通过对游客行为模式的分析,把握游客性格,针对不同游客类型,采取不同的应对方式。在销售过程中,常见游客的类型一般有以下几种。

(1)悠闲型。悠闲型的游客一般都不急于马上购买,因此,销售人员要热心介绍,不焦急,不强制。

(2)急躁型。急躁型的游客一般都性情急躁,因此,销售人员要做到动作敏捷,不要让游客等候。

(3)沉默型。沉默型的游客遇到问题不发表任何意见,因此,销售人员要善于通过游客的动作提出询问。

(4)饶舌型。饶舌型的游客一般都爱说话,但往往偏离主题,对此类游客,销售人员最好不要打断其话题,要耐心倾听、把握机会,把话题引回到正题上。

(5)博识型。博识型的游客都喜欢表现自己的丰富知识,提出各种评价,对此类游客,销售人员要表示赞许并掌握游客的喜好从而进行销售。

(6)嘲弄型。嘲弄型的游客多喜欢讽刺他人,对于此类游客,销售人员要以稳重的心态去接待应对,并和颜悦色地向游客进行推荐。

(7)猜疑型。猜疑型的游客总持怀疑态度,不信任销售人员,不相信说明,销售人员应以询问的方式把握疑点,说明理由与根据。

(8)优柔寡断型。优柔寡断型的游客欠缺判断力,无法下定购买决心,销售人员要让游客进行比较,并选准能影响他的人。

（六）快速与游客建立亲和力

在产品介绍之前,务必在尽可能短的时间内与游客建立起深厚的亲和力。一个被游客接受、喜爱或信赖的人,通常具有更大的影响力和说服力。为了实现这一目标,需要采取以下五种策略:

(1)情绪同步。情绪同步是指能够快速进入游客的内心世界,从对方的视角、立场来观察、倾听和感受事物。为实现情绪同步,必须遵循"设身处地"的原则。

(2)语调语速同步。在与游客沟通时,要学习并适应对方的表象系统。每个人在接收外界信息时,主要通过视觉、听觉、感觉、嗅觉和味觉这五种感官。在沟通中,最重要的是通过视觉、听觉和感觉这三种渠道。针对不同类型的游客,需要使用不同的语速和语调进行沟通。例如,如果对方说话速度快,你也应该保持相同的语速;如果对方在说话时经常停顿,你也应该模仿这种停顿。实现语调语速同步将极大地提升沟通能力和亲和力。

(3)生理状态同步。人与人之间的沟通主要通过三种渠道完成:语言、语气和语调、肢体语言。在沟通中,文字的影响力仅占7%,而语气和语调的影响力占38%,肢体语言的影响力则高达55%。一个人的举止、呼吸和表情在沟通时传达的信息往往超过其所说的话。因此,要实现生理状态同步,需要注意自己的肢体语言与游客保持一致。

(4)语言文字同步。在与游客沟通时,应使用对方常用的感官文字和用语。这样做可以让游客感受到你的亲切,使你的话语更容易被接受和理解,从而更容易向游客推荐产品。

(5)观点同步。在与游客沟通的过程中,直接指出对方的错误或与游客发生争执是最容易破坏彼此之间亲和力的行为。不管游客对你提出任何批评、抱怨或对产品及服务持有什么错误看法,都不应直接反驳对方。实现观点同步很简单,只需使用以下三句话:"我明白(理解)您的观点,同时……""我很感谢(尊重)您的意见,同时……""我很同意(赞同)您的看法,同时……"。这样的回应方式既表达了对他人的尊重和理解,又能够引导对话朝着更有益的方向发展。

同步案例

美妆护肤

追求美是人的本能意识。相关测试表明,3个月大的婴儿,面对漂亮的成人面孔会笑得更长久。人们追求魅力的最根本目的,主要还是能更加成功地吸引异性。几乎所有的男子都将"女子具有美丽的容颜"作为择偶的重要标准。

心理学家南茜·爱克夫经过大量研究,得出结论:"美丽的相貌是女人最有用的资本。"漂亮女人更容易获得良好的社会地位、金钱和爱情,社会生活各方面的优势也会更加明显。

1.利用故事感动游客

情景再现

游客:雅诗兰黛的创始人雅诗兰黛女士就是一个传奇的女性,她可是我崇拜的偶像。

销售人员:是吗? 那您一定是雅诗兰黛的忠实用户了,我也为自己能在雅诗兰黛工作而感到自豪。雅诗兰黛是最温和也是最有效的产品。

1946年,雅诗兰黛女士创建雅诗兰黛公司,她深信每位女性都能变得美丽动人。1962年,雅诗兰黛女士开始选用模特为产品代言,超级名模凯伦·葛芮翰、薇露·贝尔、宝琳娜·普瑞斯科娃、刘雯、伊丽莎白·赫丽等均为雅诗兰黛的代言人。您用雅诗兰黛的护肤品,也一定会成为世界上最美丽的女人。

销售人员:兰蔻于1935年诞生于法国,我们以玫瑰花作为标识的品牌现在已经成为全法国第一和全世界第二的世界知名化妆品牌,创始人阿曼达·珀蒂让先生得以让全球女性分享兰蔻优雅且高贵的气质。您的气质如此优雅高贵,我们的产品就像是为您量身定做的。

销售人员:资生堂是日本著名企业,其名字取自中文古籍,在中国古代意为"赞美大地的美德,她哺育了新的生命,创造了新的价值"。当然,这一名称正是我们资生堂形象的反映。资生堂是将东方的美学及意识与西方的技术及商业实践相结合的先锋,它将先进技术与传统理念相结合,用西方文化诠释含蓄的东方文化。

2.相信自己的产品

情景再现

游客:我以前一直用××品牌的睫毛膏,没有用过你们家的,效果有你们产品广告说的那么好吗?

销售人员:这一点您绝对可以放心,我们这款立体纤维长睫毛膏,开创了睫毛膏的新纪元。您看,创新的白色弹力刷头,可以轻易而精确地将每根睫毛从根部刷到尖端,塑造更纤长、更丰盈,且根根分明的立体眼部妆效。今年,又将独特的刷头运用于防水型睫毛膏的使用中,推出了全新立体纤长防水睫毛膏,适合各种气候状况及不同类型的睫毛,持久彰显塑造您的立体明眸。

销售人员:这是我们首度推出的润泽、透亮,犹如法式甜点般可口的八色水吻我唇蜜以及同色系水吻我唇膏与缤纷可期的四色指甲油,令人一眼着迷的水嫩质感,如此闪耀动人,仿佛身处米兰、巴黎、东京等大都会街头,让您惬意且自信!

销售人员:我们这款粉底与一般粉底是不一样的,它特别添加了具有保湿功能的活性成分,您不用像以前一样因为粉底造成面部肌肤干燥脱皮。粉底中增加了能被皮肤吸收的活性成分,如丁烯、甘油、滋润啫喱、透明质酸等,可以保证皮肤角质层的滋润。

3. 根据肤质为客推荐

情景再现

(1)中性皮肤。中性皮肤是健康理想的皮肤,皮脂分泌量适中,既不干也不油,红润细腻,富有弹性,毛孔较小,对外界刺激不敏感。中性皮肤的 pH 值为 5~5.6。

销售人员:您的皮肤属于中性皮肤,是最好的皮肤了。但是也要注意保养,否则容易变为干性皮肤,您看,我们这款护肤品特别适合您的皮肤类型,它能够帮助您维持皮肤的水油平衡,保持皮肤的健康状态,防止皮肤干燥和老化。

(2)干性皮肤。皮肤白皙,毛孔细小而不明显。皮脂分泌量少,比较干燥,容易产生小的皱纹。毛细血管表浅,易破裂,对外界刺激比较敏感。干性皮肤可分缺水和缺油两种。干性皮肤的 pH 值为 4.5~5。

销售人员:一般干性皮肤容易紧绷,起皮屑,苍白无血色等。长期干燥的皮肤会引起老化甚至加快皮肤衰老,更容易形成色斑和干纹。××系列产品能让您恢复少女般透明白嫩的肌肤。它含有现代高科技结晶的长效成分;多重氨基酸精华、精纯米脂精华、高氧维生素 E,有显著的滋润营养、补水美白、抵抗老化的作用。使用后您会看到自己明显年轻3~5 岁,焕发出少女般的光彩,就好像给皮肤买了件漂亮的衣服,让您拥有少女般的美丽。

销售人员:您属于干性皮肤,像您这种皮肤需要补充大量的水分,您不应该用清爽型的产品,而需要用一些含油脂量较高的产品,这样才能补充您皮肤的油脂和水分。例如,我们现在推出的这款保湿精华液,它含有天然保湿因子和多种维生素,能够深层滋润您的皮肤,保持皮肤的水油平衡,防止皮肤干燥。使用后,您的皮肤会更加光滑细腻,充满活力……

(3)油性皮肤。肤色较深,毛孔粗大,皮脂分泌量多,皮肤油腻光亮,不容易起皱纹,对刺激不敏感。由于油脂分泌过多容易生粉刺、暗疮。

销售人员:您是油性皮肤,T 字部位油脂分泌旺盛,面部泛着油光,因为水分和油分的不均衡状态,容易导致粉刺、黑头、粗黑、敏感皮肤出现,因此要及时使用控油产品。××控油产品能让您的皮肤收细毛孔,清爽无油腻。它含有世界公认的两大特效成分——矿物温泉精华和维生素 F,具有双向调节肌肤的水分和油分平衡,恢复整个面部油分和水分平衡状态的作用。让皮肤感觉清新舒爽无负担,就像运动后喝了一瓶饮料一样舒爽。

4. 巧妙处理游客异议

销售过程本来就是一个从异议到同意的循环过程,只有解决了游客的异议,才能赢得游客好感,促进销售成功,因此,销售人员必须巧妙地处理好游客异议。

情景再现

游客:BB霜会堵塞毛孔吗?

销售人员:堵不堵塞毛孔在于您卸妆卸得干不干净,只要卸得干净就不会堵塞毛孔。任何和彩妆有关的产品都会堵塞毛孔,晚上卸妆干净就没问题。

游客:我的肤色应该怎样选购隔离霜?

销售人员:一般隔离霜的功效是修颜、隔离、滋润、保湿。隔离霜除了全脸使用外,珠光或白色可拿来作为局部提亮,深咖啡色可用来修容,绿色可用来打在泛红的痘疤上,黄色可打在眼下修饰咖啡色黑眼圈。您的肤色较白,可以选择粉红色,能制造红润感。

问题:

1. 说出以上案例中销售人员采用了哪些服务心理策略。

2. 你认为案例中销售人员哪些地方做得好,哪些地方做得不好,说出理由。

3. 如果你是销售人员,你会怎么做?

分析提示:

1. 根据游客的购买心理提出相应的策略。

2. 设身处地为游客着想,从而提出行之有效的策略。

3. 面对不同的游客提出不同的策略。

本章概要

本章深入探讨了游客在邮轮购物时,影响其购买决策的内外因素。通过细致分析不同群体和年龄段游客的行为特征,揭示了他们在邮轮购物过程中的心理变化。基于这些分析,本章进一步提出了有效的邮轮购物服务心理策略。同时,结合具体实例,运用情景模拟的手法,帮助学生更好地融入实际场景,深入剖析案例背后的现象,从而加深对知识点的理解。通过这种方法,本章旨在激发学生的主动思考,引导他们将所学知识灵活应用于实际生活中。

本章案例

"包"罗万象

包不仅能用于存放个人用品,也能体现一个人的身份、地位、经济状况乃至性格等。一个经过精心选择的皮包具有画龙点睛的作用。包饰的兴起与服装的演变有密切联系。

1. 明星效应

每个奢侈品品牌都有固定的消费群体,其中不乏许多知名人士,销售人员可以利用他所知道的知识进行推销。如果是爱马仕包的销售人员,他可以这样说:"这可是贝嫂从不离手的包包哦!"总之,销售人员要尽力去寻找与本品牌相关的名人来予以例证,说明自己的品牌价值。

情景再现

销售人员:我们爱马仕包包是贝嫂的最爱,贝嫂一直是时尚的代言人和潮流的引领者。她那种性感又帅气的着装更是形成了自己的风格。她的出街造型中爱马仕的经典包包是必不可少的。相信您拥有这款包包后,也会形成自己独特的风格。

游客:是吗? 这是贝嫂最爱的包包! 我老公是贝克汉姆的忠实球迷,那我就要一款贝嫂最爱的包。

2. 总有一款适合您

奢侈品牌为何受到众多人士的追捧,这与特有的气质是相配的。以包为例,它可以满足几乎所有人所需的款式,因此,作为销售人员一定要为游客寻找到合适他的那一款。

情景再现

游客:这款手袋适合我吗?

销售人员:当然,这款 Berkeley 手袋的名称取自伦敦著名的广场,袋型别致,质感柔软,是为都市时尚人士而设计的日常款式。

游客:是吗? 我背着它会不会显得长度有点不协调?

销售人员:它的带子可以调节长度,可以挂腕、肩背。其金属徽章以皮革镶边和铆钉,配以微纤维衬里,光滑皮革角及包边,可以说是简单却不乏时尚大方。

情景再现

游客:这款大红色的手袋还挺好的。

销售人员:请问您平时工作时包里需要放文件吗?

游客:嗯,我平时上班包里经常需要放一些大的文件,而我的包又都有些小,通常只能用另一个袋子装文件。

销售人员:那我们这款大号手袋可以说是专门为您设计的,它的风格简单,采用肩背式设计,可以容纳 A4 纸张大小的文件。您可以看看我们店里有没有和您文件大小差不多的资料,放进包里试试。

问题:

1. 案例中销售人员抓住了游客在购买活动中的哪些购买动机?

2. 销售人员运用了哪些购物服务心理策略?

3. 销售人员在销售过程中有哪些方面值得赞赏,有哪些方面需要改进?

分析提示:

1. 从购买动机中制定相关策略。

2. 结合自己的购物经历分析销售人员做得好和做得不好的地方。

本章练习

一、选择题

1. 在邮轮旅游活动中,游客购买纪念品时,以下哪项服务是通常不提供的? _____。

　A. 货币兑换服务　　　　　　　　B. 免税购物

　C. 送货上门服务　　　　　　　　D. 现场制作定制纪念品

2. 当游客在邮轮上购买的商品存在质量问题时,他们应该如何解决? _____。

  A. 直接向船上的销售人员投诉

  B. 联系邮轮公司的客服部门

  C. 在社交媒体上发表负面评价

  D. 自行修理或联系当地商家解决

3. 邮轮游客购物一般基于哪三种利益? _____。

  A. 价值利益、实用利益、象征性利益

  B. 功能利益、价值利益、象征性利益

  C. 象征性利益、价值利益、功能利益

  D. 功能利益、情感利益、象征性利益

4. 游客的购买信号有哪些? _____。

  A. 表情信号、语言信号、行为信号

  B. 肢体信号、文字信号、暗示信号

  C. 情感信号、表情信号、动作信号

  D. 表情信号、动作信号、语言信号

二、简答题

1. 简要说明在向游客提供购物服务过程中的注意事项。

2. 简要说明求新异的购买动机。

三、讨论题

1. 如何识别游客在邮轮旅游过程中的购买信号?

2. 设定场景分组进行角色扮演,讨论邮轮购物服务过程中的心理策略运用。

本章参考文献

[1] 林德荣,郭晓琳. 旅游消费者行为[M]. 重庆:重庆大学出版社,2019.

[2] 程瑞芳. 旅游经济学[M]. 重庆:重庆大学出版社,2018.

[3] 周淑怡,孙瑞红,叶欣梁. 疫情影响下中国邮轮产业利益相关者的演化博弈与战略选择[J]. 中国水运(下半月),2024,24(6):45-47.

[4] 王玮. 从港口出发借势做大邮轮旅游经济[N]. 中国旅游报,2024-05-30(005).

[5] 程爵浩,高欣. 全球邮轮旅游市场发展研究[J]. 世界海运,2004(4):25-27.

第六章

邮轮岸上导游服务心理

学习目标

通过本章的学习,学生们能了解并掌握邮轮岸上导游应具备的职业素质,能够分析邮轮游客岸上旅游过程中的心理,并掌握邮轮岸上导游服务的心理策略。通过相关案例和思考题,学生们应做到理论和实际相结合,提升邮轮岸上导游服务的质量和邮轮游客的满意度。

第一节　邮轮岸上导游服务人员职业素质

邮轮旅游是一种融合了舒适住宿、美食享受和独特旅行体验的旅游方式。除了在海上的休闲娱乐设施和活动,岸上观光旅游也是游客们期待的一大亮点。随着邮轮旅游的快速发展,大多数邮轮的行程安排了多个旅游目的地,使得游客有机会探索丰富多样的岸上景点和文化。岸上观光是邮轮旅游中不可或缺的一环。游客参加国际邮轮旅游是为了探索不同国家和地区的独特景点和文化。借助岸上观光,游客可以亲身领略到旅游目的地的自然风光、历史遗迹、当地特色等。这种体验不仅赋予了旅行更深刻的意义,也让游客能够对旅游目的地有更全面的了解。此外,岸上观光还带来了商机。邮轮的停靠会给旅游目的地带来大量的游客,促进当地旅游和相关产业的发展。许多旅游目的地为了吸引邮轮游客,提供了各具特色的岸上观光项目,从而为邮轮游客提供更加多元化的选择。邮轮岸上导游作为旅游行业的重要一分子,其素质直接关系到游客的旅游体验和服务质量。本节主要讨论国际邮轮停靠中国港口的岸上导游服务工作。

一、敬业精神和高尚的思想品德

热爱祖国、对祖国忠诚是一名合格的中国邮轮岸上导游的首要条件,是其职业精神的核心体现。这种品德不仅关乎导游个人的职业形象,更直接影响到邮轮游客的旅游体验和满意度。首先,是社会主义祖国培育了导游,为邮轮岸上导游创造了良好的工作环境与发挥自己智慧和才能的条件。其次,邮轮岸上导游的一言一行都与社会主义祖国息息相关,特别是在海外游客的心目中,邮轮岸上导游是中国形象的代表。除此之外,邮轮岸上导游也需要较强的敬业精神和高尚的思想品德才能全身心地投入到工作中去,才能够热忱地为每一位邮轮游客提供优质服务。他们用自己的行动诠释着对导游职业的热爱和尊重,为游客提供优质的导游服务,同时也为邮轮旅游事业的繁荣发展做出积极的贡献。

二、处危不惊的意志品质

意志是人的积极性的特殊形式,是人们自觉地调节行为去克服困难以实现预定目标的心理过程。良好的意志品质是导游成功地带领游客完成旅游活动的重要因素,导游必须在游客面前表现出充分的自信心和抗干扰能力。处危不惊的导游在面对突发状况时,能够迅速而冷静地分析形势,做出正确的判断和决策。他们具备丰富的应急处理知识和经验,能够有效地控制局面,安抚游客情绪,确保游客的人身安全。同时,他们还能够迅速与相关部门沟通协调,寻求专业支持和援助,以最大限度地减少损失和影响。邮轮岸上导游的处危不惊品质并非一蹴而就,而是需要长期的职业训练和实践经验积累。此外,他们还需要时刻保持警惕,关注游客的安全和需求,以便在紧急情况下能够迅速做出反应。

三、热情友好的服务态度

邮轮岸上导游需要保持热情友好的服务态度,关心游客的需求和感受,为游客提供周到的服务,营造愉快的旅游氛围。这种态度不仅有助于提升客户满意度,也能增强邮轮品牌形象,进而促进业务的持续发展。热情友好的服务态度体现在微笑待人、耐心倾听、主动帮助、专业解答、尊重差异、及时回应等方面。热情友好的服务态度不仅是一种职业素养,更是一种人文关怀,它能够让游客在享受导游服务的过程中感受到温暖和尊重。同时,这种态度也能够提升导游的职业满意度和归属感,促进团队的和谐与发展。

同步案例 1

邮轮岸上旅游变购物游

李先生和家人报了五晚六日的邮轮旅游行程。在第三、四天两次岸上行程前,全陪导游便开始动员游客必须下船,"不下船要交钱,一次400元,两次600元",同时导游还跟游客说如果不下船会以不良记录形式记录在签证信息中,影响以后出境旅游签证,而且还说下船后不能自由行,必须乘坐大巴按照规定时间游览规定线路和规定免税店。

面对全陪导游的连番洗脑,李先生同一团队里的游客都下船参加了岸上游览。岸上游览时,在大巴车上的岸上导游更会忽悠,又是攀老乡又说她没有提成,还介绍了深海鱼油等保健品,说她本人用,日本人也用,她爸爸用都特别有效等,同时她还表示每个免税店的销售有限额,如果不快速结账,达到店铺限额就买不到了。于是李先生他们一家人在导游的诱导下买了各种鱼油、纳豆酵素等保健品和菜板等日用品,总计花费13 680元,结果回来才发现购买的很多商品都是正品网站根本查不到的假货。

问题:

该案例说明邮轮岸上导游应该具备什么样的素质?

分析提示:

此案例说明邮轮岸上导游应该具备的素质有敬业精神、高尚的思想品德和热情友好的服务态度等素质。下船上岸游览并非强制,游客是否下船由其自主选择,旅行社不会强制收取额外的费用。但目前来看,选择不下船的游客仍相对较少。旅行社一般是按照邮轮公司的规定,如游客因身体原因等无法下船,需要提前和旅行社、邮轮公司沟通。目前我国刚处于从观光到度假的过渡阶段,绝大多数游客对岸上观光有着较强的需求。邮轮岸上导游的素质至关重要,具有较高素质的导游能让游客收获较好体验感的岸上旅游经历。

四、与时俱进的文化素养

随着 21 世纪的发展,人们对知识的掌握越来越广、越来越深,游客对于旅游中的知识需求也越来越高。邮轮旅游作为近年来新兴起来的一种较普通旅游来说相对高端的旅游方式,其参与者大多具有丰富的旅游经验或对新事物接受能力强等。这就要求邮轮岸上导游必须不断提高文化素质,用所掌握的专业和广博的知识来为邮轮游客提供服务。邮轮岸上导游需要具备丰富的导游知识和技能,包括旅游景点的历史、文化、风土人情等方面的知识,以便为游客提供准确、生动的讲解。目前,大部分邮轮岸上导游在进行讲解时只是针对经典死记硬背,千篇一律的导游词毫无深度。这样的服务方式无法满足邮轮游客的旅游需求,因此提高文化素质是邮轮岸上导游急需解决的一个问题。

五、广泛的兴趣爱好

丰富的知识是做好邮轮岸上导游工作的前提,而广泛的兴趣爱好是其入门的先导。邮轮岸上导游所服务的对象是来自全球各地和各个社会阶层的游客,他们所受教育的水平不尽相同,兴趣爱好和心理期待也存在差异。因此,在参加邮轮旅游活动的过程中,邮轮游客会对停靠港口岸上景点景区的风光、风土人情等向邮轮岸上导游提出这样或那样的问题。邮轮岸上导游必须有足够的知识储备,做到有问必答、言之有物。并且,随着时代的发展,现代邮轮旅游活动更加趋向于对文化知识的追求。人们乘坐邮轮出游除了消遣度假外,还想通过邮轮岸上的旅游活动来增长见识、扩大阅历、获取教益,这就对邮轮岸上导游提出了更高的要求。为了适应邮轮游客的这种日益增长的需求,邮轮岸上导游就必须做到知识面要更广,要有真才实学。只有这样,邮轮岸上导游的讲解才能以广博的知识做后盾,做到内容丰富、言之有物。由此可见,广博的知识是做好邮轮岸上导游工作的前提。而只有兴趣广泛的人,才可能有如此广博的阅读面。因此,广泛的兴趣爱好是邮轮岸上导游的必备素质。

六、外向乐观的性格特征

外向乐观的性格特征是邮轮岸上导游在工作中展现出的独特魅力,这种性格不仅有助于提升游客的旅游体验,也使他们能够更好地应对工作中的各种挑战。邮轮岸上导游特殊的工作性质要求他们必须具备外向乐观的性格特征。其服务对象是来自四面八方的游客,每个人的背景、性格都不尽相同,因此,邮轮岸上导游应当是一个活泼型、外向型的人,具有乐于同各种类型的游客打交道的热情性格。只有这样,邮轮岸上导游才能与所带旅游团队的每一位邮轮游客都建立起融洽和谐的人际关系,使邮轮游客感到亲切,并且乐于接受服务,也使导游们能够更好地应对工作中的各种挑战,展现出专业、自信、友善的形象。

七、较强的能力品质

(一)良好的语言表达能力

在邮轮岸上导游过程中,邮轮岸上导游的各种心理品质主要是通过语言体现出来的,邮轮岸上导游活动的过程也主要是与邮轮游客语言交往的过程。此外,邮轮岸上导游讲解就是通过邮轮岸上导游的语言表达,向邮轮游客传达各种信息,使之从中陶冶情操,增长见识。因此,具备较好的语言表达能力是做好邮轮岸上导游服务工作的关键。邮轮岸上导游需要能够清晰、准确地传达信息,解答游客的疑问,并与游客进行良好的沟通,确保游客能够充分理解和享受旅游活动。

(二)良好的感知力和观察力

邮轮岸上导游应有良好的感知力和观察力,要善于观察邮轮游客,并敏锐地感知其不同的心理反应,及时调整岸上导游讲解和相应服务,采取必要的措施,运用多变的手法,保证邮轮游客的岸上旅游活动得以顺利进行。导游需要通过不断的学习和实践,提升自己的专业素养和综合能力。同时也需要保持开放的心态和积极的态度,以更好地理解和满足游客的需求。通过这两种能力的运用,导游能够更深入地了解游客,提供更加贴心、个性化的服务,让游客在岸上游览过程中收获满满的幸福感和满足感。

(三)灵活机动的处事方式及预见能力

邮轮岸上导游应善于从各种现象或得到的各种信息中预见可能会出现的困难或危险,以平静的心态,审时度势,灵活机动地采取相关措施以避免和消除可能发生的意外事故。为了培养和提高灵活机动的处事方式及预见能力,邮轮岸上导游需要不断学习和积累经验,需要关注旅游行业的最新动态和趋势,了解不同地区和景点的特色和文化背景,以便更好地为游客提供导游服务。同时,他们还需要在实践中不断总结经验和教训,不断完善自己的处事方式和预见能力。这两种能力能够帮助导游应对各种突发情况,预防潜在问题,为游客提供更加安全、舒适和满意的旅游体验。

同步案例 2

邮轮岸上旅游触犯当地法律

某国际旅行社组织了一个上海到泰国的豪华邮轮旅游团,邮轮游客在出境离开邮轮游览前,邮轮岸上导游未对邮轮游客讲解有关泰国的风俗和禁忌,几个邮轮游客参与了街头的扑克赌博,结果被当地警方处以重罚,并驱逐出境。邮轮游客认为是邮轮岸上导游没有讲清楚,要求旅行社进行赔偿。

问题：

该案例给邮轮岸上导游的启示是什么？

分析提示：

此案例说明在邮轮岸上导游的讲解中提醒和忠告的重要性。人们常说"入乡随俗，出国问禁"，邮轮岸上导游作为旅行社的代表，有责任、有义务对旅游地的法规、风俗和禁忌进行讲解，遇到要点一定要反复强调，必要时也可以适当引用典型事例以起到警示的作用。因为这不仅关系到责任问题，而且一旦出了问题，对整个旅游团和邮轮旅游活动都会产生很大的负面影响。

八、健康的体魄和心态

邮轮岸上导游从事的工作是一项脑力劳动和体力劳动高度结合的工作，工作繁杂，量大面广，流动性强，体力消耗大。所以，邮轮岸上导游必须是一个身心健康的人，才能胜任这份工作。邮轮岸上导游健康的体魄和心态是其能够胜任繁重而多变的工作任务的基石。在邮轮岸上导游这一职业中，健康的体魄不仅意味着能够应对长时间的站立、行走以及可能的户外工作环境，还意味着在紧急情况下具备足够的体力来应对突发状况，保护游客的安全。为了保持健康的体魄和心态，邮轮岸上导游需要注重日常的锻炼和保养。同时，学会调整自己的情绪和心态，培养积极的生活态度和工作习惯，也是保持健康心态的关键。

邮轮游客岸上
旅游心理 **第二节**

一、邮轮游客岸上旅游不同阶段的心理

(一)岸上旅游初期的安全心理和新奇心理

邮轮游客在邮轮旅游初期阶段,由于环境、周围的人和事物的陌生等原因会出现求安全心理。一般来说,人们选择乘坐国际邮轮到异国他乡旅游,大多是为了摆脱日常紧张的生活、烦琐的事务,成为一个无拘无束的自由人,希望自由自在地享受欢乐的邮轮旅游生活。因此,邮轮游客初到某个港口,到达岸上旅游地时,往往都会显得比较兴奋和激动,并且会对当地的任何事物都感到新奇,什么都想看、都想问、都想知道,一些当地人司空见惯的平常事在邮轮游客的眼里可能就是一件新鲜事,有强烈的追求新奇、增长知识的心理需求。为满足游客的这一需求,邮轮岸上导游要科学地、有针对性地多组织些轻松愉快的参观游览活动并作生动精彩的讲解,耐心回答他们的问题。即使有些问题幼稚可笑,邮轮岸上导游也必须认真回答。在该阶段,邮轮游客最怕的是遇上一个"哑巴"邮轮岸上导游。

(二)岸上旅游中期的放松心理和求全心理

在一系列的邮轮岸上旅游活动过程中,随着邮轮游客与邮轮岸上导游以及邮轮游客之间接触的增多,相互之间也越来越熟悉。同时,邮轮游客在邮轮旅游初期阶段,由于环境、周围的人和事的陌生等原因而出现的求安全心理与戒备心理也得以逐渐消除,邮轮游客感觉到的是轻松、愉快,开始出现一种平缓、悠闲、放松的心态。因此,邮轮游客的性格开始逐渐展现,如个性解放、各行其是、没有时间概念、集体意识差,在一系列的参观游览活动中自由散漫、比较懒散等。

在这一阶段,由于邮轮游客之间彼此的人生观、价值观以及生活习惯的不同,团队内

部成员间的矛盾也会日益显现。与此同时，大多数邮轮游客在这一阶段还会出现一种求全心理，对自己所参加的邮轮旅游活动要求过于理想化。认为自己既然是花钱外出，那么邮轮旅游中的一切都应该是美好的，从而产生生活和心理上的过高要求，对邮轮旅游服务和邮轮岸上旅游产品横加挑剔和指责。一旦提出的要求得不到满足，就会出现强烈的反应，甚至是过火的言行。此外，邮轮游客在这一阶段提出的问题范围更广泛也更深刻，甚至还会有一些不友好以及带有挑衅性质的问题。在邮轮旅游服务的这个阶段最容易出差错，因此，邮轮岸上导游要精神高度集中，对任何事都不得掉以轻心。

▌（三）岸上旅游后期的忙乱心理和回顾心理

一般来说，在邮轮岸上旅游活动的后期阶段，邮轮游客的心理是较为复杂的，情绪波动很大，可以说是既兴奋又紧张。兴奋的是在整个邮轮岸上旅游过程中增长了见识，放松了心情。而邮轮岸上旅游活动结束后，就要立刻离开这个地方，邮轮游客也会出现紧张和忙乱心理。例如觉得邮轮旅游过得太快，岸上还有特产或纪念品没有时间购买等；此外，有些邮轮游客还觉得岸上游览活动意犹未尽，恋恋不舍，甚至对当地产生依恋之情。在邮轮岸上旅游活动的后期阶段，邮轮岸上导游应留出较为充裕的时间让游客处理自己的各种事务，本着认真负责的态度，尽力解决游客在这一阶段的困难，满足其要求。在结束阶段，邮轮岸上导游要向游客提供更加热情周到的服务；要安排好邮轮岸上旅游活动，活动项目宜精不宜多，但要将其组织得更富感情、更有人情味；要做好送行工作，力争锦上添花，让游客留下深刻印象。

邮轮游客的上述心理活动实际上存在于邮轮岸上旅游活动的全过程，只是在不同阶段有所侧重而已。而且，上述心理活动虽有普遍性，但不同生活情趣的人在邮轮岸上旅游活动各阶段的心理特征不尽相同，加上每个人的情绪变化，这为邮轮岸上导游服务加大了难度。邮轮岸上导游要做个有心人，切实了解游客的心理状况，努力使岸上导游服务更具针对性，以获得更好的效果。

二、不同类别游客的心理特征

▌（一）阶层差异产生的不同心理特征

社会阶层是指由于收入水平、受教育程度、职业、身份、地位等综合因素的影响，社会个体形成的相对稳定、相对独立的不同层次的社会群体。在一个社会中，每个阶层成员都具有类似的价值观、兴趣爱好和行为方式。社会阶层的分类是多种因素共同作用于社会心理的结果。不同的社会时期、不同的国家甚至不同的学者，对于社会阶层的划分都有不同的标准和方法。一般来说，人们常常根据财富、权力，有时候也参照社会经济因素，如职业、收入、教育等对人群进行区分。

▌（二）性格差异产生的不同心理特征

性格是邮轮游客个性中最核心的内容，它是决定邮轮旅游行为倾向最重要的心理特征之一。对性格的分析研究有助于我们揭示和掌握游客在邮轮岸上旅游活动中的规律和特点。对一个人性格的了解，不仅有助于解释和掌握他现在的行为，而且还可以预见他未来的行为。由此可见,了解邮轮游客的性格特征与邮轮岸上旅游服务工作的相互关系的意义主要体现在两个方面:一方面有助于引导、控制邮轮游客的行为;另一方面有助于创造适宜的岸上旅游活动环境,使之与游客的性格倾向尽量地吻合,尽量避免在岸上导游服务工作中出现不和谐乃至对立的局面。

同步案例 1

邮轮岸上旅游的安全隐患

某国际旅行社组织的邮轮旅游团在途中进行邮轮岸上旅游活动时,在景区乘车途中有一位年轻游客出于习惯将胳膊伸出车窗外,邮轮岸上导游看见后当着全体游客的面对其做出了警示和制止。而那个年轻游客性格傲气,觉得岸上导游的行为是多管闲事,表现得十分不屑一顾,不但不听劝阻反而把手伸得更长了。适逢汽车下坡,司机因意外急刹车,那个年轻游客伸出窗外的手臂撞上了树干,严重撞伤,影响了全体游客的岸上旅游活动。

问题:

邮轮岸上导游在处理此事时的行为有什么问题? 正确的处理方法是什么?

分析提示:

邮轮岸上导游面对不同性格的游客,处理问题的方式和方法要根据游客性格的不同而有所改变。

知识链接 1

性格与旅游行为

一、性格概述

(一)性格的含义

性格是一个人个性中最重要、最显著的心理特征,是指个人对现实态度及行为方式方面的比较稳定而且具有核心意义的个性心理特征,对此定义我们可以从三个方面加以理解:

首先,性格表现在一个人对现实的态度和行为方式之中,人对现实的态度和与之相应的行为方式的独特结合,就构成了一个区别于他人的独特性格。

其次,性格是一个人独特的、稳定的个性特征,并在人的行为中留下痕迹,打上烙印。

再次,性格是一个人具有核心意义的个性特征。性格由于具有社会评价的意义,所以它在个性中占有核心地位。

(二)性格特征分析

性格特征是指性格各个不同方面的特征,主要有四个方面:

第一,性格的态度特征。性格的态度特征主要是在处理各种社会关系方面的性格特征。主要有:对社会、集体和他人的态度特征;对工作和学习的态度特征;对自己的态度特征等。

第二,性格的意志特征。性格的意志特征是指人在对自己行为的自觉调节方式和水平方面的性格特征。主要有:对行为目的明确程度的特征;对行为的自觉控制水平的特征;在长期工作中表现出来的特征等。

第三,性格的情绪特征。性格的情绪特征是指人在情绪活动时,在强度、稳定性、持续性和主导心境等方面表现出来的性格特征。主要有:情绪强度特征;情绪稳定性特征;情绪持续性特征;情绪主导心境特征等。

第四,性格的理智特征。性格的理智特征是指人在认知过程中的性格特征。主要有:感知方面的性格特征;记忆方面的性格特征;想象方面的性格特征;思维方面的性格特征等。

在以上四个方面的性格特征中,最主要的是性格的态度特征和意志特征,其中又以性格的态度特征更为重要。

性格的上述各个方面的特征并不是孤立的,而是相互联系的,在个体身上结合为独特的统一体,从而形成一个人不同于他人的性格。这正是"性格"一词本来的含义。

二、性格与旅游行为

性格是个性中最核心的内容,它是决定旅游行为倾向最重要的心理特征之一。对性格的分析研究有助于我们揭示和掌握游客旅游活动的规律和特点。

(一)性格特征与旅游行为

了解一个人的性格,不仅有助于解释和掌握他现在的行为,而且还可以预见他未来的行为。由此可见,了解游客的性格特征与旅游服务工作的相互关系的意义主要体现在两个方面:一方面,有助于引导、控制游客的行为;另一方面,有助于创造适宜的活动环境,使之与游客的性格倾向尽量地吻合,尽量避免在服务工作中出现不和谐乃至对立的局面。

(二)性格类型与旅游行为

1. 理智型和情绪型。这是按照游客是理智还是情绪占优势来划分的。理智型的人,常以理智来评价一切,并用理智来控制自己的行为,遇到问题总与人讲事实、讲道理。情绪型的人,情绪体验深刻,不善于进行理性的思考,言行易受情绪的支配,处理问题喜欢感情用事。

2. 独立型和顺从型。这是按照游客的独立性程度来划分的。独立型的人,其独立性强,不易受外界的干扰,善于独立地发现问题,并能独立地解决问题,在紧急情况下表现出沉着、冷静。顺从型的人,其独立性较差,容易不加批判地接受别人的意见,人云亦云,自己很少有主见,在紧张的情况下,常常表现得惊惶失措。

3. 外向型和内向型。这是按照游客生活适应方式来划分的。外向型的人,性格外向,情感容易流露,活泼开朗,好交际,对外界事物比较关心。内向型的人,性格内向,比较沉静,不爱交际,适应环境也比较困难。

知识链接2

MBTI 性格理论

MBTI 性格理论源于瑞士心理学家卡尔·荣格(Carl Jung) 的心理类型理论,它深入探讨了人们如何感知世界并做出决策。荣格认为,感知和判断是大脑的核心功能,人们在处理信息和做出决定时,都会经历这两个基本阶段。感知阶段分为触觉感知和直觉感知。触觉感知侧重于具体、实际的信息,如通过五官直接体验到的世界;而直觉感知则更注重抽象、概念化的信息,强调对事物内在规律和可能性的洞察。判断阶段则分为感性判断和理性判断。感性判断基于情感和价值观,倾向于考虑个人的感受和需要;理性判断则基于逻辑和客观事实,强调分析、推理和决策的科学性。这四个阶段在大脑中并不是简单的线性流程,而是交织在一起的复杂过程。不同的人在这四个阶段中的倾向程度不同,这导致了人们在感知和判断方式上的差异,进而形成了不同的性格类型。此外,MBTI 性格理论还考虑了人们的精力来源和生活方式的影响。这些因素与感知和判断功能相互作用,使得每个人的性格更加独特和复杂。

经过多年的实践和不断优化,荣格的人格分类理论已成为国际上有数据支撑的性格分类模型的理论基础。MBTI 性格理论就是在这一基础上发展而来的,它为人们提供了一个理解和描述个体差异的框架,有助于增进人与人之间的理解和沟通。

MBTI 性格理论的四个维度:

外向（E）/内向（I）:这个维度描述了一个人获取能量的方式。外向者倾向于从外部世界和与人交往中获得能量,而内向者则从内部世界和独处中获得能量。

感觉（S）/直觉（N）:这个维度涉及信息的接收方式。感觉型人士侧重于通过五官直接感知的现实和具体信息,直觉型人士则侧重于潜意识的模式、想象和可能性。

思考（T）/情感（F）:这个维度描述决策过程。思考型人士侧重于逻辑和客观标准,而情感型人士则侧重于人际关系和对他人情感的考虑。

判断（J）/知觉（P）:这个维度涉及对外部世界的态度。判断型人士倾向于有计划和组织性的生活,而知觉型人士则更灵活、开放,喜欢保持选择的可能性。

（三）年龄差异产生的不同心理特征

随着年龄的增长变化,游客的旅游行为也呈现出明显的变化规律。结合家庭生命周期理论,我们也把年龄与邮轮游客的旅游需求与旅游行为的关系大致分为青年、中年和老年三个主要阶段。

青年阶段以大学生为主要群体,其资产不雄厚,收入也不稳定,首先要开源节流,通过节省支出的手段来进行旅游资金的积累。青年出游的一个显著特点是对邮轮旅游舒适度的关注及费用的关注均高于对于安全性的关注。另外,也有部分人更看重他人的评价。因此,邮轮公司在制定针对青年旅游消费者的产品时,应强调旅游舒适度,并适当降低费用。

在中年阶段,人们处于职业生涯的黄金时期,流动资产积累增加,旅游已不仅是娱乐方式,而成为解压方式,是生活必需品。而此时他们更倾向于通过旅行社来选择邮轮出游。因为这样的邮轮旅游在各方面都比自己直接出游更方便,他们会觉得通过旅行社报名节约时间、费用可控、安全保证、省心省力,唯一费心的就是如何找一家好的旅行社、好的邮轮出游线路,这些一旦得到他们的认可,便是长期有效的客户,而好的邮轮旅游的口碑又在他们口中宣传得更广,反之则比较可怕。

在老年阶段,生活压力减轻,可以随心享受晚年生活,这一时期的旅游基金可以根据实际收入自由安排。在邮轮旅游的过程中,老年人跟年轻人还是有很多不同,老年人更看重邮轮旅游行程中的便利性,也看重邮轮旅游过程中服务质量的体现。老年人的邮轮旅游不需要充满刺激的探险活动,他们信奉的是"平平淡淡才是真"。

这些心理特征只是大致的描述,每个人的发展轨迹都会受到遗传、环境、教育等多种因素的影响,因此会有很大的个体差异。此外,随着社会的进步和文化的变迁,不同年龄段的心理特征也可能会有所变化。

（四）性别差异产生的不同心理特征

在人类历史不断进化的过程中,由于长期以来不同的社会分工,男性和女性在其生活空间、与社会的联系和交往以及所受的教育等因素的影响下,各自的消费心理普遍存在着较为明显的差异。

一般来说,男性邮轮游客在邮轮旅游活动过程中较为独立,遇到问题喜欢独立思考,并且能从实际出发,不会带有很强的个人情绪,同时具有较强的自我控制能力。但是男性邮轮游客往往考虑问题不够全面,爱出风头,喜欢表现自己。在邮轮旅游活动的选择上,男性游客更偏向于一些带有一定冒险性、需要消耗较大体力的项目,那些具有较强知识性的邮轮岸上旅游项目也更容易受到他们的青睐。女性邮轮游客在旅游活动中表现为依赖性较强,并且感情丰富,易受环境和氛围感染。在邮轮岸上旅游消费中,女性邮轮游客极易因为旅游产品的特色、品位和环境气氛产生消费欲望。在参观游览过程中,她们也会因为邮轮岸上导游富有表现力的讲解而情绪起伏。她们更善于观察,考虑问题更全面周到,处事更严谨。此外,女性邮轮游客更喜欢参加一些休闲度假、购物,以及具有较强观赏性的邮轮旅游活动。

（五）东西方文化差异产生的不同心理特征

在中国,传统的"天人合一"思想塑造了中国人"天人合一"的旅游观。首先,这种旅游观强调人与自然的交融,来自中国的邮轮游客乐于亲近自然,回归自然。因此,邮轮公司应针对中国游客设计一些特色的旅游线路,在旅游线路上增加一些自然景观和景点。其次,中国人重视家庭传统观念,因此邮轮上家庭出游较为流行。最后,中国人比较爱面子,具有明显的社会取向,重视他人对自己行为的看法。反映在邮轮旅游活动方面,中国邮轮游客重视身边其他人对自己的看法,力图与和自己身份、地位一样的人选择相同的邮轮旅游产品与服务。这种心态有时候会造成邮轮游客"死要面子活受罪"。

在西方,旅游被认为是一种重要的精神文化活动。首先,人们已经把旅游纳入了生活方式。如果有钱、有时间不出去旅游,反而会让人觉得奇怪。其次,西方人把旅游当作健康投资。生活节奏加快,工作压力很大,造成很多人的身心长期处于亚健康或不健康状态。外出旅游可以消除人的身体和精神疲劳。最后,西方人还把参加邮轮旅游视作时尚。邮轮旅游成为西方人生活的重要组成部分,代表着一个人的气质、性格、品位和身份认同。因此,邮轮旅游服务人员应该努力进取,不断更新邮轮旅游产品与服务,引导邮轮旅游消费时尚,创造多种邮轮旅游消费热点,满足具有不同价值观的邮轮游客的需要。

同步案例 2

邮轮岸上旅游游客受伤

刘某在某旅游网站报名参加某邮轮的海上旅游活动,并网上支付约 5 000 元费用(包括旅行意外保险费)。邮轮为某邮轮公司所有,由其母公司经营。登上邮轮后,刘某告知邮轮服务人员自己年龄大、身体差,希望得到更多照顾。邮轮停靠国外港口,刘某和其他游客组队上岸旅游,并向船方支付了约 1 000 元费用。由于身体素质原因,刘某在景点上台阶时不慎摔倒,导致骨折(后被鉴定为十级伤残),被迫中断游程。刘某遂向某旅游网站和邮轮公司提出索赔,包括医疗费、残疾赔偿金、误工费、交通费、营养费及退还旅游费用(邮轮旅游及岸上旅游费用)。

问题:

该案例应该如何评判?

分析提示:

1. 关于邮轮旅游合同。旅游网站与邮轮公司签订了《邮轮船票销售协议》,刘某在某旅游网站订购邮轮旅游产品时,从旅游网站提供的船票所附"起航前信息"以及邮轮产品客户确认单中得知某旅游网站是代理销售邮轮船票的。因此,某旅游网站对原告在邮轮旅游期间遭受的损害不应承担赔偿责任。

2. 关于岸上旅游合同。岸上旅游是刘某在邮轮上直接向邮轮公司购买,并直接向其交纳费用。因此,刘某与邮轮公司订立岸上旅游合同,与旅游网站无关。虽然邮轮公司称其将岸上旅游项目委托国外港口的当地旅行社负责,但不能免除其在该合同项下应负的相关责任。刘某称其摔倒是景点台阶标识不明所致,但并未拿出任何证据,亦无法证明景点存在危及游客安全的情况。刘某虽然年龄已达 60 岁,但作为一个成年人,在景点攀登台阶属于日常行为能力的一部分,并非进行属于不适合自身条件的旅游活动。况且,岸上旅游开始前,导游要求游客注意自身安全,给了刘某安全警示。因此,对于岸上旅游而言,邮轮公司并无过错,刘某应当对摔倒自行承担责任。

3. 关于刘某中断旅游的后续事宜。刘某邮轮旅游至摔倒受伤时中断(实为终止)旅游活动,那时游程已经完成一半。邮轮公司应酌情返还刘某一半的邮轮旅游费用,旅游网站对此承担连带责任。

第三节　邮轮岸上导游服务心理策略

一、做好接团前的心理准备

　　邮轮岸上导游在接受导游任务后,除了进行一些必要的物质准备工作,如认真查阅接待计划及相关资料,了解所接邮轮旅游团的全面情况,注意掌握该团重点游客情况和特点,以及相关的语言知识和形象准备之外,还应做好相应的心理准备工作,这有助于他们更好地应对即将面临的挑战和变化。

　　导游应该树立自信、保持积极心态、做好心理调适、熟悉接待计划、准备应对突发状况及与团队成员保持良好沟通。做好接团前的心理准备,有助于他们以更加自信、积极的心态面对工作中的挑战,为游客提供优质的服务。

二、树立良好的个人形象

　　导游的总体形象要求为容貌修饰得体,要与所在工作岗位、身份、年龄、性别相称,要体现出导游饱满的精神状态,不能引起游客的反感。仪表要求导游的服饰整洁端庄,要与周围的环境、场所协调,不能过分华丽,不能与从事的工作不相宜。在服饰选择和言谈举止及态度上要特别注意场合。

（一）服饰整洁舒适

　　邮轮岸上导游的着装要符合本地区、本民族的着装习惯和导游的身份,衣着大方、整齐、得体、简洁,要方便邮轮岸上导游服务工作。在不同的景点和场合,导游可能需要穿着不同的服饰来适应环境。佩戴首饰要适度,妆容和发型要适合个人的身体特征和身份,并与之追求的风格和谐统一,不浓妆艳抹,不用香味太浓的香水,要尽量避免让人用"太"字来评价自己的衣着打扮,也不要衣衫不整而让游客丧失信心。带团时应将导游证佩戴在正确的位置。通过保持服饰的干净整洁、舒适得体以及与环境场合的协调,导游不仅能够展现出自己的专业形象,还能够为游客提供更加愉快、舒适的旅游体验。

(二)谈吐亲切文雅

邮轮岸上导游亲切文雅的谈吐,不仅能够让游客感受到温暖和尊重,还能提升整个旅游体验的品质;能够很好地满足邮轮游客自尊心理需求,有效地消除邮轮游客在岸上旅游初期极易出现的陌生感和紧张感,缩短岸上导游与游客之间的情感距离,也能增进岸上导游和游客双方的理解。通过友善、礼貌和得体的语言表达,以及语音语调的掌控,导游能够赢得游客的信任和好评,为整个旅游体验增添更多魅力。

(三)态度和蔼可亲

和蔼可亲的态度对于做好邮轮岸上旅游服务工作具有十分重要的心理功能。邮轮岸上导游同样也应以良好的服务态度对待每一位邮轮游客,为他们提供友善、热情和积极的服务。对每一位邮轮游客,导游应不分其种族、国籍、民族、年龄、宗教信仰、贫富,一视同仁,以礼相待;应尊重邮轮游客的民族习俗和宗教信仰,不损害其民族尊严。导游在与游客相处时始终保持友善、亲切和耐心。岸上导游要以平和的心态面对游客的各种需求和问题,用温暖的语言和微笑来回应游客的疑问和困扰。这种态度不仅让游客感受到导游的关心和尊重,也让游客更加愿意与导游建立亲密关系,从而更深入地了解和体验旅游目的地。

📚 同步案例1

邮轮上导游因服务态度遭到投诉

一个下雨天,一对年迈的邮轮游客夫妻想要在饭后到露天甲板上带着他们的孙子童童散步,但是他们没有雨伞。童童就大声询问正好路过的负责他们邮轮岸上活动的导游小张:"伞放在哪里?"小张一看是小孩子,问话的语气生硬且不太礼貌,而且因为自己是邮轮岸上导游,而不是邮轮上的服务人员,这个不是他的工作范围,小张就漫不经心地往身后的伞架一指。童童带着那对老夫妻找了一圈没找到伞,就转回来不高兴地向小张问道:"你是不是指错地方了,还是你也不知道乱指的?"小张一听更不高兴了,一声不吭地带着他到拐角处的伞架旁,童童拿起伞就准备走,一句话没和小张说,小张忍不住轻声嘀咕了句:"谁家的孩子啊,这么没教养?"那对年迈的老夫妻听见了嘟囔声,就上来和小张发生了争吵。事后,那对老夫妻对邮轮岸上导游小张进行了投诉。

问题:

邮轮岸上导游小张的问题出在哪里?

分析提示:

邮轮岸上导游应以良好的、友善和耐心的服务态度对待每一位游客,导游应不分其种族、国籍、民族、年龄、宗教信仰、贫富,对每一位邮轮游客一视同仁,以礼相待。

📚 **知识链接 1**

交谈的最佳距离和角度

　　美国空间关系学之父、人类学家爱德华·霍尔将人们交流时下意识同别人保持的空间位置划分为四个区域：亲密距离、个人距离、社交距离和公共距离。亲密距离为人际交往中的最小距离，通常在 0.15 米之内，亲人、很熟的朋友、情侣和夫妻之间才会出现这种情况。个人距离一般为 0.45~1.2 米，一般伸手就能碰到对方，是非正式个人交谈时最经常保持的距离。社交距离为 1.2~3.7 米，一般工作场合，人们多采用这种距离交流，体现出一种社交性或礼节上的正式关系。公共距离的近范围为 3.7~7.6 米，远范围在 7.6 米以上，一般适用于演讲者与听众、极为生疏的交谈及非正式场合。

　　在社交场合，要注意保持交谈的最佳距离和角度。从卫生角度考虑，交谈的最佳距离为 1.3 米。此外，交谈时最好有一定的角度，两人可在对方的侧面斜站，形成 30° 角为最佳。

📚 **知识链接 2**

导游人际沟通的礼仪

　　一、称呼礼仪

　　在导游与游客的沟通中，选择正确、恰当的称呼，既反映自身的教养，又体现对游客的重视，同时应注意要合乎常规、照顾习惯、入乡随俗。称呼一般可以分为职务称、姓名称、职业称、代词称、年龄称等。职务称包括经理、主任、董事长、医生、律师、教授、科长、老板等；姓名称通常是以姓或姓名加"先生、女士、小姐"；职业称是以职业为特征的称呼，如秘书小姐、服务人员先生等；代词称是用"您""你们"等来代替其他称呼；年龄称主要以"大爷、大妈、叔叔、阿姨、哥哥、姐姐"等来进行称呼。使用称呼时，一定要注意主次关系及年龄特点，如果对多人称呼，应以年长为先，上级为先，关系远为先。

　　二、握手礼仪

　　握手通常是用来表示欢迎、欢送、见面、相会、告辞，表示祝贺、感谢、慰问，表示和好、合作时使用的礼节。

　　握手一定要伸右手，伸左手是不礼貌的。伸出的手掌应当垂直，这是通常的习惯。握手的时间以 3~5 秒为宜，关系亲近的当然可以长时间相握，用力大小也应适度。握手的力度，对男子可以稍重些，对女子则应轻柔。老朋友多年不见，当然不仅可以长时间相握，而且可以加大力度，再晃上几晃，这种方式表示热烈也是适度的。握手时，如果手上戴有手套，应当先将手套去掉。在寒冷的冬天，户外相遇或者时间仓促来不及脱手套，在握手开始时，应说一声："对不起！"

　　握手的顺序一般讲究"尊者决定"，即待女士、长辈、职位高者伸出手之后，男士、晚辈、职位低者方可伸手去呼应。平辈之间，应主动握手。若一个人要与许多人握手，顺序是：先长辈后晚辈，先主人后游客，先上级后下级，先女士后男士。握手时要用右手，目视对方,表示尊重。男士同女士握手时,一般只轻握对方的手指部分,不宜握得太紧太久。宾主之间,作为主人,对到的客人,不论男女、长幼,均应先伸出手去,表示热烈欢迎。

三、介绍礼仪

导游在工作时,正确地使用介绍礼仪,不仅可以扩大社交范围,而且有助于进行必要的自我展示、自我宣传。介绍一般可分为自我介绍、为他人作介绍及被人介绍三种。在作介绍的过程中,介绍者与被介绍者的态度都要热情得体、举止大方,整个介绍过程应面带微笑。

导游在进行自我介绍时,可主动打招呼说声"您好!",眼睛要注视游客,得到回应再向游客报出自己相关情况,语调要热情友好,态度要谦恭有礼。导游自我介绍时,可兼顾实际需要,一般可采用工作式和礼仪式。工作式的自我介绍内容应包括本人姓名、供职的单位。例如:"您好! 我叫张×,是××旅行社的导游。"礼仪式适用于导游在致欢迎词时的开篇。自我介绍可包含姓名、单位、职务,还应加入一些适宜的谦辞、敬语,以示自己尊重游客。例如:"各位朋友,大家好! 我叫陈××,是××旅行社的导游。我代表××旅行社的全体人员对大家的到来表示热烈的欢迎,同时也感谢大家对我们旅行社的支持和信任。"

导游为他人作介绍时,应遵循"让长者、游客先知"的原则。即先把身份低的、年纪小的介绍给身份高的、年纪大的;先将主人介绍给游客;先将男士介绍给女士。介绍时,应简洁清楚,不能含糊其词。可简要地介绍双方的主要情况,便于不相识的两人相互交谈。介绍他人时,不可用手指指点对方,应有礼貌地以手掌示意。

如导游被人介绍时,应面对游客,显示出想结识游客的诚意。等介绍完毕后,可以握一握手并说"您好""幸会""久仰"等客气话表示友好。

三、岸上导游心理服务的方法

(一)营造尊重氛围

求尊重的需要是人类的基本需要。在邮轮旅游活动中,游客的这一需求显得尤为突出。他们都希望在邮轮旅游过程中和在与每一个人的交往中,其人格能得到尊重,所提出的观点能得到别人的认同。因此,邮轮岸上导游在接待游客时,应不论游客的肤色、宗教信仰和个人收入以及消费水平的高低,一视同仁地尊重他们。特别是对于那些出游的主要目的就是抬升自身的社会地位、寻求社会尊重的邮轮游客来说,尊重氛围的营造显得更为重要。

(二)保持微笑服务

邮轮岸上导游若想向游客提供成功的心理服务,微笑服务是一个非常重要的环节。要想把友好的信息传递给邮轮游客,保持微笑服务是非常重要的,它能使邮轮游客消除陌生感,缩短邮轮岸上导游与游客的距离。对于邮轮岸上导游来说,真诚而愉快的微笑就是他们最好的欢迎词,是友谊的象征,是信赖之本,是尊重对方的示意,是情感沟通的桥梁,是美的象征。

（三）协调客我关系

邮轮岸上导游服务工作的基本内容就是与各类游客打交道，通过与游客的交往与之建立融洽的感情。因此，邮轮岸上导游和游客之间的关系协调非常重要。协调客我关系的关键是邮轮岸上导游必须尊重游客，并以此来赢得游客的尊重。导游应始终保持亲切、友善的态度，积极回应游客的需求和关切。通过倾听和理解游客的个性和特点，导游可以调整自己的沟通方式，以满足游客的期望，并建立良好的客我关系。导游需要具备灵活性和适应性，能够根据游客的要求和反馈灵活调整行程安排和活动内容。在岸上旅游过程中，游客的需求和优先级可能会发生变化，导游需要及时调整计划，以满足游客的需求，确保旅游体验的顺利进行。为了提升服务质量，导游可以主动询问游客对岸上旅游行程和服务的意见建议，及时跟进并落实游客的反馈，以改进自己的工作和服务质量。通过积极回应游客需求、灵活调整计划、解决冲突、提升服务质量和建立良好的售后服务等方式，导游可以建立起良好的客我关系，为游客提供优质的岸上旅游体验。

（四）提供个性化服务

导游的规范化服务，又称标准化服务，是由国家和旅游行业主管部门制定并发布的统一标准。规范化服务强调服务的统一性、规范性和专业性，确保导游在提供服务时能够遵循一定的标准和程序，从而提高服务质量，保障游客的权益。个性化服务是指邮轮岸上导游在做好接待计划要求的各项规范化服务的同时，针对邮轮游客的个别要求而提供的服务。个性化服务是一种建立在理解人、体贴人基础上的富有人情味的服务。提供个性化服务的必要性是由于邮轮岸上导游的服务对象是千差万别的人，邮轮游客的一些特殊需求往往不是按标准服务所能完全解决的。个性化服务强调对邮轮游客个别需求的关注和满足，使每位游客都能感受到独特而贴心的照顾。邮轮岸上导游提供个性化服务是为了满足游客的多样化需求，提升旅游体验的品质。

四、岸上导游心理服务的措施

（一）预测邮轮游客的心理

邮轮游客在旅游过程中，由于身处陌生的环境和文化背景下，其心理需求和行为模式往往会发生一系列变化。因此，导游需要具备一定的心理学知识和敏锐的洞察力，以更好地理解和预测游客的心理，从而提供更贴心、更个性化的服务。实践证明，邮轮岸上导游在接待前预测邮轮游客的心理是非常必要的，也是做好迎客服务工作的重要依据。邮轮岸上导游应根据邮轮游客的基本情况，如年龄、性别、国籍、民族和职业等，分析邮轮游客的一般心理需求和行为特点。接待前的心理预测工作应尽可能细致而全面，从而为制订接待计划和安排邮轮岸上导游日程提供有效而重要的参考依据。

（二）激发邮轮游客的兴趣

邮轮岸上导游应善于调动邮轮游客的情绪，激发其旅游兴趣。邮轮旅游期间，游客往往处于既兴奋又紧张的状态之中，紧张感容易使游客疲劳，影响游兴，而兴奋感则促使他们随邮轮岸上导游去探新猎奇、寻觅美好的事物。邮轮岸上导游应学会激发邮轮游客的游兴,让游客有不虚此行的感觉。邮轮岸上导游可以通过生动有趣的解说、互动性的活动、游客间的交流以及现代科技手段的运用,有效地激发邮轮游客的兴趣。这将有助于提升游客的参与度和满意度,使他们在旅行中获得更加难忘的体验。

(三)调节邮轮游客的情绪

游客在邮轮旅行过程中可能会因为各种原因产生情绪波动,而导游则需要具备一定的情绪管理能力,帮助游客缓解压力、调整心态,使邮轮旅行更加愉快和顺利。一般来说,当客观显示符合人的需要时就会产生积极的情绪;反之,人们就会产生忧伤甚至恐惧等消极情绪。邮轮岸上导游应努力成为邮轮游客情绪的组织者和调节者,尽可能地满足邮轮游客的需要,使每一位邮轮游客的情绪都能一直处于积极的状态中,从而保证邮轮岸上旅游活动的顺利进行。通过保持积极乐观的情绪、关注游客的情绪变化、采取针对性的措施以及加强与游客的互动和沟通,导游可以帮助游客缓解压力、调整心态,享受愉快的旅行体验。

(四)满足邮轮游客的需求

尽最大可能满足邮轮游客"合理而可能"的需求是邮轮岸上导游服务的基本原则,贯穿于邮轮岸上导游服务的始终。"合理而可能"原则涉及对游客需求的评估与满足,确保在满足游客需求的同时,也符合实际情况和可行性。邮轮岸上导游在面对游客的各种需求时,需要基于"合理而可能"的原则进行评估和决策。对于既合理又可能实现的要求,导游应尽力满足。对于不合理或不可能实现的要求,导游应耐心解释并寻求其他解决方案。这样不仅可以提升游客的满意度,也能确保旅游行程的顺利进行。

如果邮轮游客提出的个别要求是合理的,并且经过努力是可以办到的,邮轮岸上导游就应努力满足游客的要求。满足邮轮游客的各项"合理而可能"的要求是邮轮岸上导游服务工作的一个重要方面。为了更好地满足邮轮游客的各种需求,邮轮岸上导游在为游客提供优质服务时,应随时关心游客,了解他们的个别需求,将规范化服务和个性化服务结合起来,做到在"合理而可能"的情况下既满足邮轮游客的一般需求,又在此基础上满足其个别要求,以提高邮轮游客的整体满意度。

同步案例 2

邮轮行程因不可抗力发生变更

肖某等4人(以下简称"肖某等")通过网络订购了某国际旅行社有限公司(以下简称"旅行社")的某外籍邮轮(以下简称"邮轮")的韩国游产品,并于当日支付了旅游服务费每人约4 000元,旅行社向肖某等发送了《旅游度假产品确认单》及《出行通知书》。几天后,肖某等委托案外人张某与旅行社签订了书面邮轮旅游合同。《出行通知书》上载明出发地为上海吴淞口国际邮轮港,行程安排为:4月5日17时从上海出发;4月6日到达济州岛,游客可选择付款参加登陆游览,也可在邮轮上活动;4月7日邮轮抵达仁川,游客可选择付款参加登陆游览,也可在邮轮上活动;4月8日海上巡游;4月9日返回上海。《出行通知书》上同时载明,邮轮行程可能因天气、海况等原因有相应调整,请以邮轮上通知为准。

4月5日,肖某等登上邮轮,但由于天气出现大雾,海事主管部门发布了航道封闭的通知,故邮轮直到近24时才从上海出发。由于启航延误,邮轮未停靠济州岛,而直接驶往仁川,于4月7日早上抵达仁川,并于当天晚上从仁川返回上海。由于未停靠济州岛,旅行社退还肖某等该港停靠费每人约200元,另支付他们每人200元的补偿款。但肖某等不同意旅行社的补偿方案,要求退还一半的旅游服务费。由于双方达不成一致意见,肖某等将旅行社告到上海市长宁区人民法院,后该案上诉至上海市第一中级人民法院。

问题:

请问该案例中邮轮未停靠济州岛是否构成旅行社违约?

分析提示:

首先,邮轮的出航与否及航线的调整、变更,并非由旅行社决定,而是由海事主管部门及邮轮公司根据实际情况予以决定。根据事实查明,邮轮出发当天由于天气大雾,海事主管部门发布了航道封闭的通知。在此种情形下,保证游客的人身安全成为首要考虑因素,因此邮轮公司出于对人身安全的考虑,决定延迟邮轮启航,并在之后取消济州岛停靠的行为并无不妥。

其次,天气原因属不可抗力。因不可抗力不能履行合同的,根据不可抗力的影响,部分或者全部免除责任为合同履行的基本原则。由于天气出现大雾,邮轮公司、船长根据海事主管部门的通知,为了游客和邮轮的安全而做出延后出发的决定,并对航线做出调整和改变(即"跳港"),不构成旅行社在邮轮旅游合同履行过程中的违约行为,邮轮公司、旅行社皆无过错。

再次,旅行社发送肖某等的《出行通知书》及《旅游度假产品确认单》均向他们做出提示:邮轮公司有权根据天气等不可抗力因素在出发前及航程期间调整或改变行程,对此旅行社不承担赔偿责任。《出行通知书》及《旅游度假产品确认单》是邮轮旅游合同的一部分或内容证明,是有法律效力的。通过它们,旅行社针对邮轮旅游的特殊性,将天气等不可抗力可能造成的后果提前告知了肖某等。

所以,根据邮轮旅游合同的约定及相关法律的规定,旅行社并无违约行为,对于肖某等以"跳港"为由要求旅行社承担违约赔偿责任的主张,法院不予支持。

本章概要

关键术语

邮轮旅游　岸上导游服务　导游素质　游客心理　心理策略

内容提要

邮轮旅游除了能在邮轮上24小时享受星级服务外,岸上旅游观光也是一大亮点。游客可以到不同国家的港口城市,欣赏美景,体验当地的风土人情和民族文化,还能品尝美食。通过本章的学习,学生能够面对人们旅游需求日趋多样化、旅游发展呈现新特点的形势,在思想、文化、能力、身心等方面全面提升自身素质,迎接新形势的挑战。同时掌握邮轮岸上导游应具备什么样的素质,并在服务过程中分析和把握邮轮游客的心理,从而针对不同的邮轮游客制定相应的策略。将理论与实际结合起来,把理论知识落到实处,并能够找出邮轮岸上导游服务与普通导游服务的区别,从而因地制宜地运用心理策略为邮轮游客提供优质服务。

本章案例

邮轮岸上导游与游客沟通的技巧

某邮轮旅游团中的一位天文学家在言辞中颇为傲慢,认为只有英国的天文学和英国的格林尼治天文台才是世界一流的,其他都不值得一看。导游并不直接和游客发生争执,而是向游客请教,为什么要研究哈雷彗星。游客很高兴,详细地解释了这一研究的科学意义。然后,导游话题一转,问游客见过几次哈雷彗星。游客说:"我只见过一次,它要76年才出现一次呢,一位天文学家一生能见到一次就是很幸运的了。"导游再问:"据您所知,世界上关于哈雷彗星的记录最早记载于哪个国家的典籍?"游客沉默了一下,然后笑着说:"你很聪明,你是一个爱国者,我也是。"导游在这种轻松的气氛中适时地指出,关于哈雷彗星的最早记载为公元前613年,见于孔子的《春秋》。由此可见中华民族也是有天文学头脑的。

问题:

这位导游哪些地方值得我们学习?

分析提示:

这位邮轮岸上导游首先是一位爱国者;其次他有很高的文化素养和语言表达能力;最后他又照顾到了游客的感受,让游客感到被尊重,和邮轮游客保持了亲切友好的关系。

本章练习

一、选择题

1. 作为一名合格的中国邮轮岸上导游的首要条件是_____。
   A. 热爱社会主义国家　　　　　B. 良好的职业道德
   C. 精湛的业务能力　　　　　　D. 较好的人际交往能力
2. 邮轮游客在邮轮岸上旅游的后期阶段的心理主要是_____。
   A. 安全心理和新奇心理　　　　B. 放松心理和求全心理
   C. 忙乱心理和回顾心理　　　　D. 探奇心理和求知心理

二、简答题

1. 不同类别的游客产生不同的心理特征的原因是什么?
2. 作为一名邮轮岸上导游,要怎样树立良好的职业形象?
3. 邮轮岸上导游提供心理服务的一般方法是什么?

三、讨论题

1. 作为一名邮轮岸上导游应该具备哪些基本素质?
2. 提供邮轮岸上导游服务时,导游应该掌握哪些心理策略?

本章参考文献

[1] 阿尔钦,德姆塞茨.生产、信息成本和经济组织:企业的经济性质[M].上海:上海财经大学出版社,2000.

[2] 陈树文,刘念贫.上市高新技术企业高管人员持股与企业绩效关系实证分析[J].科学学与科学技术管理,2006,34(2):137-143.

[3] 毕剑.基于 L-E 模型的导游人才立体培养研究[J].安阳工学院学报,2017(2):86-89.

[4] 刘爱服.严格导游准入制度与健全导游管理体制的探讨[J].旅游学刊,2011(5):62-67.

[5] 宋振春,王运姣.关于准入制度与导游管理体制的思考[J].旅游学刊,2013(7):57-63.

[6] 王镜,马耀峰.提高导游服务质量的新视角:兼论我国导游管理和研究 20 年[J].旅游学刊,2007(3):64-70.

[7] 许迪楼,张鹏顺,余祖文,等.简论导游人才培养的改革与实践[J].职业教育研究,2007(2):88-90.

[8] 朱芬芳.基于职业素养的导游专业人才培养探索[J].职业时空,2012(3):134-136.

[9] 王琼.高职导游人才培养的问题及对策[J].职教论坛,2011(2):78-80.

[10] 全国导游资格考试统编教材专家编写组.导游业务[M].北京:中国旅游出版社,2023.

第七章
邮轮游客投诉心理

学习目标

通过本章的学习,了解和把握邮轮游客产生投诉的心理,以及投诉心理的变化过程,了解和掌握游客投诉的原因,正确地处理游客投诉,掌握规范的游客投诉处理步骤。认识到投诉接待服务是提升邮轮接待服务水平和管理水平的重要组成部分。

导入案例

游客的投诉电话

"十一"黄金周期间,某邮轮为了吸引游客在邮轮上增加了很多表演和娱乐活动。一天,邮轮游客服务中心小张接到了一个游客的投诉电话。

游客(激动、愤怒地):"你们邮轮太差劲了,有哪些活动我们游客都不清楚。我们回到家以后听人家说了才知道,好多表演都没有看上,好多活动也都没有参加……"

小张(被对方的情绪感染了):"是吗?我们在邮轮的入口处放了一个大的广告牌,上面写清楚了活动和时间表,您没有看到吗?"

游客(嗓门更大):"我怎么知道?你们又没有告诉我,我们第一次乘坐邮轮,花了那么多的钱,结果什么也没有看到……"

小张(据理力争):"那您当初怎么不问问呢?我们每天接待那么多游客,总不能一个一个去说吧!"

游客(更加愤怒):"好的好的,你们就这个态度,我会去投诉你们的!"

小张:"那我们也没有办法。"

问题:

(1)案例中小张犯了几个错误?

(2)如果你是小张,你会如何处理这个投诉?

分析提示:

上述案例中的小张犯了三个错误。首先,对自己作为邮轮服务人员的角色认识不清。服务是为了让游客愉快,而不是争论谁对谁错。其次,小张对游客投诉的重要性认识不足。游客投诉是邮轮发展的推动力,辩证地看也是一件好事,不必太紧张和急于推卸责任。最后,小张没有掌握处理投诉的原则和技巧,从而激化了与邮轮游客之间的矛盾。

邮轮游客投诉概述　第一节

一、邮轮游客投诉的定义

邮轮游客投诉是指邮轮游客主观上认为邮轮服务人员工作上的差错使他们的利益受到了损害,从而向有关管理人员或部门反映情况或要求处理服务人员的行为。邮轮游客投诉既可能是邮轮服务人员工作中确实出现了问题,也可能是邮轮游客的误会。

二、邮轮游客投诉的原因

邮轮游客投诉的原因多种多样,有服务接待中的主观原因,也有客观方面的原因。下面分析邮轮游客投诉的原因,以便于服务人员预先估计邮轮服务中可能发生的问题,从而尽可能减少邮轮游客的投诉,努力为游客提供最满意的服务。

(一)主观原因

主观原因主要表现为邮轮服务人员不尊重游客、责任心不强、语言沟通不畅、工作技能技巧不过关等四种情况。

1.不尊重游客

有些邮轮服务人员认为自己做的是服务工作,心里不甘心,看着邮轮上的游客开心玩乐,自己辛苦工作,容易产生一些不平衡心理;在接待服务的过程中,容易对游客厚此薄彼,说话和做事时容易表现出一些不文明的举动。一些服务人员对衣着光鲜、消费高、给小费多的游客笑脸相迎,而对衣着普通、消费较低、给小费少的游客不冷不热,甚至给脸色看,使游客非常反感,严重时会导致游客投诉。

2. 责任心不强

有少数邮轮服务人员缺乏责任心,对待邮轮游客敷衍了事,对待自己的工作马马虎虎,不能为邮轮游客提供满意的服务也是引起投诉的主观原因。比如,邮轮服务人员没有完成游客吩咐的事情、损坏或遗失了游客的物品、清洁卫生工作马虎、食品用具清洗得不干净、擅自离开工作岗位等,都是近年来邮轮旅游投诉的集中问题。

3. 语言沟通不畅

沟通,即双方或多方通过充分的交流而达到相互了解。邮轮服务人员应该懂得"一句话能逗人笑,一句话能惹人跳"这个浅显的道理,在接待服务的过程中要巧妙地使用礼貌用语。但在实际工作中,一些邮轮服务人员因无法灵活使用模式语言,接待邮轮游客或处理问题时语言表达方法不好,导致沟通不畅,招惹邮轮游客不悦、愤怒,乃至投诉。

4. 工作技能技巧不过关

邮轮工作对服务人员的英语水平和工作技能要求非常高。邮轮服务人员的流动率很高,有些新人刚到邮轮上工作,难免会出现差错,影响邮轮的整体印象。邮轮旅游业是一个非常复杂的行业,服务人员需要学习的东西非常多,即使是专业的邮轮服务人员都难免犯错误,所以要尽量减少邮轮服务工作中的失误,减少投诉,为此,邮轮服务人员应不断学习、总结、积累经验。

(二)客观原因

1. 邮轮旅游环境的复杂性

因天气、环境的不同,邮轮旅游的到港时间和行程都会有很大变化。出游前,邮轮和邮轮服务人员都无法预知所有将要发生的问题。游客在邮轮上旅游,随时可能遇到这样或那样的问题,邮轮服务人员虽然已经做好迎接一切困难的准备,但是邮轮旅游涉及船上和岸上的方方面面,有些问题不是邮轮服务人员可以解决的。例如:邮轮房间订完了;天气原因导致邮轮摇晃;航行原因导致邮轮不能如期到港,耽误岸上旅游时间;等等,这些问题都有可能引起投诉。邮轮公司很难控制这类投诉,但可以通过为游客提供有效帮助减少投诉。邮轮服务人员应尽量在力所能及的范围内帮助游客解决问题,如果实在不能解决,应尽早向游客解释清楚,以免游客因为误会或不清楚状况前去投诉。

2. 邮轮游客个性差异

邮轮旅游服务质量与服务态度的好坏常常与邮轮游客的心理感受有很大关系。由于邮轮游客的气质、性格、情绪等各不相同,面对同样的服务,有的游客满意,有的游客不满意。出现不满情绪时,不同个性的人会采取不同的处理方法。一般来说,外向型游客或当时情绪不好的游客容易投诉,内向型游客或当时情绪较好的游客通常抱怨几句就过去了。所以,邮轮服务人员不能武断地认为游客没有投诉就是没有问题,最不容忽视的就是将不满意留在心里的这种无声投诉,因为这类游客今后可能永远也不会再参加邮轮旅游。邮轮服务人员要细心观察游客的言语、表情和动作,及时弥补服务的不足,才能让游客保持良好的心情,留住游客。

3. 邮轮旅游服务标准众口难调

在对邮轮旅游服务的要求上,邮轮游客心中有不同的期待和标准。邮轮服务人员面对的是来自世界各地的游客,由于受语言障碍、突发事件、风俗习惯、生活习惯、文化背景等客观条件的影响,邮轮服务很难做到尽善尽美。比如在饮食的安排上,有的游客吃辣椒,有的游客不吃辣椒;在游泳池中,有的游客喜欢水温高一些,有的游客喜欢水温低一些;等等。

三、邮轮游客投诉的影响

有些邮轮上的管理人员害怕游客投诉,他们既不愿投入必要的设备来方便游客投诉,也不愿安排训练有素的员工处理游客投诉,最后使不满意的游客更加不满意,进而对邮轮丧失了信心,双方的关系因此彻底破裂。解决好游客的投诉,加强邮轮服务投诉管理,对维护邮轮声誉、稳定和拓展客源市场都具有十分重要的作用。随着竞争的加剧,邮轮之间的竞争已经从硬件转向服务质量的竞争。邮轮服务投诉是由于邮轮游客实际获得的服务无法满足其所付出的费用,即服务实际值与期望值出现偏差而采取的寻求服务补偿的行动。解决好这些人的投诉,对于邮轮经营管理具有十分重要的作用。

(一)负面影响

1. 邮轮公司声誉受损

邮轮旅游行业没有办法对前来消费的游客进行选择,并且每个人都具有自身的独特性。在面对同一件事的解决办法时,不同游客的反应和需求都不同。无论是邮轮还是游客自身产生的问题,一旦游客采取投诉的方式,邮轮公司都需要进行自我反省,认真思考存在的不足。因为邮轮出现的一些不足,才造成游客消费过程中出现较差的旅游体验,一旦邮轮公司没有对问题进行妥善处理,将会对邮轮公司的声誉造成严重的负面影响。

2. 客源流失

邮轮属于公共产业,因此游客会通过邮轮旅游的信誉度和服务在众多的邮轮企业中进行选择,一旦出现游客投诉过多造成信誉损失,就会出现竞争力下降的情况。不仅如此,如果邮轮旅游企业口碑不好,游客之间口口相传,会导致一些潜在游客流失,减少经济收入。

(二)正面影响

1. 有利于维护邮轮公司的声誉

游客投诉为邮轮公司改善市场形象提供了宝贵的机会。游客往往会将自己在邮轮旅游期间的不愉快经历向亲人朋友诉说,这是对邮轮公司极为不利的口头宣传。游客投诉,表明游客仍然相信邮轮公司能够改正错误,解决自己所面对的问题。邮轮上良好的投诉管理服务能够将不满意的游客变为满意的游客。通过采取一些服务补救措施,使邮轮公司能够重新赢得游客的信任,挽回邮轮公司的声誉,避免这些不满意的游客向其他未参加邮轮旅游的游客传播其不愉快的经历使邮轮公司声誉受损。

2. 有利于邮轮发现服务质量问题并加以改进

邮轮游客是邮轮服务质量的唯一评委。游客的投诉有助于邮轮管理人员发现服务质量问题,为邮轮改进经营管理、提高服务质量提供宝贵的信息。因此,邮轮应自觉地接受邮轮游客的监督,欢迎游客投诉。游客投诉大多是因为邮轮的设施设备、服务水平没有达到预期的要求,游客投诉能够促使邮轮发现存在的问题,并采取有效措施加以改进。邮轮服务质量就是在不断地发现问题、解决问题的过程中得以提升的。

3. 有利于提高游客对邮轮的忠诚度

邮轮游客的投诉为邮轮管理人员将不满意的游客转化为邮轮的忠诚者提供了宝贵的机会。不满意的游客离开,改为购买竞争对手的产品和服务,会使邮轮永远失去向这些游客销售的机会。邮轮管理人员应将游客投诉看成游客对自己的信任,尽可能做好游客的投诉处理工作,以便与游客继续保持良好的关系。游客投诉处理工作是邮轮关系营销活动的一个重要组成部分。公关公司的调查数据显示,对邮轮怀有感激之情的忠诚游客中,有一部分就是曾经有过投诉并得到满意解决的人。加强邮轮服务投诉管理,能够提高游客参加邮轮旅游的满意度。如果补救措施能够满足游客的要求,则这一部分客源将有可能成为邮轮的忠诚游客,从而稳定邮轮现有的客源市场。

邮轮游客
投诉心理分析 第二节

游客在邮轮旅游消费过程中遇到不满、抱怨、遗憾时,会有不同的反映,可能投诉,也可能不投诉,这与游客的心理因素有关。

一、邮轮游客不投诉的心理原因

1. 不习惯

有些游客对于高档服务环境规范不了解而不投诉,而有些游客则由于不习惯表达自己的意见而不提出投诉。

2. 不愿意

有些游客由于宽宏大量,善于理解他人而不提出投诉,生活中不拘小节的游客通常也不愿意为小事投诉。

3. 不相信

部分游客会自认倒霉,认为投诉解决不了什么问题而不愿意投诉。

4. 怕麻烦

有一部分游客会因为时间紧迫不想多事而不愿投诉。

二、邮轮游客投诉的心理原因

面对游客投诉,首先应该做的是要了解他们的投诉心理,并对其进行深入分析。一般情况下,游客投诉时的心理原因主要包括以下几个方面。

1. 求尊重心理

求尊重是人的正常心理需要。邮轮游客在整个旅游过程中,对自己的角色十分清晰,在邮轮服务的客我交往过程中,游客求尊重的心理十分明显,在投诉时这种心理更加突出。游客投诉的目的就是找回尊严,游客希望邮轮公司判定他们的投诉是对的、是有道理的,希望受到有关部门应有的重视,要求邮轮公司尊重他们的意见,向他们表示歉意,并立即采取行动,恰当地处理投诉。

2. 求补偿心理

当人们寻求满足而又受种种条件限制无法得到满足的时候,"求满足"就会变成"求补偿"。这是现实中普遍存在的现象。邮轮是人们消费的场所,当邮轮游客在日常生活中得不到满足的时候,就会到这个消费场所里"寻求补偿",这是完全合乎规律的。如果由于邮轮服务人员的职务行为或邮轮未能履行合同,给邮轮游客造成物质上的损失或精神上的伤害,游客就可能利用投诉的方式来要求有关部门给予补偿。比如邮轮岸上导游擅自改变游览路线、削减游览项目或降低服务标准,游客希望退还部分费用;游客对邮轮餐厅饭菜质量不满意希望更换等,游客都会通过投诉来寻求补偿。

3. 求发泄心理

邮轮游客在碰到使他们烦恼的事情或者被讽刺挖苦之后,心中充满怨气和怒火,必然要利用投诉去发泄,以求心理平衡。心理学研究表明,人在遭到挫折后主要有三种心理补救措施:心理补偿、寻求合理解释而得到安慰、宣泄不愉快的心情。邮轮游客之所以投诉,还源于邮轮游客对人的主体性和社会角色的认知。邮轮游客花钱是为了寻求愉快美好的经历,如果他的期望得不到满足,这种强烈的反差会促使他选择投诉来找回游客的权利。

4. 求平衡心理

邮轮游客离开了习惯的生活环境,怀着较高的期望参与到邮轮旅游活动中,他们一方面要通过邮轮消费、放松,以舒展日常生活的压力;另一方面他们也需要在邮轮消费的过程中保持必要的心理平衡,借此获得社会的尊重,并体现自我尊严或社会地位。如果邮轮服务人员的服务让游客感到不满意,游客心里会感到不平衡,觉得窝火,认为自己受到了不公平的待遇,游客就会选择通过投诉的方式把心里的怨气和怒气发泄出来,来重新找回自己的平衡点。

同步案例

Black 先生的来信

某邮轮餐饮部收到一封署名为 Black 先生的信。王经理打开一看,信是这样写的:

王先生:

昨天晚餐之事纯属餐厅工作人员轻率疏忽。我的本意是希望通过提出善意的意见帮助他们改正缺点,别无他意。我恳切期望下次再到邮轮进餐时,各项缺点都已改正。

请留下此信存档,8 月底我将再次登上邮轮。

祝好!

Black

7 月 10 日

读完此信,王经理感慨万千,"多好的游客!"他不禁自言自语起来。

事情是这样的:前一天晚上,Black 先生来餐厅点了一份牛肉饭,但服务生送上来时却成了羊肉饭,显然这是某一环节上出了差错。Black 先生大为恼火,餐厅主管道歉也不顶用,王经理闻讯赶来。看到是老顾客,火气却是那么大,王经理根据惯例,提出免去这顿晚餐费用的建议,并询问 Black 先生是否还需要添加一些其他菜肴、点心。Black 先生谢绝了,他告诉王经理,他会一分不少地支付这顿晚餐的全部费用。王经理听罢更觉得坐立不安:错在餐厅,却让游客吃亏! 晚饭后他安排餐厅主管到 Black 先生的房间送一份水果篮,并再三请他原谅餐厅服务人员的疏忽,请他收下这份满载心意的水果篮,祝他这次旅途愉快。

第二天早上便发生了上述 Black 先生送给王经理信件一事。事后王经理代表邮轮给 Black 先生打去长途电话,又一次表示歉意。

问题:

(1)案例中 Black 先生投诉时有什么心理需求?

(2)王经理处理游客投诉时注意满足了游客的哪些心理?

分析提示:

Black 先生投诉时有求尊重、求发泄和求平衡的心理。王经理处理游客的投诉时满足了游客求尊重、求发泄和求平衡的心理。

三、邮轮游客投诉心理动机

1. 善意投诉

这类投诉主要来自三类游客:第一类是邮轮常客。如果是这一类游客的投诉,邮轮公司应该感到高兴,因为他们是在给邮轮公司改正错误的机会。而不是一走了之,任由这一错误发展,致使其他游客流失。第二类是邮轮新客。游客第一次来邮轮,并且对邮轮某些方面不满意,游客投诉是告诉邮轮公司,如果能妥善解决这些问题,我下次可能再来。第三类是潜力型游客。为了引起邮轮公司对自己的注意,证明自己用心去体验了邮轮的服务并表示如果邮轮公司能加以改正,以后还可以将邮轮公司介绍给其他朋友。

2. 恶意投诉

有些恶意投诉的游客借题发挥,把事情闹大,只是为了发泄自己的不满情绪。他们完全只是从自身出发,不考虑客观因素。另有一些恶意投诉的游客只是为了索取赔偿,他们不惜毁坏邮轮公司的名誉。

随着人们生活水平和受教育程度的不断提高,社会文明程度也不断提升。有些邮轮游客可能会存在过度维权的情况,但恶意投诉的游客毕竟是极少数。

知识链接

游客满意度调查

美国一家网站通过对游客满意度的调查发现:

（1）多数企业对96%的游客不满意情况完全不知。

（2）向企业提出投诉的游客中,54%~70%的游客在问题得到解决的情况下会再次光顾。如果问题得到完全妥善解决,再次光顾的比例会提升至95%。

（3）当一个游客不满意时,他会将此事告诉9~10人,而13%的人会将这件事告诉20人以上。

（4）投诉得到圆满解决的游客,会将自己受到的待遇告诉5~8人。问题没有得到圆满解决的游客,会将自己的负面经验告诉8~16人。

（5）大约50%的游客遇到问题时会选择沉默。他们不愿投诉,只是默默离开并选择企业竞争对手的旅游产品。

第三节 邮轮游客投诉处理

一、邮轮投诉处理原则

1. 冷静

邮轮游客来投诉大多是因为感觉遭受不公平待遇,多数是气势汹汹、情绪激动,甚至是口不择言。这个时候投诉受理人员一定要保持冷静,更要注意说话方式和礼仪礼貌,给游客申诉或解释的机会,千万不要急于辩解,更不要和游客顶撞、争辩。所谓的据理力争反而会使场面失去控制,并不利于问题的解决。

2. 迅速

处理投诉的反应要快,效率要高。要在第一时间与邮轮游客沟通,有些游客的投诉只不过是为了所谓的"争一口气"。如果及时处理,有些事情也就大事化小、小事化了了。在第一时间进行弥补、改正,防患于未然,有助于将主动权掌握在邮轮管理部门手中。反之,不把邮轮游客的投诉当回事,对投诉不理不睬,邮轮游客的火气就会更大,就有可能到处打电话或者通过网络向媒体和社会大众发泄心中不满。其目的是引起社会和相关部门的关注,寻求公正解决问题的途径。这样往往会把小事变大,把大事变成不可收拾的局面,而这恰恰是任何一个邮轮管理部门都最不愿见到的。

投诉处理一定要及时。及时到达问题现场和及时给予回复是解决邮轮游客投诉的第一步工作,也是能否成功解决游客投诉的关键。切忌采取拖延战术解决问题,"拖"只会有两个结果:一是激起邮轮游客的愤怒,其结果不可收拾;二是导致邮轮游客流失,那是对邮轮最大的损失。事实上,大多数游客选择邮轮旅游,说明他们对邮轮公司是信任的,也理解邮轮服务会发生一定的失误。只有及时到达游客身边并及时处理问题,才有可能采取最佳的处理方案。

3. 真诚

对待投诉的邮轮游客要诚实、诚信、坦率。真诚能化解许多对邮轮公司不利的因素。对任何投诉,受理人员都应感谢游客,同时言行举止等方面都要显示对游客的尊重。即使是游客无理取闹,自己说话的口气、语调也要礼让三分,而且要发自内心地表示诚意。要换位思考,体谅和理解游客的心情和处境,满怀诚意地解决问题。只有这样才能赢得游客的信任,有助于问题的解决,虚情假意反倒会进一步激怒游客。

4. 合理维护邮轮的正当利益

邮轮的投诉咨询服务人员在处理游客的投诉意见时,一定要正确地分析游客投诉是否成立,要注意尊重事实,既不推卸责任,也不要随意贬低其他部门或工作人员。游客的维权意识日益增强,但有时会出现过度维权的情况。面对无理取闹或过度维权的游客,一定要委婉劝导,耐心解释,不要一味地无原则退让,要合理维护邮轮的正当利益。

二、邮轮游客投诉处理步骤

▌(一)聆听和记录

游客投诉时,情绪大多比较激动。满腹的抱怨需要发泄,其陈述可能是不具体和不好理解的,还有可能是带有攻击性和侮辱性的。这时邮轮服务人员不要急于辩解,对待任何一个游客的投诉,不管是鸡毛蒜皮的小事,还是棘手的复杂事件,作为投诉受理者都要保持镇定、冷静。要先当游客的忠实听众,耐心倾听游客的陈述并正确理解游客意思,要表现出对投诉游客高度的礼貌、尊重;不能打断游客讲话,更不要中途提出反对游客的意见,也不要试图阻止游客发泄。等到游客把自己心中的不满或委屈全盘吐露出来,不满情绪慢慢平复下来,这时再和游客谈,气氛会缓和些,问题也容易得到解决。要注意千万不能敷衍了事或者保持沉默,这会让投诉游客感觉到你对他们的漠视,反而会使他们恼羞成怒。

聆听投诉时应注意:

1. 保持冷静

在投诉时,游客总是有理的。不要反驳游客的意见,不要与游客争辩。为了不影响邮轮上的其他游客,尽可能将投诉者带离公共场所,最好个别听取游客投诉。避免做出敌意或抵制性反应,投诉的最终解决只有在"心平气和"的状态下才能进行,因此接待投诉游客时,要保持冷静、理智,不要与投诉游客争吵,要设法消除游客的怒气。无论什么情况下都不能侮辱投诉游客,应对事不对人,同时要善于抓住投诉的核心内容,努力使游客申诉得客观、求实和具体。可以提出一些问题来澄清事实,并看看自己的理解是否和游客的申诉相一致。

2. 表示理解和尊重

应设身处地为游客分析问题,尽量理解游客感受,用适当的语言安慰游客,如:"谢谢您告诉我这件事情""我知道您的感受,我以前也遇到过"。保护游客自尊心,尽力维持和增强游客自尊心,如:"我很抱歉给您带来这样的麻烦"。经常提及投诉游客的名字,这样可以表明对游客的关注,也让投诉游客意识到你对问题的重视,将注意力集中在问题上。

不要试图淡化游客投诉的严重性,因为无论是什么问题,游客既然投诉就说明它对于游客来说是严重的;也不要推卸责任说是其他部门或其他人的错。

3. 充分道歉

游客投诉,第一时间道歉能体现对游客的关怀和关注,如:"对不起""非常抱歉""给您带来不便了"等。说一声"对不起"是简单的但又是常常被忽略的一件事。当面对一位心情不佳的游客时,可能一句道歉就可以平息他心中的怒火。作为投诉受理者,即使错误不是你造成的,也应该道歉,因为你就是邮轮的代表。千万不要认为道歉是丢面子的事情,它可以让游客知道你很在意给他带来了麻烦,表示了你所在的邮轮对游客的诚意,并且想要尽快改正。如果不能主动承担责任,而且一味地推卸,会使游客更反感、更生气。即便有时候是游客的错,也应耐心倾听,作为一名邮轮服务人员就是要使游客感到自身的价值和重要性,并且帮助他们解决问题。在道歉的时候要注意表达出诚意,只有发自内心的道歉才容易使游客接受。道歉的原则是不管这个问题是不是由你引起的,都要向游客道歉;你的态度影响游客的态度,因此道歉的语言要诚恳;道歉之后不要说"但是",这会让你的道歉自动失效;道歉的频次尽量控制在 3 次以内,不然会显得敷衍和逃避责任;道歉需要配合行动。

4. 记录要点

把游客投诉的要点记录下来,包括游客投诉的内容、游客的姓名及投诉的时间等。这样不但可以使游客讲话的速度放慢,缓和游客的情绪,还可以使游客确信,邮轮工作人员对其反映的问题是重视的。同时记录的资料也可以作为解决问题的依据。

(二)快速分析,提出服务补救措施方案

在明确了游客投诉的问题后,根据其内容,对游客投诉的问题进行认真思考和分析。对游客提供的资料要反复研究,快速判断游客所申诉的服务缺陷是否真的存在。同时,还要判定游客投诉的理由是否充分合理,更要查明游客投诉的具体原因及造成投诉的具体责任人。如果投诉不成立,即用委婉的方式答复游客,取得游客的谅解,消除误会。当然,不论谁对谁错,处理投诉的工作人员都应采取积极的态度,公正、公平、合情、合理、合法地调解纠纷和投诉。

在确定游客投诉的事实清楚,需要提出解决方案时,要告知游客你所能做到的,不能做到的就不要做任何承诺,更不要做出超越自己权力范围的事。如还需要考虑的,就应该把还不能做出最终决定的原因告诉游客,恳求游客理解和谅解,并定下行动时间,告诉游客何时解决问题。投诉受理人要注意不能低估解决问题所需的时间,更不能随意承诺。对于无法解决的问题,要及时上报给相关部门或领导。受理的相关部门或领导应予以高度重视,对投诉处理方案一一过目,及时做出批示,根据实际情况,采取一切措施,尽量挽回已经出现的损失。

另外,要及时给投诉游客提供补偿性服务,如邮轮消费打折、送赠品。特别要注意的是,补偿性服务是在感情上给予游客的一种弥补和安抚,它并不能代替整个服务,只有在邮轮服务给游客带来的伤害或损失是无法改正和补偿的时候,为了不让游客气愤地离开而且永远不再回来,必须马上在情感上温暖游客时才应用。

（三）尽快收集游客对处理方案的反馈意见

投诉的游客一般在乎的是邮轮服务人员如何帮他解决问题,而邮轮方面提供的处理方案游客未必觉得是最好的,因此在通知游客处理方案后一定要询问游客的意见。如果游客可以接受,说明问题得到解决,也无形地提升了游客对邮轮服务的满意度。如果游客不能接受,则要征求游客的意见并在能力范围内尽量满足,让游客感受到帮助其解决问题的诚意。同时,在游客满意即将离开的时候,应该再次询问他是否还有其他要求。这在最大限度上帮助他解决更多问题的时候,也超出他本来的期望值,会使他获得一份惊喜,从而对邮轮提供的服务终生难忘。

（四）跟踪服务

很多人认为解决了投诉问题,游客离开了,服务也就结束了。事实上,尽管游客的投诉获得了解决,邮轮服务的失误还是给游客心中留下了阴影。因此要想进一步抹掉游客心中阴影,树立良好的企业形象,就要对曾经失望的游客给予适当的关注。可以通过电话、电子邮件、信函卡片等,进一步了解游客对处理方案的满意情况,同时感谢游客对邮轮服务工作提出的意见建议。这样可以强调邮轮方面对游客的诚意,深深地打动游客,从而加强游客对邮轮的忠诚度,同时提高了邮轮服务质量。

（五）总结评价,建立档案

投诉处理结束后,邮轮方面要写出报告将整个投诉处理过程进行全面总结与综合评价。责任部门要查明邮轮游客投诉的具体原因,提出改进对策,做好纠纷、投诉案件档案的立卷、整理及归档等工作。要吸取经验教训,以提高邮轮的游客服务质量和管理水平,降低投诉率,并真正掌握处理游客投诉的方法和艺术。这对于积累经验、改进工作和提高邮轮接待服务质量都是有利的。

邮轮与游客之间的关系管理已经成为邮轮企业保持和提高市场份额、赢得竞争优势的重要手段。而游客投诉的处理,则是邮轮与游客之间关系管理中的重要内容。处理好游客投诉,是增加游客信任和提高邮轮企业美誉度的最佳时机。

三、邮轮游客投诉处理方法

（一）移情法

移情法是通过语言和行为举止的沟通方式向游客表示遗憾、同情,特别是在游客愤怒和感到非常委屈的时候的一种精神安慰。移情法最常用一些站在游客角度的用语,使游客感觉自己的感受能得到认可,有人体谅他们的做法。比如:"我们理解和体会到您现在的感受……""那一定非常难过……""遇到这样的情况,我也会很着急……"等。

（二）谅解法

在游客情绪不稳定的时候,最好能安抚游客的不满情绪,使其平静下来并取得游客的信任和体谅。作为处理投诉的工作人员,可以说:"我很同意您的观点,同时我们考虑到……"或者"您说的很对,我们能体谅到您的感受,但是我们同时为了您着想……"等。

(三)引导征询法

这是一种为了提前平息游客不满,主动了解游客的需求和期望,取得双方认同和接受的沟通技巧。让游客感觉到邮轮工作人员对他很在乎,也很尊重他的意见和想法。有时候单方面提出游客投诉处理方案往往会引起游客的质疑和不满,采用主动询问游客希望的解决方法更能被游客接受。一般可以用来引导投诉游客的提问有:"您需要我们怎么做,您才能满意呢?""您有没有更好的处理建议呢?""您觉得另外几种方案哪一种合适呢?"采用这样的提问会使游客在心理上得到满足。

第四节　邮轮游客投诉预防

　　邮轮对邮轮游客投诉问题最明智的选择，就是尽量避免投诉的发生，力争为邮轮游客提供完美的服务，让游客高兴而来、满意而归才是邮轮各部门追求的共同目标。在现实情况下，受各种条件的限制以及一些无法预料因素的影响，邮轮游客对邮轮服务产生不满情绪也是不可避免的。当邮轮服务工作出现问题，已经使游客产生不满时，邮轮服务人员应尽一切努力，及时从"功能"和"心理"两个方面为游客提供补救式服务，使游客由不满意转变为满意，妥善地解决问题，避免游客带着抱怨离开。

一、加强邮轮员工培训

　　邮轮公司为避免出现工作失误引起游客投诉，应加强对员工的培训。首先，应着重培养邮轮员工的服务意识，让员工调整好自身心态。其次，邮轮公司应定期开展相关培训讲座和培训实操课程，进一步提高邮轮员工的服务质量。除此之外，还应该对邮轮员工的语言技巧及沟通方式进行培训，帮助邮轮员工解决服务过程中出现的问题，适当给予员工权力，这样能够增强邮轮员工对工作的认同感，提升员工的工作价值。

　　邮轮公司应建立较为完善的奖惩机制。对于受到游客表扬的员工给予奖励；对于被游客投诉的员工，在问清楚事情实际缘由后，如果确实是因为员工工作失误导致的投诉，应当给予员工一定的处罚。这样不仅能够激发员工的工作积极性，还能够在一定程度上避免因员工工作失误出现投诉。

二、让邮轮游客得到替代性、补偿性满足

　　替代性、补偿性满足是指人们不能以特定的对象或特定的方式使自己得到满足时，为了减轻或消除挫折感，而到其他方面去寻求更多的满足，使自己得到补偿的心理调节方

法。当邮轮游客由于邮轮服务的缺陷而感到不满意时,邮轮服务人员可让游客得到某种"替代的满足"或"应有的补偿",以此来消除游客的不满意。

邮轮服务人员应尽最大努力满足邮轮游客需要。在不能完全按照邮轮游客的心愿去满足游客的要求时,要征求游客的意见,用其他方式去满足游客的要求。遇到过一段时间才能让游客得到满足的情况时,最好马上为游客提供一些替代性服务。对待觉得吃亏的游客,给予物质补偿。在功能服务有缺陷时,可给予心理服务补偿游客。

📚 同步案例 1

邮轮就餐补偿

邮轮上的晚餐一般分两拨进行,并且有几个晚上是以固定座位的方式就餐。有一次,有几名游客的房卡上写的吃饭时间和座位发生冲突,导致他们到了之后,座位已经被别人坐了,只好到自助餐厅去吃饭。其中有一名游客因此很不开心,向餐厅经理投诉。餐厅经理安抚了游客的情绪之后,陪他们到自助餐厅用餐。第二天,餐厅经理又亲自出面,在邮轮付费餐厅宴请游客,表达了歉意,并赠送了游客付费餐厅的就餐券。这样在经济上给予了游客一定的补偿,使其由不满意转为满意。

问题:
邮轮餐厅经理用什么方式避免了游客的投诉?

分析提示:
因为邮轮服务人员的工作失误导致游客的需要没有得到满足,餐厅经理先是陪游客一起用餐,给予游客心理补偿服务。第二天经理在付费餐厅宴请游客,表达了对游客的尊重,赠送付费餐厅的餐券给予游客物质补偿,满足了游客的心理需求。

三、引导邮轮游客往好处想

当人们遇到自己不愿意接受而又不得不接受的事情时,经常会为自己找一个借口,使这种无法接受的事情在内心得到"合理化"解释,以达到心理平衡。如果邮轮游客遇到不满意的事情,邮轮服务人员应当引导游客往好的方向想。因服务中有缺陷而使得游客感到不满意的时候,也要让游客知道,这不是邮轮服务人员不愿意为他们提供更好的服务,事实上服务人员已经尽心尽力了,使游客觉得服务工作的不足是能够被谅解的。这样可以减轻甚至消除游客的不满情绪,对邮轮服务人员表现出理解而不是对立的态度。

📚 同步案例 2

调换房间未果

在邮轮上,客舱的房间数很多,有些客舱离电梯的距离很远,因此有个游客想要调换到离电梯距离近的房间。他找到打扫客舱的服务人员寻求帮助。服务人员跑前跑后,与总台沟通,恳求总台进行调整。总台服务人员也积极联系其他房间的游客,但距离电梯近的那几个房间的游客要么是老人,要么身体不太舒服,要么不愿意调换。最终这位游客也没有调换到房间,但是因为客舱服务人员和总台服务人员积极的服务态度,最终赢得了游客的谅解。

问题:

邮轮客舱服务人员和总台服务人员是如何有效预防游客投诉的?

分析提示:

服务人员积极提供帮助,主动联系其他游客。尽管最后换房不成功,但是服务人员已经尽了最大努力。

四、让游客宣泄

宣泄是指当一个人遇到某种挫折时,把由此而引发的悲伤、懊恼、愤怒和不满等负面情绪痛痛快快地发泄出来的心理调节方法。能够把情绪发泄出来,就能比较理智地看待这个挫折。当邮轮游客由于服务缺陷而感到不满意时,邮轮服务人员应该让游客适当宣泄情绪。如果不能让游客消气,那么就让游客出气,这样要比游客憋着一肚子气离开好得多。如果游客表示不满,那么就让游客详细叙述事情经过,把不满的情绪宣泄出来。在游客宣泄情绪的时候,不要让他们当着其他游客的面,否则容易引起其他游客的不满。当游客把负面情绪全部宣泄出来之后,情绪平稳了,这时再与游客商量补救措施,切实解决游客的问题,让游客满意而归。

本章概要

关键术语

游客投诉心理　投诉原因　投诉处理技巧　投诉预防

内容提要

对邮轮产品或邮轮服务不满是邮轮游客投诉的直接原因,游客投诉还有着深层的心理动机。本章从邮轮游客投诉的原因入手,先介绍了游客投诉的影响,分析了游客不投诉以及采取投诉的心理;接着对邮轮投诉处理的原则和步骤,以及邮轮投诉处理的方法进行分析;最后介绍了如何有效预防邮轮游客的投诉。通过本章学习,邮轮服务人员应该掌握邮轮游客投诉处理的一些基础理论知识,这是从事邮轮服务应当具备的理论素养。

本章练习

一、选择题

1.处理邮轮游客投诉的原则是_____。

　A.冷静　　　　　　　　　　B.迅速

　C.真诚　　　　　　　　　　D.合理维护邮轮的正当利益

2.邮轮游客采取投诉的心理原因是_____。

A.求尊重 　　　　　　　　　B.求平衡

C.求赔偿 　　　　　　　　　D.求发泄

二、简答题

1.邮轮游客的投诉对邮轮公司有什么影响?

2.处理邮轮游客投诉的程序是什么?

三、讨论题

怎样有效预防邮轮游客的投诉?

本章参考文献

[1] 李肖楠, 徐文苑. 邮轮前厅服务与管理[M]. 北京:化学工业出版社,2017.

[2] 张蕊. 邮轮服务心理[M]. 2 版. 北京:中国旅游出版社,2022.

[3] 孟广桥. 让投诉游客满意离开:客户投诉应对与管理[M]. 北京:中国青年出版社,2019.

[4] 覃安迪. 客户服务投诉管理与处理实战技巧[M]. 北京:中国财富出版社,2015.

[5] 彭瑶. 游客投诉的心理及应对策略[J]. 中外企业家,2015(2):9.

[6] 秦金,范淑娟. 浅谈游客的投诉心理及应对策略[J]. 中国商贸,2011(14):181-182.

第八章
邮轮管理心理

学习目标

　　管理的实质是对人的管理。研究邮轮管理心理,主要目的就是把握个体与群体的心理,掌握邮轮服务人员心理分析方法,提高邮轮企业领导者管理艺术,运用激励机制激发每个人的积极性,做到人尽其才,带动整个工作系统的运行,达到管理的高效率目的。

管理心理学
基本理论 # 第一节

一、管理心理学概述

　　管理心理学是把心理学的知识应用于分析、说明、指导管理活动中的个体和群体行为,研究管理过程中人们的心理现象、心理过程及其发展规律,同时运用科学的方法调动人的积极性,有效实现组织目标的一门科学。它有助于改善组织结构和领导绩效,提高工作和生活质量,建立健康文明的人际关系,达到提高管理水平和发展生产的目的。

二、管理心理学基本理论的划分

(一)能力理论

　　能力是保证活动取得成功的基本条件,但不是唯一条件。要保障活动有序进行并获得成功,往往涉及人的个性特点、知识技能、工作态度、物质条件、身体状况及人与集体的关系等因素。每个人的能力不同,有高低之分,但可以通过不断学习而获得新的知识和技能。不同的工作,要求不同岗位邮轮服务人员具备不同能力。

　　人的能力是有个体差异的,即人与人之间的能力不同。因此邮轮企业管理者应该研究能力的个别差异,掌握邮轮服务人员能力的特点,量才录用,人尽其能,当能力与工作相互匹配,邮轮服务人员的工作绩效便会提高。工作绩效对具体的心理能力和体质能力方面的要求取决于该工作本身对能力的要求。一个优秀的邮轮企业管理者,并不会把能力最强的员工聚集在自己周围,而会根据邮轮企业的需要,合理地确定所需要的能力结构,并在此基础上聚集各部门所需要的人才。

(二)激励理论

激励理论是指通过特定的方法与管理体系,将邮轮服务人员对组织及工作的承诺最大化的过程。激励理论是关于如何满足人的各种需要、调动人的积极性的原则和方法的概括总结。激励的目的在于激发人的正确行为动机,调动人的积极性和创造性,以充分发挥人的智力效应,做出最大成绩,即研究如何调动人的积极性的理论。激励理论认为,工作效率和劳动效率与员工的工作态度有直接关系,而工作态度则取决于需要的满足程度和激励因素,因而管理者根据需求设置目标即可起到激励作用。另外,双因素论者赫茨伯格把影响工作态度的因素分为保健因素和激励因素两类。保健因素包括组织政策、管理技术、同事关系、工资待遇、工作环境等,这些因素的改善可消除职工的不满情绪;激励因素是适合个人心理成长、能调动积极性的因素。

(三)压力理论

压力是当人们去适应由周围环境引起的刺激时,人们的身体或者精神上的生理反应,它可能对人们的心理和生理健康状况产生积极或者消极的影响。因员工压力过大造成的员工经常性旷工、心不在焉、创造力下降而导致的企业生产力损失,仅在美国每年就超过1 500亿美元。为了预防和减少压力对员工个人和组织造成的消极影响,发挥其积极效应,许多企业管理者已开始关注员工的压力管理问题。如果邮轮企业实施适当的压力管理,能有效地减轻邮轮服务人员过重的心理压力,保持适度的、最佳的压力,从而使邮轮服务人员提高工作效率,进而提高整个企业的绩效、增加利润。压力可以是一种驱动力。当人有了欲望或出现紧迫感的时候,压力就随之而来。压力是一种非特定的反应,不同的人表现出来的是不同的身体状况。除了对身体的伤害以外,过度的工作压力对于邮轮企业的消极影响也是巨大的。因为邮轮服务人员的压力过大,会引发其不满、消极情绪,对工作不负责任,另外也会出现离职、缺勤等问题。

(四)劳动理论

劳动心理学是心理学的一个分支,其特点是结合劳动过程,研究劳动者的心理反应、心理活动及心理规律的理论。它以普通心理学、社会心理学、管理心理学等研究成果为理论基础,结合劳动过程和劳动组织的实际,围绕劳动者的需要、动机、行为,劳动者的个体心理素质,劳动者群体心理现象,劳动者心理保健及安全生产等内容,讨论劳动管理中如何运用心理学知识,激发劳动者的积极性问题。

(五)沟通协调理论

沟通协调理论是指在管理实践中通过沟通和协调,达到思想上的一致和行动上的统一,实现管理的整体高效所应遵循的规律和原则、所应采取的方法和艺术。

知识链接

行政管理中的沟通协调原理

四方协同原理：指在行政管理实践中，"行政人"要处理好"上、下、左、右"四方面关系，其中最难的是处理与上级领导者互相不团结的关系问题。这一原理运用得当，不仅能减少摩擦，避免内耗，而且能使行政管理取得事半功倍的效果。

求同存异原理：指行政领导在行政管理活动中，研究和探索协调对象的一致之处，以此作为协调的基础，并允许行政机关各部门保留一定程度的灵活性和差异性。求同不等于采用一种行政管理模式，更不是简单的"一刀切"，只有承认利益、思想、行为等方面的差异，因地制宜，因时制宜，灵活应变，才能使行政管理工作充满活力。

客观公正原理：指"行政人"在协调各种关系、矛盾和冲突中，均需依据客观事实，遵循制度、信守原则，以坚持和维护人民大众利益为出发点，秉公行事。这一原理，要求行政领导具有客观公正的意识、能力和魄力。

公共关系原理：指行政机关组织为实现自身目标，对外开展公关和协调活动，以获得社会、公众的了解和对自身有益的协作与支持。

邮轮服务人员
个体心理与邮轮管理 第二节

一、邮轮服务人员个体心理特征

(一)工作环境造成的心理影响

在邮轮上工作,邮轮服务人员要经受许多与常人不同的复杂因素的影响。如海上的自然环境、水文和气象的复杂变化;邮轮的机动性大,在不同的海域中作业,停靠不同的港口码头;邮轮的环境特殊,工作场景相对陆地固定,住宿空间较狭小,在不同海域中作业,伴有船体的振动、颠簸和噪声;工作时必须面临与家庭、陆地社会分离至少一个船期时间;邮轮工作时间固定,紧张度高,承担服务工作面临值班时间多且时间安排特殊的可能性,劳动强度和体力消耗大等工作状态;个体娱乐生活单调等。所有这些因素都严重影响邮轮服务人员的身心健康。此外,海上作业以及随时都可能发生的不可预测的各种特殊情况及事故,对邮轮服务人员的心理影响显而易见。

邮轮服务人员长期生活在大海这个特殊的自然环境和船舶这个特殊的人造环境中,工作和生活环境与在陆地上有着非常大的区别。生活圈的范围被缩小,人们的活动范围也随之缩小,导致邮轮服务人员心理易压抑、烦闷。有些离职的邮轮服务人员从邮轮上回到陆地后又想再回去工作,上邮轮工作了一段时间后又产生厌倦感,寻找种种理由返回,不仅自己十分苦恼,也影响到了邮轮的稳定和其他邮轮服务人员的情绪。

(二)国际邮轮的特点对邮轮服务人员心理调节的不利影响

国际邮轮的客流量集中、工作强度大,邮轮在港停泊时间长短不一,各方面的检查频率高,进出港、接受检查、值班、清洁保养等连续工作时间长,缺乏睡眠、低质睡眠、作业噪声、时差、无规律等影响使人疲劳,加上高度紧张的工作,容易产生烦躁、抑郁、焦虑的情绪,不利于邮轮服务人员的心理调节。

（三）不同航线对心理的影响

受传统教育的影响,大部分邮轮服务人员喜欢距离自己国家近的航线,这使他们有一种归属感,不会太有身在异乡为异客的孤寂感。除此之外,不同航线的游客也会有极大的反差,相较而言,欧美航线的游客注重细节服务,而亚洲航线的游客则比较随意,这对邮轮服务人员的心理要求也较高,需要随时调整心态,以应对不同的游客。

（四）邮轮不同工作岗位对心理的影响

邮轮服务人员工作竞争激烈,不同工作岗位受到重视程度不同,收入差别很大。如清洁员工,压力大、工作强度大,晋升途径相对不顺畅,收入和受重视程度相对较低,就不容易调节心理;而餐厅、酒吧邮轮服务人员则较受重视,收入也较高,容易调节心理。

（五）邮轮服务人员素质对心理的影响

不同性别、年龄、教育背景对邮轮服务人员的心理的影响是有差异的。接受的教育多、技术高、遵纪守法等自控能力强、整体素质好的邮轮服务人员,心理素质相对较好。

（六）工作环境和氛围对心理的影响

邮轮海上航行时间短、靠泊时间长,邮轮服务人员有机会在各港口聚餐、休闲,来自外界的诱惑多。如果邮轮企业管理者疏于管理,时间一长就会形成复杂的人际关系,容易使邮轮服务人员心理失调。

（七）情绪波动大,并随着在邮轮工作时间的延长而越加表现明显

在一般情况下,外派三个月以后,有些邮轮服务人员就会产生情绪不稳定、生理活动指标下降、易急躁、睡眠障碍、能力下降、对家庭思念加重、职业倦怠感明显等现象。

二、邮轮服务人员个体心理管理与调节

邮轮服务人员的心理健康,需要邮轮服务人员自身、中介、邮轮企业管理者和邮轮服务人员家属的共同努力来维护。首先,引导邮轮服务人员学会自我调节。对自己要有一个客观的评价,要学会转移情绪、消除怨气,还要学会自我激励,培养良好的心理应变能力和遭遇挫折的耐受力。其次,各级管理机关要把好邮轮服务人员上船的心理关,把邮轮服务人员的心理素质作为能否上船的考核依据之一。

（一）适当的自我减压方式

找出适合自己的减压方式并养成排压的好习惯,这有助于邮轮服务人员轻松地在船上工作。常见简单的排压方法有:运动法,每一艘邮轮都会给邮轮服务人员配备一个公用的健身房,适当的运动能促进血液循环,有益身心健康。瑜伽修炼法,在高压下,大部分邮轮服务人员都会有肌肉疼痛、头痛、失眠、忧郁及易怒等症状,其实这些都是压力大所带来的。瑜伽修炼法注重深度呼吸,学习正确的呼吸方式即可消除这些症状。静坐冥想,通过

冥想转移自己的注意力,可以让自己的精神得到小憩、放松,会让人变得安详、宁静与平和。

(二)培养良好的心理素质和情绪的自我掌控及调节能力

因在海上作业,随时都可能发生不可预测的各种特殊情况及事故,邮轮服务人员要具备良好的心理素质和处变不惊的能力。情绪的自我掌控及调节能力是指学会调整自己的情绪。因为对于游客,你永远是他的第一个服务者。需要在对游客服务中对每一个人都保持同样的热情,如果中间有一个环节出了差错,跟游客发生了口角,就很难用一种特别好的心态去面对接下来的其他游客。

(三)重视心理健康问题

美国著名社会心理学家马斯洛认为,当整个社会进入小康之后,人们就会强烈需要与他人建立友好与亲密的关系,如与配偶的亲密、与同事的和谐等。邮轮服务人员职业的特殊性,就妨碍了这种需要的充分获得,易使邮轮服务人员产生无连接感和无依靠感,从而引发他们孤独、焦虑、抑郁的负面情绪。这一系列心理问题,却极少引起邮轮服务人员自身的关注。

(四)加强自我保护

当邮轮服务人员出现心理问题后,一般而言,其自身可以采取一定的措施来予以纠正和调整,进行自我保护。从邮轮服务人员自身而言,他们在处理问题的方式上表现得比较消极,较多选择"解决问题"、"求助"和"退避"等方式来应对面临的问题与压力,如对待困难和挫折采取回避和发泄等方式,从而降低了心理健康水平。处理问题的方式也是一种有效自我保护的方式,但邮轮服务人员在这一方面较为缺乏。自我保护是基于自我主动性来实现的。因此,邮轮服务人员可以积极参加有益的文化娱乐活动来缓解负面情绪,增强自我保护能力,提高自信心,达到能及时地消除心理紧张的主观感受,保持健康的心理。

(五)加强心理疾病防治

邮轮服务人员在工作过程中既要完成服务游客的任务,又承担着确保游客在旅途中的安全和舒适的责任,这就需要其保持良好的心理状态,邮轮企业应当加强对邮轮服务人员心理疾病的防治,而不应该仅仅只注重身体健康。

(六)实行情感管理

愉快的情感对人的行为有一种强烈的推动力和控制力。实行情感管理,其核心是激发邮轮服务人员的积极性,消除其消极情绪,就是要认识人的情感规律,注重人的内心世界,实行人性化管理。邮轮管理者应尊重邮轮服务人员,善于沟通,对员工宽容、仁慈,尽量满足邮轮服务人员的合理需求。同用制度压人、用教育约束人相比,用情感调解不但效果好,而且感觉好、情绪好,能使人轻松愉快地工作,减轻心理负担。

三、邮轮服务人员能力培养

邮轮服务人员是指在邮轮上为游客提供食宿、休闲娱乐、健康保健、观光度假、体育运动、购物消费、儿童护理等活动,并提供对等优质服务的工作人员。他们需要多方面的能力培养。

▌(一)跨文化适应能力培养

邮轮服务人员一年大部分时间都待在邮轮上,邮轮既是他们的工作场所,也是其生活处所。跟甲板部、轮机部等一般船舶部门的海员一样,邮轮服务人员也是来自世界各地。经历了第一个船期的邮轮服务人员,在适应国际邮轮这一新的工作和社会环境过程中,都有如下的心理历程:刚刚登上邮轮工作时特别兴奋,工作一段时间之后心情特别沮丧,接着慢慢从国际邮轮文化环境和自己习惯的文化环境的差异中恢复过来,并继续努力工作,能与同事用英语有效沟通,工作也慢慢得心应手,最后渐渐适应了国际邮轮的生活和工作。这些历程大致体现了跨文化适应的新鲜阶段、疲倦阶段、恢复阶段和适应阶段。通过了解第一次船期的心理感受情况,发现邮轮服务人员在跨文化适应的最初阶段适应水平最差。在这期间,邮轮服务人员的生活从陆地转为海上,随生活变化而产生心理变化波动频率最高。和不同文化背景的同事相处,其英语听说能力的不足导致他们跨文化交际能力较差。因此出现抑郁等负面情绪,这种情绪在其到邮轮上工作的第一个月出现频率最高。

▌(二)语言能力培养

跨文化适应是伴随跨文化接触、跨文化交际和学习新文化活动的过程,从本质上来说,就是学习接受新的生活方式、习惯、观念、习俗等在内的一系列活动,这些活动首先就是对语言的学习和掌握。在邮轮这个社区,邮轮服务人员之间的工作交流都用英语,因此运用英语的娴熟程度直接影响着邮轮服务人员的工作。英语口语能力较好的邮轮服务人员往往会被派到前台、俱乐部、精品店等发展较好、待遇更高一些的岗位和部门,这些邮轮服务人员通常会更快地适应邮轮工作和生活。经过一段时间在邮轮上的工作和生活,英语交际能力可以得到提高,其提高的程度也因个人努力程度和个性因素而不同,但只有英语的基本沟通没有问题了,刚刚登上邮轮时的挫折和失落感才会减轻。

▌(三)文化因素认知培养

邮轮服务人员国籍不同,其文化因素也有差异。在这样员工构成复杂的特殊社区工作和生活,除了要灵活运用语言和交际技能之外,还要对不同国籍同事的文化、习俗和观念有一定的认识,这样才能维持社区成员之间较好的互动和交流状态,创造更好的契机融入邮轮这个多元化的国际小社区。邮轮文化属于海洋旅游文化,而中国文化从根本上来说是以农耕文化为主,国人长期受农耕文化的影响而形成了特定的中国传统思维方式和行为方式。在与人的交往中,中国人表达观点和情感比较含蓄,有较强的群体和乡土观念,这些文化传统会对中国员工的跨文化交际产生负面的影响。

(四)价值观因素培养

价值观因素也进一步说明了文化观念根深蒂固的影响。邮轮旅游是高端旅游产品,其服务质量要求比岸上的酒店要高,服务意识也更为鲜明。服务质量是邮轮企业的信誉和成功的关键因素,在邮轮上,所有的邮轮工作人员,无论是部门主管或经理,还是一般的服务工作人员,都必须训练有素,发自内心地体现以邮轮游客为中心的服务价值观理念。

(五)心理因素培养

邮轮服务人员的工作要比陆地上的酒店或者度假村的工作复杂和特殊,离开了陆地,没有机会时常接触自己的家人,只能待在空间相对封闭的邮轮上,工作、生活与社交也存在压力,因此如果没有较好的心理素质,排解不了生活和工作带来的负面情绪,会出现邮轮服务人员常见的心理问题。要想成为合格的邮轮服务人员,开朗的心态和自我心理调节能力非常重要。因而,在进行邮轮服务人员教育培养时,心理养成教育与调节能力的培养都是很重要的。

此外,邮轮服务人员的能力直接影响对游客服务的效率、结果和质量。以下三个能力体现了完成各项活动所必备的心理特征:

(1)观察力:敏锐的观察力有助于邮轮服务人员发现服务设施的不足,发现对游客服务需求需要改进的地方,发现游客可能没有完全表现出来或潜在的各类需求,从而提高对游客服务的主动性。

(2)记忆力:良好的记忆力有助于邮轮服务人员在服务过程中回忆和应用服务知识与技能,有助于回顾检讨已完成的工作和按程序开展的工作,提高工作效率。此外,善于记住游客姓名并及时恰当打招呼是提供高质量服务的一个秘诀。

(3)综合服务能力:综合服务能力表现在跨文化交往学习能力、语言表达能力(特别是对英语或其他外语的运用)、人际交往能力、应变能力、促销能力等方面。

四、邮轮服务人员性格差异与邮轮管理

(一)人的性格划分

性格是个性心理特征中的核心部分,它是一个人稳定的态度系统和相应习惯了的行为风格的心理特征。人与人的个性差别首先表现在性格上。性格是在社会生活实践过程中逐步形成的。由于各人所处的客观环境不一样,先天的素质不同,形成了各种类型的性格。

1. 按性格结构中的主要成分分类

理智型:深思熟虑,沉着冷静,善于自控。

疑虑型:犹豫不决,过敏多疑,易受暗示。

情绪型:心境多变,多愁善感,容易冲动。

2. 按心理活动的主要倾向分类

外倾型:活泼开朗,善于交际,独立性强,不拘小节。

内倾型:沉郁文静,不善交际,处事拘谨,应变力差。

混合型:以上特点俱有,多数人属于这种类型。

分析邮轮服务人员性格可以量体裁衣,为安排合适的工作岗位打好基础。性格与气质一样,在服务接待工作中主要表现为邮轮服务人员的情绪反应特征,它包括对刺激的感受程度,反应的强烈、快慢程度等,但无论哪种性格的邮轮服务人员在从事不同岗位服务工作的时候都要满足以下要求。

(1)具备较强的忍耐性:忍耐性是指人在遇到各种刺激和压力时的心理承受力。邮轮服务人员经过一个船期或是常年持久地在邮轮上承担单一性工作,必然会产生一些压力;此外,还会遇上短暂并高强度的工作压力,诸如假日、黄金周或是超大型团队的到来。邮轮服务人员要有克服压力的素质,才能做好服务工作。

(2)具备适当的感受性:邮轮服务人员的工作对象一直在变换,按照工作要求执行对游客服务中的标准是很难统一的,有时感受性太高,弱刺激就会引发强反应,势必造成精力分散或发生误会。而在某些场合,感受性太低,又会对周围熟视无睹、毫无反应,从而可能导致怠慢游客、服务不到位。

(3)具备很强的适应性:因为工作的需要,邮轮服务人员可能面临升职、工作调整、轮岗等情况,所以要求其要有很强的对新岗位的适应性,同时也要求人力资源部门在邮轮岗位设置及培训的过程中多考虑单一邮轮服务人员多岗位能力的培训。

(二)正确认识人的性格类型,提高管理效率

(1)根据邮轮服务人员性格类型安排工作岗位;

(2)注意不同类型性格的邮轮服务人员的适当搭配;

(3)根据不同邮轮服务人员的性格类型来采用不同的教育培训方式。

为邮轮服务人员安排的职务必须与其性格相匹配。每个人都有性格特质。比如,一些人安静被动,另一些人则进取而活跃;一些人相信自己能主宰环境,而另一些人则认为自己成功与否主要取决于环境的影响;一些人乐于挑战风险,而另一些人倾向于规避风险。组织行为学有关性格与职业的阐述中指出,员工的个性不相同,他们从事的职业也应有所不同。只有与邮轮服务人员个性相匹配的工作才能让邮轮服务人员感到满意、舒适。比如说,喜欢稳定、程序化工作的传统型员工适宜计财、出纳员等工作;而充满自信、进取心强的员工则适宜让他们担任项目经理、公关部长等职务。其目的是让一个人干一种与其个性相匹配的工作,从而提高工作绩效。

同步思考

邮轮服务人员为什么要注重跨文化研究与学习?

全球化观点在20世纪80年代中期开始盛行并成为描述人类社会跨边界互动不断加强的重要理论。全球化涉及许多的社会、经济、政治和文化变化,以及世界各部分之间的相互渗透与融合、相互联系与依赖。邮轮经济的全球化必然带来邮轮文化的全球化,在邮轮工作岗位上需要更好地处理可能产生的文化碰撞甚至文化冲突,减少摩擦、增进交流和理解,从而使世界多元文化得以和谐共生,展开对跨文化交际学的研究及发挥其重要作用显得十分必要。

　　当前各种文化之间频繁交流与碰撞,一名全球化时代背景下的人才所具有的基本素质就是要有宽广的国际胸怀和良好的跨文化交际能力。在邮轮的航行旅程里,培养和提高他们的交际能力是管理团队的一个重要任务。跨文化交际学习使邮轮服务人员具备一种国际胸怀和全球视野,建立一种全球思维方式的开放心态,客观、理性地看待世界上各种不同种类的文化,尊重和珍惜文化差异,维护好自身与游客、管理者之间的关系。

　　语言是人类所独有的,用任意创造出来的符号交流思想、感情和愿望的非本能方法;语言是一个用于人类交际的、具有任意性的语音符号系统工具。通过对语言的学习,在对游客服务中用自身及已经学习到的语言作为文化的最重要载体,处理好适应邮轮岗位的要求,如翻译、接待、餐饮服务等;需要把某些外族文化项目作为专门的学习内容,如饮食习惯、风俗礼仪等,以便更好地提升服务的质量并体现邮轮工作的国际性价值。

第三节　邮轮服务人员群体心理与邮轮管理

一、影响邮轮服务人员群体心理健康的内部因素

（一）抗压能力

当环境条件提出的要求超出人们的能力和资源范围时,人们就会感到紧张,这是一种由于对潜在危险(身体上或精神上)的意识及想要知道如何消除危险而产生的精神和生理状况。很多邮轮企业并未意识到保持邮轮服务人员心理健康的重要性,不同程度地给员工施压,在这种情况下邮轮服务人员群体心理就极易产生很多现实与理想的冲突,从而产生引发心理不健康的因素。

（二）正确认知自我

首先是能正确认识自己,对自己的能力、兴趣、爱好、气质等有客观、全面的了解和评价;其次是能正确认识他人和环境,为人际关系的发展和环境适应奠定基础。

（三）情绪饱满适度

健康的情感应该是热情饱满而非消极迟钝;反应适度而非喜怒无常;情感应丰富多样,其强度和持续时间应能为社会所接受。

（四）意志坚强可控

健康的意志应该具有目的性,即能自觉地确定行为的目的;具有坚韧性,既持之以恒,又能根据情况适当改变;还应具有自制性,即为了达到目的而能控制一时的感情冲动,约束自己的言行。

二、影响邮轮服务人员群体心理健康的外部因素

(一)家庭因素

邮轮上的大部分员工都是远离家庭到各海运航线工作的,这就容易引起一系列的家庭矛盾。家庭的种种困扰使得员工心理受到极大的冲击,多数员工因无法承受这一冲击而直接导致心理不健康。

(二)社会因素

政治、经济、文化教育、社会关系等属于影响心理健康的社会因素。其中各种不健康的思想、情感和行为会严重腐蚀人的心理健康。社会因素对一个人的生存和发展几乎起着决定性作用,尤其在当今,人与人之间的交往日益广泛,各种社会传媒的作用越来越大,生活紧张事件增多,矛盾、冲突、竞争加剧,所有这些都会加重人们的心理负担,不利于身心健康。

(三)人际关系

健康的人际关系是相互乐于交往,态度积极,既能接受和理解他人的思想情感,也善于表达自己的思想情感,在交往中能悦纳他人、愉悦自己;在群体中既有广泛的朋友,又有知己。这是心理健康的关键特征,也是保证心理健康的条件。

三、邮轮服务人员群体心理需求

(一)群体的凝聚力需求

邮轮服务工种众多,工作之间的协同完成要求概率很高,该群体凝聚力是指邮轮服务人员间的吸引力、邮轮服务人员对团队的向心力。凝聚力不仅是维持群体存在的必要条件,而且对群体潜能的发挥有很重要的作用。群体如果失去了凝聚力,就不可能完成邮轮管理者赋予的任务,本身也就失去了存在的条件。一个群体就是一个团队,就是建立在相互信任的基础上,在某个阶段为了某一个集中的目标和梦想而前进的一群人。只有立场明确、目标明确,行动才能一致、连贯、紧密、互助和互补。凝聚力就是邮轮企业领导者凝聚团队的力量和团队向上凝聚的力量,两者相互映衬。

(二)群体的竞争需求

竞争是个体或群体间力图胜过或压倒对方的心理需要和行为活动。每个邮轮服务人员都有可能做出不惜牺牲他人利益,最大限度地获得个人利益的行为,目的在于追求富有吸引力的目标。竞争是个人或群体的各方力求胜过对方的对抗性行为,因此,其积极作用是能使人振奋精神、奋发进取,促进社会进步,提高劳动生产率;其消极作用是挫伤双方积极性,使有限的资源难以发挥最佳效益,造成个体间或群体间的不团结,不利于人际关系的建立与发展。一方成功,意味着另一方就要失败,可以说,个人或群体的竞争机会越多,

则成功和失败的机会也越多。要求管理者对竞争应多加关注及适时干预,避免冲突。

(三)群体的合作需求

合作能有力地协调人际关系,提高工作效率。注意在合作过程中,群体成员之间也有竞争,竞争对于提高个人工作效率有显著的作用。例如,邮轮服务工作中客房部在工作绩效上,服务小组与服务小组之间是竞争关系,而每个服务小组内各成员之间则是合作关系。每个邮轮服务人员都想为小组多做贡献,工作圆满完成的小组自然是优胜者,而船舱客房整理需要其他成员的密切配合。另外,一个群体内部进行合作时,各成员必然展开竞争。所以说,竞争与合作相互依赖,缺一不可。

知识链接

美国心理学家马斯洛与密特尔曼提出的心理健康标准

1. 有足够的自我安全感;
2. 能充分地了解自己,并能对自己的能力做出适度的评价;
3. 生活理想切合实际;
4. 不脱离周围现实环境;
5. 能保持人格的完整与和谐;
6. 善于从经验中学习;
7. 能保持良好的人际关系;
8. 能适度地发泄情绪和控制情绪;
9. 在符合集体要求的前提下,能有限度地发挥个性;
10. 在不违背社会规范的前提下,能恰当地满足个人的基本要求。

四、邮轮服务人员群体管理

(一)邮轮服务人员的群体需求管理

(1)邮轮生活管理:自己的饮食起居都成问题的邮轮服务人员是不能做到数年如一日地向游客提供主动、热情、温馨的服务的。若邮轮服务人员的后顾之忧解除了,生活质量改善了,邮轮服务人员的工作劲头便有望稳定地保持在一个较高的水平上。

(2)感情化管理:感情化管理和严格管理并非水火不相容。严格管理的核心是"法治",即各级邮轮管理人员严格按制度和规范办事,坚持以标准化、制度化、程序化的原则实施管理。严格管理是邮轮得以正常运转的基础。

①邮轮企业管理者脸上常带笑容。微笑服务来自微笑管理。邮轮企业管理者对邮轮服务人员主动地微笑意味着管理者平易近人、平等待人的管理风格。邮轮企业管理者的微笑还有助于培养邮轮服务人员的服务角色意识,可随时提醒员工向游客提供微笑服务。切记不要冷嘲热讽、挖苦或谩骂、侮辱下属。邮轮企业管理者的微笑可增强邮轮服务人员

的勇气和信心,减轻受监督的压力。微笑又具有非同一般的鼓动力,它是对邮轮服务人员劳动的认可和赞赏,又是一种勉励,邮轮服务人员从中能获得鼓舞与激励。

②邮轮企业管理者率先垂范,主动承担责任。一个严于律己、率先垂范的管理者往往能赢得下属的尊敬。有一种情况是邮轮企业管理者的大忌,即不敢主动承担领导责任,遇到事情文过饰非、避重就轻,将责任推给下属。

(3)海上邮轮航行时间较长,为邮轮服务人员办理保险,考虑开办邮轮服务人员理发室、浴室、阅览室、酒吧、小卖部、医疗机构等。

(4)帮助邮轮服务人员积极进取,不断满足员工自我实现的需求。各级邮轮管理者首先应懂得有一支有自我实现需求的邮轮服务人员队伍是邮轮企业最有价值的资源,是其他任何别的资源所不可替代的。如:鼓励邮轮服务人员在业余时间攻读学位、读英语、学计算机,无论对自身素质还是对管理水平及服务水平的提高均大有益处。鼓励邮轮服务人员为邮轮的经营管理提建议、出点子也是培养人才的有效方法。

(二)邮轮服务人员的群体心理健康管理

心理健康是指一种持续的心理情况,当事者在良好的心理状况下能做出良好适应,具有生命的活力,免于心理疾病。人的心理健康包括以下七个方面:智力正常、情绪健康、意志健全、行为协调、人际关系适应、反应适度、心理特点符合年龄。心理健康的理论基础包括四大理论:心理动力论、认知论、人本论、社会学习论。

(1)心理动力论。该理论认为,人有本能的需求、欲望、冲动,当这种原始的驱动力与现行社会规范、社会现实相矛盾时,就会产生心理冲突,影响心理健康,从而产生焦虑与抑郁。根据心理动力论,人的人格动力包括自我、本我、超我三种力量,人要以坚强的自我调节本我与超我之间的矛盾,尽量达到心理平衡。

(2)认知论。该理论认为,存在心理困扰的人是因为他们心中有非理性的想法,比如,认为人应该是十全十美、无缺点的,逃避比面对人生更容易。在评估自己和未来时,往往使用自我责备和自我反对的模式,因此容易产生自卑感,即心理困扰与自我挫败的不健康心理。

(3)人本论。该理论认为,心理健康的人是一个自我实现的人,只有通过自我实现才能成为一个心理健康的人。

(4)社会学习论。该理论认为,个体都应该具有与环境交互作用的最大技巧与能力,有学习潜能与认知能力。心理健康的人是通过社会学习、观察学习,成为学会与环境相融、与人和谐相处的人。

了解与掌握心理健康的定义对于增强与维护邮轮服务人员的健康有重要意义。邮轮服务人员掌握了人的健康标准,以此为依据,进行心理健康的自我诊断。发现心理状况某个或某几个方面与心理健康标准确有一定距离,就有针对性地加强心理锻炼,以期达到心理健康水平。如果发现心理状态严重地偏离心理健康标准,就要及时地求医,以便早诊断与早治疗。

保持邮轮服务人员的心理健康需要社会、企业、个人的共同努力,只有身心健康的邮轮服务人员才能保证邮轮旅游航线的整体安全、舒适服务,促进旅游业的发展,保持社会和家庭和谐、稳定。因此,邮轮服务人员必须有良好的心理条件。

1. 引导社会对邮轮职业的理解和帮助

（1）社会的舆论导向应多正面宣传邮轮服务人员职业情况、从业现状。公共关系与营销活动中多使用恰当媒体及网络，除了宣传邮轮旅游对消费者带来的新、奇、非凡体验之外，可让邮轮服务人员在社会上多被关注，树立工作自信心，从而消除潜在的不健康心理因素。

（2）提高邮轮服务人员全体岗位的待遇。邮轮服务人员因职设岗，并非所有岗位薪酬都高，如清洁员工与餐饮部门、商务中心员工收入是有差距的。待遇是体现一个人价值的主要途径之一；因此，提高邮轮服务人员的待遇，有助于提高人们对该职业的认同感，使人们产生想成为邮轮服务人员的渴望，羡慕邮轮服务人员等，邮轮服务人员的社会认同感就会得到提高，从而使其本身从精神和物质上得到满足，增加人们对邮轮职业的关注和了解，达到理解的效果。

2. 邮轮企业要高度重视，采取措施，不断改进制度

重视和提高邮轮服务人员心理健康水平，是促进邮轮企业内部和谐、增强邮轮企业凝聚力和市场竞争力的一项迫切任务。在新的历史条件下，邮轮企业必须积极探索有效促进邮轮服务人员心理和谐的方式、方法，使邮轮服务人员能够保持良好的心理状态。邮轮企业管理者只有及时了解邮轮服务人员的工作行为，善于分析其心理状态，才能化负面心态为阳光心态，以保证邮轮服务人员心理健康，促进邮轮企业内部和谐。邮轮服务人员是邮轮企业生存和发展的基本条件，因此，邮轮企业必须高度重视员工的心理健康问题，采取有效措施，不断改进制度。

（1）设立邮轮服务人员心理辅导机构，定期进行心理咨询服务，这样就可以给邮轮服务人员搭建良好的心理治疗平台，及时调节邮轮服务人员心理，消除邮轮服务人员的心理障碍，使邮轮服务人员能以健康的心态全身心投入工作。

（2）关爱邮轮服务人员，加强邮轮企业文化与邮轮服务人员之家建设。邮轮服务人员是邮轮企业利润的创造者，因此，邮轮企业应给予他们更多的关爱，利用多种渠道和形式对邮轮服务人员进行精神上的奖励和鼓励。逢年过节发慰问信、表扬信、感谢信等，让邮轮服务人员感受到邮轮企业对他们的重视，从而得到自我满足安定，促进心理健康。保证邮轮服务人员之家开设在一个固定的场所，组织邮轮服务人员开展各种文娱、体育等活动。加强邮轮服务人员之家的建设就是加强邮轮服务人员的精神建设。

（3）加强沟通，尊重邮轮服务人员权益。沟通是获得信息的手段，是思想交流与情感分享的工具，是满足需求、维持心理平衡的重要因素，是减少冲突、改善人际关系的重要途径。沟通能协调群体内行动，促进效率的提高与组织目标的实现，提高邮轮服务人员的满意度。

（4）牢固树立干群平等的工作作风。邮轮企业领导、管理人员和一般邮轮服务人员的地位、职务和工作性质差距，必然会导致他们产生不同的心理。如果邮轮企业各层次员工之间不能在思想、语言、行为上相互融合，消除心理隔阂，邮轮企业内部就难以和谐。邮轮企业领导层及工会等部门应以"邮轮企业员工都是邮轮企业主人""相信员工、依靠员工，一切工作为了邮轮企业和员工"为基点，更多地从心理层面上理解和关心员工，增强员工的归属感和使命感，淡化容易产生心理不平衡的名利思想意识，使邮轮服务人员正确对待职务差别、岗位分工，心甘情愿地将自己的思想、语言、行为同化于邮轮企业的价值观和企

业目标,为邮轮企业的发展尽职效力。

(5)努力营造公开、公平、公正的内部氛围。邮轮企业内部分配制度是衡量内部协调程度的重要因素。邮轮企业管理者要始终把邮轮服务人员的根本利益作为邮轮企业工作的根本出发点和落脚点,坚持以人为本,用和谐理念协调邮轮企业内部各种矛盾和利益关系,建立公开、公平、公正的分配机制,营造更加公开、公平、公正的邮轮企业内部环境。应尊重邮轮服务人员人格和权益,尊重邮轮服务人员的自由发展权利。要加强思想道德教育和企业文化建设,用正确的世界观、人生观、价值观引领思想,凝聚人心,用舆论规范邮轮企业员工普遍认同的文化理念和准则规范行为,促进邮轮企业内部和谐。

(6)注重建立邮轮服务人员"己和"的健康心理。很多邮轮企业在构建内部和谐时强调比较多的是邮轮服务人员与环境、邮轮服务人员之间等方面的问题。事实上,邮轮服务人员自身的和谐也是构建企业内部和谐的一个重要方面,并且是建立邮轮服务人员与环境、邮轮服务人员之间各方面和谐的基础。"己和"心理,就是通过开展心理健康教育和心理疏导,培养邮轮服务人员自信乐观、积极主动的生活和工作态度,使邮轮服务人员实现内心的自我和谐。建立邮轮服务人员"己和"心理,邮轮企业要重视邮轮服务人员心理健康,在管理中关心邮轮服务人员的心理感受,提供必要的心理知识培训。培养邮轮服务人员学会正视自我、调节自我、战胜自我,以尊重、信任、友爱、理解的态度与人交往,恰当表达个人意愿,适度宣泄消极情绪,不过分压抑自己,在遇到各种困难和挫折时,懂得困难与希望同在、挑战与机遇并存,能够发扬意志顽强、坚韧不拔的拼搏精神,战胜困难,冲破阻力,取得胜利。

(7)不断改善和调节工作与健康环境。环境能够改变人,邮轮企业在改善邮轮服务人员的工作环境和安全条件方面应加大资金投入,使一线邮轮服务人员工作顺心、学习耐心、休息舒心,提高和增强其工作的积极性和主动性。同时,教育引导邮轮服务人员正确看待社会,既要尽心尽力奉献社会,又要尽情品味美好人生;既要在事业上有颗进取心,又要在生活上有颗平常心;既要精益求精于本职工作,又要有多姿多彩的业余文化生活。

(8)邮轮企业减轻邮轮服务人员压力,可以通过积极的方式进行。通过工作方式的变化减少压力。时间紧、任务重是给邮轮服务人员造成压力的重要原因,邮轮企业人力资源部门可以根据邮轮服务人员的工作性质实行新的工作方式——轮岗或是弹性工作。

(9)为压力提供释放的渠道。邮轮服务人员有压力时也想有释放的途径,适当的情绪宣泄有助于恢复邮轮服务人员情绪的平衡,如寻找忠实的聆听者诉苦,对方也可以给予精神上的支持与关怀。邮轮企业管理者可以选择的方式有:通过上下级之间、邮轮服务人员之间的无障碍沟通释放压力。每个月都考虑安排各种方法来帮助大家解压,设计完成一些相互的总结交流,既能让邮轮企业管理者知道自己这一年的目标进度如何,也能使每个人对自己一年的计划心中有数。这虽然能让大家感觉到工作上有很大的压力,但是每个人对自己的奋斗目标很清楚,通过交流可以减压,增进了解,达到邮轮企业管理者与邮轮服务人员双赢的效果。

(10)沟通的方式可以多种多样,除了以上的正式沟通方式外,还可以通过电子邮件、餐桌交流的方式。利用咖啡文化,有效释放邮轮服务人员压力。咖啡在潜移默化中成了办公室的附属品,成了邮轮服务人员舒缓压力的最佳饮品。

(11)为邮轮服务人员提供宣泄不满情绪的场所,也是压力管理的一剂良方。为了缓解和释放压力,可以设立"苦情室"、茶室等,供邮轮服务人员宣泄、释放紧张情绪。也可以在电脑中安装一些发泄不满的游戏,配备一些排解压力的书籍、音乐、心理咨询的热线电话等。

(12)通过培训提高邮轮服务人员的自信,减少岗位压力。知识更新速度的加快,对于知识型邮轮服务人员和普通邮轮服务人员都是无形的挑战。事实上,不但普通人害怕知识的更新,以拥有知识而见著的知识分子更对知识更新备感压力。一项最新调查显示,63.7%的高学历者认为工作中面临的压力主要来源于"专业知识更新快,知识结构不完整"。所以通过提供培训等途径提升邮轮服务人员的职业能力和职业竞争力是一个重要的减压途径,一旦邮轮服务人员对新知识"会""熟""清楚",能力提高了,邮轮服务人员的自信心自然会增强,成就感自然会增加,邮轮服务人员的快乐与幸福指数自然会上升。在培训方案的设计过程中,人力资源主管要在掌握需求的基础上,因人而异,有的放矢,达到预期的效果。

邮轮企业
管理者领导艺术 第四节

一、邮轮企业管理者的领导魅力

(一)邮轮企业管理者本人的素质与性格

邮轮企业管理者直接接触邮轮服务人员,不仅靠权责等行政手段指挥,自身的言行也必然会影响和带动下属。邮轮企业管理者要有以事实为依据能客观判断和实事求是的思维能力。不尚空谈,敢于承担责任;有容纳人才、礼贤下士的宽阔胸怀;有勤勉朴素、踏实肯干、不求形式的工作作风;有机动沉着、刚柔兼备、遇事冷静的个性;有平易近人却不失幽默的风格。邮轮企业管理者应该以身作则,要以个人的职业品德赢得邮轮服务人员的信赖。邮轮企业管理者本人的素质,如历史、地理、天文、艺术、文化等的兴趣和爱好,都有可能被运用到领导艺术中。邮轮企业管理者个人的修养和性格、爱好,常常在他所领导的岗位和邮轮服务人员中表现出庄重、热忱、坚定、沉着、大方、自然或是具备坚韧不拔的性格。一个粗鲁、自私、不懂得沟通与尊重、狂妄自大的人,绝不会成为一个好的管理者。

(二)邮轮企业管理者要有创新精神和应变能力

邮轮企业管理工作没有可循的模式,虽然可以借鉴服务行业行政管理的方式,但需要带领下属在工作中不断创新,创新集中表现在开拓思维,改变观念和结合本邮轮企业的实际进行稳步的从战略、策略到操作的实践。邮轮企业管理者的思想认识水平不断提高,邮轮企业管理者的领导艺术也需要不断发展完善,只有积极创新,才能获得生机。创新将成为一个邮轮企业成长壮大的重要因素。所谓持续的竞争优势,正是不断思考与改革的动力。邮轮企业管理者要对工作勇于探索,破除陈规陋习,不断战胜自我,才能在不断出现的新问题面前做到处事不惊,充分运用团队智慧去解决问题。

▌(三)邮轮企业管理者应该是邮轮服务人员可信赖的人

这是邮轮企业管理者领导艺术的综合反映,即让邮轮服务人员看到邮轮企业管理者是他们的教练和辅导者,并应该经常保持一定的魅力和吸引力。体现在管理工作中应是一丝不苟,处处注意严格要求的作风。要有向邮轮服务人员显示自己领导才能的实力。如果能以领导才能使邮轮服务人员成为自己的"知己",那么无论是多大的工作问题,所带领的团队都不会退却。同时,应建立可通过共同努力达成的目标和愿景,让团队感受到个人愿望与共同愿望的景象,形成一股令人深受感召的团队力量,体验职业感、价值观和信赖的心智。

二、邮轮企业管理者的管理艺术

邮轮企业管理者的管理艺术,也可以说是管理的方法与技巧。在管理方法上,同样一件事,因为使用的方法不同,产生的效果和收到效果的时间也不同。许多邮轮企业管理者仍然是凭经验领导和决策。其实,凭经验领导和决策也有许多管理上的艺术。

▌(一)设置合适目标

只有不断地追求目标,邮轮企业才能充满生机。如果在邮轮企业中以低标准要求,一味迁就部分邮轮服务人员的落后意识,邮轮服务人员在后来也未必对工作、对邮轮企业感到满意,邮轮企业的发展则更会受到阻力,停滞不前就是倒退。制定发展规划,制定可以达到的目标,让适度的压力变成动力,才能上下齐心,不断取得经济效益,建立正确的价值观,并以此作为邮轮企业建立共同愿景的核心,引导邮轮企业所有成员为实现目标去努力、去奋斗。

▌(二)抓住本质和时机

邮轮企业管理者应采取突出重点并兼顾一般的方法。邮轮企业管理者精力有限,不可能也没有必要事事顾全,事事亲力亲为,这样会削弱邮轮服务人员的积极性,也会降低其在邮轮服务人员面前的影响力。抓住问题的本质才是关键。

对新上任的邮轮企业管理者,如果资历较深,通常上级都寄予很大的期望,下级则一般持怀疑观望的态度。这时,如果选择一些关系邮轮企业发展的主要问题,提供正确客观的解决方案和处理手法,工作可望从此打开局面。如果是一个比较年轻、资历较浅的邮轮企业管理者,不妨采取迂回策略。因为如果一开始就在内部大抓整顿,即使取得了较大的成效,也会引发邮轮服务人员滋长不满情绪,这将是新上任邮轮企业管理者今后工作的不稳定因素。在上级支持的热度下降后,如果邮轮企业又出现新的问题,这时上下夹击,马上就会形成"内外交困"的局面,邮轮企业管理者的工作就很难继续下去。如果先做些外部的宣传工作,同时完成一些邮轮企业急需而且又能给各方面带来利益的事情,站稳脚跟,取得上级和下属的支持,从而使自己在邮轮企业内部形成一定的影响力,让邮轮服务人员有一个适应缓冲的过程,这时再回来一项项地抓实整顿,效果可能会好一些,这就是抓时机的艺术。

(三) 重视人事管理

邮轮企业管理者在工作中,处理人和事是极为重要的管理艺术。现代管理中最活跃、最能动的因素是人。对人的管理,中心问题是如何发挥人的作用,取得上级的支持以及下属配合的问题。邮轮企业管理者处理事情,同样必然涉及人。世界上没有完全一样的人,人都具有可塑性。邮轮人力资源管理的关键在于邮轮企业管理者怎样适时、适地,用不同的方法让被管理的邮轮服务人员的作用充分地发挥出来。对不同个性和年龄的邮轮服务人员,应该有不同的鼓励、督导的方法。

(四) 把握工作环境的重要性

邮轮企业管理者掌握和熟悉工作环境,可以减少一些管理工作中不必要的麻烦。在邮轮企业管理工作中,邮轮服务人员或部门之间的一些矛盾激化是由人为的条件和环境的影响造成的,一些场合如邮轮服务人员食堂、浴室常常是传播消息的场所,如有对邮轮企业领导、对工作岗位不满,邮轮服务人员在这里就寻找到了"知音",就会散播许多引发邮轮服务人员相互之间或部门之间的不利于团结的信息和言论,给邮轮企业管理工作增添麻烦。因此,如何处理特定环境人与事的关系就成为邮轮企业管理者必须面对的问题。

知识链接

优秀管理者应具备的六大能力

1. 沟通能力。为了了解组织内部员工互动的状况,倾听员工的心声,一个管理者需要具备良好的沟通能力,其中又以"善于倾听"最为重要。唯有如此,才不至于让下属离心离德,或者不敢提出建设性的提议与需求,而管理者也可借下属的认同感、理解程度及共鸣,得知自己的沟通技巧是否成功。

2. 协调能力。管理者应能敏锐地觉察部属的情绪,并且建立疏通、宣泄的渠道,切勿等到对立情绪加深、矛盾扩大后,才急于着手处理与排解。此外,管理者对于情节严重的冲突,或者可能会扩大对立面的矛盾事件,更要果决地加以排解。即使在状况不明、是非不清的时候,也应及时采取降温、冷却的手段,并且在了解情况后,立刻以妥善、有效的策略化解冲突。只要把握消除矛盾的先发权和主动权,任何形式的对立都能迎刃而解。

3. 规划与统整能力。管理者的规划能力,并非着眼于短期的策略规划,而是长期计划的制订。换言之,卓越的管理者必须深谋远虑,不能目光短浅,只看得见现在而看不到未来,而且要适时让员工了解公司的远景,才不会让员工迷失方向。特别是进行决策规划时,更要能妥善运用统整能力,有效地利用部属的智慧与既有的资源,避免人力浪费。

4. 决策与执行能力。在提倡民主决策的时代,虽然有许多事情以集体决策为宜,但是管理者仍须独立决策,包括分派工作、人力协调、化解员工纷争等,这都往往考验着管理者的决策能力。

5. 培训能力。管理者必然渴望拥有一个实力强劲的工作团队,因此,培养优秀人才也就成为管理者的重要任务。

6. 统率能力。管理者在团队中扮演着"主心骨"的角色,要有以干练、果断和坚强的形象赢得团队成员的信任,使之愿意在其组织和指挥下完成工作的能力。管理者具备把握员工性格、才干,赢得员工的信任,培养员工的专业能力,统领团队统一行动的能力。

三、邮轮企业管理者的激励艺术

激励便是激发鼓励,是管理心理学的核心问题,在"以人为本"的邮轮服务人员管理模式基础上建立邮轮企业管理的激励机制,是管理者领导艺术的体现。激励的基本方式有以下几种。

1. 成就激励

美国近代著名管理学家麦克利兰明确地将人在基本需求(生理与安全)之上的部分,分为社会交往、权力欲望、成就欲望等三个不同的层次。在人的需求层次中,成就需求是人表现出的一个相对较多的需求层次。成就激励的基本出发点是随着社会的发展、人们的生活水平逐渐提高,越来越多的人在选择工作时不仅是为了生存,更多的是为了获得一种成就感,从实际意义上来说,成就激励是员工激励中一类非常重要的内容。成就激励依据它作用的不同,又可分为组织激励、榜样激励、荣誉激励、绩效激励、目标激励和理想激励六个方面。

2. 能力激励

在满足邮轮服务人员的需求时,不可能使其每一个层次的需求都全部得到满足,只要满足其部分需求,作为邮轮服务人员的个体就会转向追求其他方面的需求。因此,邮轮企业管理者要通过培训激励和工作内容激励等手段不断提升邮轮服务人员的个人能力,从而在进一步以激励的方式满足邮轮服务人员希望生活更加美好的新的需求的同时满足邮轮企业发展的需求。比如,培训激励是对青年邮轮服务人员较有成效的一种激励方式,通过培训,可以提高邮轮服务人员实现目标的能力,为其承担更大责任、更高挑战性的工作以及提升到更重要的岗位创造条件。

3. 环境激励

倡导以人为本的激励机制必须多方了解邮轮服务人员的需求,包括邮轮服务人员对工作环境的需求。环境包括邮轮企业文化环境和客观工作环境两个范畴。满足邮轮服务人员对环境方面的需求:一是政策环境与邮轮企业文化激励,邮轮企业的政策环境与邮轮企业文化息息相关,邮轮企业管理者应努力建立一种重视人力资源,把邮轮服务人员当作"社会人""决策人",甚至是"自己人",并能最大限度地发挥邮轮服务人员的潜力,调动其积极性、主动性和创造性的文化氛围,在这样的邮轮企业文化的大环境下确立邮轮企业的政策环境;二是客观环境激励,邮轮服务人员的客观环境是指邮轮服务人员的工作环境、办公设备、环境卫生等。为邮轮服务人员创造一个优美、安静和舒适的客观环境能大大地提高邮轮服务人员的工作效率。

4. 物质激励

物质激励是最普通和最为人熟知的一种激励方式,它主要包括薪酬、福利待遇等,是一种基本的激励手段。物质激励决定着邮轮服务人员基本需求的满足程度,进而影响到其社会地位、社会交往、自我实现等高层次需求的满足。因此,邮轮企业管理者应在以人为本的激励机制中针对物质激励进行重点的研究。传统的简单涨工资、发奖金的方式由于不能明晰激励理论中的激励和保证作用,因而成效并不显著,很多邮轮企业已经摒弃了这些做法,代之以崭新的体现以人为本的管理思想的激励方式。如:采用"传统支薪制+支付方式创新"的模式,使以往的短期激励变成长期激励,不仅可以使邮轮服务人员长期保持良好的工作热情,而且可以避免工作中的短期行为。

提高邮轮企业管理者的素质能力与领导艺术水平是邮轮企业发展的关键因素,邮轮企业管理者实行激励机制的最根本的目的是较好地运用领导艺术正确地诱导邮轮服务人员的工作动机,使他们在实现组织目标的同时实现自身的需求,提高其满意度,从而使邮轮服务人员的积极性和创造性保持和发扬到最佳状态。最终目标是使其在邮轮企业的生存和发展中发挥巨大的作用。

本章案例

依从、认同和内化

某邮轮客舱部经理杰克要求所有邮轮客舱员工都必须按规定去操作,不允许各行其是。但是许多邮轮服务人员认为这样太累。尽管杰克已经屡次强调这个问题,他们依然我行我素,按照已经习惯的那一套,能省事就省事,能偷懒就偷懒。于是,杰克宣布:"从今以后能按规定去做的,将给予重奖;不按规定做的,就给予重罚。"从此,特别是在重奖、重罚兑现以后,不少本来不愿意按规定流程做事的邮轮服务人员也能按规定去做了。然而他们真的想通了吗? 其实他们并不认为非要按规定程序去做不可,不过,他们为了避免惩罚,或者为了得到奖赏,还是"依"了杰克,这就叫"依从"。

有一些邮轮客舱员工也接受了杰克提出的要求,但他既不是为了避免惩罚,也不是为了得到奖励,而是因为他们和杰克有着良好的关系。尽管他们也觉得按照规定程序去做不如按老的方式习惯省事。但是,他们认为:"杰克说的话不会有错,既然杰克说了,那就肯定应该去做。要是别人说的咱们可以不听,杰克说的可不能不听,宁可受点儿累,也不能让杰克为难。"他们冲着杰克这个人接受了他提出的要求,这就是对杰克的"认同"。

有一些邮轮客舱员工与杰克关系也好,但他们不仅仅是因为关系好才去按要求流程执行,他们真正懂得为什么必须按照规定程序去做的道理。他们知道,只有按规定的程序去做,服务质量才有保证。而且按照规定程序去做可以避免差错、避免返工,对自己专业能力的提升也有好处,所以他们能够自觉地按规定程序去完成。也就是说,"按规定程序去做这一要求"已经"内化"为他们自己的要求了。

问题:

为什么说管理水平的提高往往需要一步一步地演变?

分析提示:

依从、认同和内化三个词表现出不同程度的"接受",体现对邮轮企业管理者提高管理水平、形成自我的管理艺术的要求。

本章概要

本章首先学习管理心理学基本理论，了解能力理论、激励理论、压力理论、劳动理论和沟通协调理论。了解邮轮服务人员个体心理特征，掌握邮轮服务人员个体心理管理与调节方式，理解邮轮服务人员能力培养、邮轮服务人员性格差异与邮轮管理。了解影响邮轮服务人员群体心理健康的内、外部因素，了解邮轮服务人员群体心理需求，掌握邮轮服务人员的群体管理。掌握邮轮企业管理者的领导魅力、管理艺术、激励艺术。学习邮轮管理心理有利于邮轮企业管理者掌控邮轮的管理模式，掌握调动人的积极性因素，改善组织结构和领导管理艺术，提高邮轮服务人员工作与生活质量，在实践中发挥管理作用，不断完善与创新，有效激励邮轮服务人员，建立健康、文明的人际关系，达到提高管理水平和服务水平的目的。

本章练习

一、选择题

1. 邮轮服务人员能力差异表现包括_____。

　A. 跨文化适应能力　　　　　B. 语言能力

　C. 文化因素　　　　　　　　D. 价值观

　E. 心理因素　　　　　　　　F. 社会因素

2. 影响邮轮服务人员群体心理健康的内部因素包括_____。

　A. 抗压能力　　　　　　　　B. 认知健全适应

　C. 情绪饱满适度　　　　　　D. 意志坚强可控

　E. 人际关系和谐　　　　　　F. 社会合作因素

二、简答题

1. 管理心理学的基本理论有哪些？

2. 邮轮服务人员个体心理管理与调节的方式有哪些？

3. 影响邮轮服务人员群体心理健康的外部因素有哪些？

三、讨论题

1. 邮轮企业管理者的领导艺术表现在哪些方面？

2. 激励的基本方式有哪些？

本章参考文献

[1] 张蕊. 邮轮服务心理[M]. 北京：中国旅游出版社，2015.

[2] 袁昕赟，贾淑怡，符诗瑞，等. 正念训练对大学生睡眠和焦虑抑郁情绪的干预效果[J]. 中国学校卫生，2021，42（11）：1655-1659.

[3] 陈念劬. 大学生情绪调节倾向的调节效应及影响因素[D]. 上海：上海师范大学，2017.

[4] 苏斌原，张洁婷，喻承甫，等. 大学生心理行为问题的识别：基于潜在剖面分析[J]. 心理发展与教育，2015，31（3）：350-359.

[5] 傅小兰,张侃,陈雪峰,等.中国国民心理健康发展报告(2021—2022)[M].北京：社会科学文献出版社,2023.

[6] 俞国良.中国学生心理健康问题的检出率及其教育启示[J].清华大学教育研究,2022,43(4):20-32.